Scrittori
112

Collana Scrittori

*ultime uscite*

76. Kamila Shamsie, *Io sono il nemico*
77. Rhiannon Navin, *Il mio nome e il suo*
78. Margaret Atwood, *Il canto di Penelope*
79. David Mamet, *Chicago*
80. Emanuele Trevi, *Sogni e favole*
81. Trevor Noah, *Nato fuori legge*
82. Sébastien Spitzer, *I sogni calpestati*
83. Cristina Marconi, *Città irreale*
84. Marco Fabio Apolloni, *Il mistero della locanda Serny*
85. Cedric Lalaury, *Da qualche parte è sempre mezzanotte*
86. Francesco Pecoraro, *Lo stradone*
87. Marco Aime, *Gina*
88. Hanne Ørstavik, *Amore*
89. Philippe Claudel, *L'arcipelago del Cane*
90. Rosa Montero, *La ridicola idea di non vederti più*
91. Margaret Atwood, *I testamenti*
92. Sandra Newman, *I cieli*
93. Leonardo Luccone, *La casa mangia le parole*
94. Ritanna Armeni, *Mara. Una donna del Novecento*
95. Virginia Woolf, *Momenti di essere*
96. Christophe Palomar, *Frieda*
97. Joanne Ramos, *La fabbrica*
98. Stefano Corbetta, *La forma del silenzio*
99. Marta Orriols, *Imparare a parlare con le piante*
100. Domingo Villar, *L'ultimo traghetto*
101. Mattia Insolia, *Gli affamati*
102. Margaret Atwood, *Tornare a galla*
103. Marco Albino Ferrari, *Mia sconosciuta*
104. Jean-Paul Dubois, *Non stiamo tutti al mondo nello stesso modo*
105. Lisa Ginzburg, *Cara pace*
106. Simone de Beauvoir, *Le inseparabili*
107. Margaret Atwood, *La donna da mangiare*
108. Maria Grazia Calandrone, *Splendi come vita*
109. Anselm Oelze, *Una lettera per Mister Darwin*
110. Elizabeth Wetmore, *La notte di San Valentino*
111. AA.VV., *Musa e getta*
112. Andrea Inglese, *La vita adulta*

ANDREA INGLESE

# LA VITA ADULTA

PONTE ALLE GRAZIE

ISBN 97888-3331-138-8

Redazione e impaginazione: Scribedit - Servizi per l'editoria

In copertina: © Anna Di Prospero, *Untitled, 2008*
Progetto grafico della collana «Scrittori»: ushadesign
Progetto di copertina: Alessio Scordamaglia

Ponte alle Grazie è un marchio
di Adriano Salani Editore s.u.r.l.
Gruppo editoriale Mauri Spagnol

Il nostro indirizzo Internet è www.ponteallegrazie.it
Seguici su Facebook e su Twitter (@ponteallegrazie)
Per essere informato sulle novità
del Gruppo editoriale Mauri Spagnol visita
www.illibraio.it

# La vita adulta

Pensavamo di fuggire dal mondo degli adulti e ora siamo noi gli adulti; questo è il fatto, e nessuno di noi vuole accettarlo, comunque non interamente.

MARGARET ATWOOD, *Occhio di gatto*

Non è il recupero del sesso o della violenza che costituisce un problema oggi, ma al contrario l'irrecuperabilità di nozioni di cui ci si è serviti nello spettacolo: violenza e sesso non sono addomesticabili dalla rappresentazione.

VIRGINIE DESPENTES, *King Kong théorie*

Ci vorranno grandi invenzioni, botte da orbi inferte a mani nude contro la corazza della Forma, astuzia fuori dal comune, estrema onestà mentale, infinita acutezza d'ingegno, perché l'uomo abbandoni la sua rigidezza e impari a conciliare in sé forma e mancanza di forma, legge e anarchia, maturità e immaturità: la santa immaturità.

WITOLD GOMBROWICZ, *Ferdydurke*

Primavera 2013

# 1.

## *Al 99% siamo frutto di decisioni altrui*

Tommaso spesso si gira anche di tre quarti per sbirciare le persone che si trovano nei tavoli alla sua destra e alla sua sinistra, poi torna a guardare Simone, che invece ha la testa piegata verso il basso, e fissa un punto preciso del tavolo. Sulla tovaglietta di carta riciclata sono disegnati degli animali in cerchio che tengono in mano bottiglie e piatti fumanti.

«Chi sei tu?»

«Come chi sono?»

«Saresti in grado di rispondermi seriamente?»

«Sono un tipo seduto al bar».

«C'è un sacco di gente seduta al bar. Siamo tutti seduti al bar».

«Sono un tipo seduto al bar, dall'aria anonima, ma dentro di me si nasconde Tommaso Zappa, un amante del vino bianco secco».

«Sei qui per consumare del vino, d'accordo. Sei un consumatore...»

«E per vedere un amico. Sono anche un essere sociale, che approfitta della sua serata libera...»

«Quindi la serata libera va riempita con un bar. E siccome vai al bar, ci metti dentro anche l'amico».

«Veramente l'amico si è messo dentro da solo... Non è che sei stato sequestrato. Comunque sì, sono qui perché mi va di comunicare con qualcuno e consumare alcol. Ma soprattutto per guardare la cameriera, che stasera è più carina del solito. Forse avrò persino il coraggio di dirle qualche gentilezza».

«Ah! La cameriera, certo. Ci vuole sempre un appiglio femminile, vero? Anche per te che sei sposato...»

«Soprattutto per me, Simone. Poi sai che non ho l'intraprendenza di Dado, io sono un contemplativo».

«Meno male. E tutta questa gente intorno, ti va bene?»

«Alcuni sono un po' rumorosi, ma sono qui anche loro per una buona ragione: bere e parlare».

«Lo hai scelto? Quando abbiamo deciso di incontrarci, tu hai scelto anche di vedere tutte queste persone, di passare un po' di tempo insieme a loro?»

Con Simone spesso le cose all'inizio prendono una piega storta. Anche quelle più banali, come darsi un appuntamento dopo alcuni mesi che non ci si vede, e con faccende personali e importanti da condividere. Ci vuole sempre del bello e del buono per rimetterlo in carreggiata.

«Va bene, Simone. Che cosa vuoi dire? Parla chiaro!»

«Non siamo obbligati a vivere questo! Nessuno ci obbliga, eppure ci caschiamo ogni volta. Io e te volevamo semplicemente incontrarci...»

«E dove starebbe l'inghippo?»

«Invece dobbiamo subire questa merda. Dobbiamo venire qui a farci servire del vino molto caro, da camerieri e cameriere, che carini o no, non si sforzano di essere cordiali, perché da avventori come noi non si aspettano mance... La musica è troppo alta, le fettine di focaccia sul bancone sono dure come calcestruzzo. Sul tavolo hai le candeline elettriche con il finto tremolio e tovagliette di carta per bambini dell'asilo. Tutti fanno un grande sforzo per divertirsi e gridano perché credono sia il segnale giusto della contentezza. E ogni volta, ormai, dobbiamo sorbirci il pacchetto completo».

«Possiamo sempre cambiare locale».

«Già, ma l'idea di vedersi senza il pacchetto completo, ti dice qualcosa?»

«Quando avevamo vent'anni, si stappava una bottiglia di vino nel parchetto vicino a casa. Il vino costava poco, era pessimo, e per terra c'era sempre qualche merda di cane per scaldarti il cuore».

«Già, ma anche lì, se ci pensi bene, si andava a pacchetti. È sempre stato così. Ognuno si getta con enorme baldanza su situazioni che, in realtà, sono già predisposte per lui. A vent'anni si DEVE fumare e bere seduti sullo schienale delle panchine. Le cose da fare sono quelle, non si scappa. Poi le condisci, fai un bel lavoro di riempimento. E allora si blatera».

«Appunto, blateriamo un po'. Ma di noi. Lasciamo perdere per un attimo lo scenario milanese, con le sue caratteristiche non sempre amabili che ben conosciamo».

«Ma Tommaso... Noi siamo questo! Pensaci un attimo. Prendi una penna e sulla tua tovaglietta fai una riga verticale. Da una parte, metti tutto ciò che viene da te, ma veramente... Senza trucchi. E sotto l'altra colonna metti quello che viene dagli altri. Tutti i pacchetti che ti arrivano, che sono a tua disposizione, strumenti, ma anche informazioni, idee, esperienze... E poi dimmi cosa resta di tuo».

«Del pacchetto-bar, con musicaccia nelle orecchie, mi resta il mio desiderio di venirci, il mio sguardo libidinoso sulle cosce nude circostanti e il godimento del palato, quando lo irroro di tocai».

«Ben poco, non trovi?! Una manciata di sensazioni, qualche impulso, le solite attese... Tommaso, la verità è che siamo noi stessi dei prodotti, e quello che il corredo genetico non ha deciso lo decidono altri, che neanche sai che faccia hanno. Si dice: la società, magari è solo un'accozzaglia di bande senza uno scopo comune, ma oggi agiscono con un'efficacia mai avuta prima. Siamo fatti al 99% di decisioni altrui o, forse, ed è peggio, che nessuno ha preso in piena consapevolezza. Pensa a Facebook. Un numero limitato di persone all'interno delle testate giornalistiche nazionali sceglie di cosa parlare. Si convincono che una notizia tira e la piazzano in prima pagina. Un fatto di cronaca tra i tanti che accadono. La storia di un gruppo di dodicenni dell'oratorio di Borgomanero, che hanno torturato un cane».

«Fanno questo negli oratori di Borgomanero?»

«Sto inventando. Questi ragazzini, inoltre, ascoltano della musica pop sudcoreana, e si tagliano i capelli come i loro idoli. La notizia circola fin da subito con i suoi bravi editoriali. In questi, non mancheranno i tentativi di parlare del provincialismo di Borgomanero, del declino degli oratori, della banalità della pop sudcoreana e del fatto che, ovviamente, nessuno se lo aspettava da quella brava gioventù. A questo punto, per i tre giorni seguenti, al massimo quattro, migliaia di persone su Facebook, gente qualsiasi, ma anche cantanti, presentatori televisivi, atleti, scrittori in voga, artisti della domenica, TUTTI avranno dei pensieri su Borgomanero, sui dodicenni, sui cani torturati, sulla musica pop sudcoreana, e in tutte le combinazioni e varianti possibili. Ognuno, dal di dentro della sua sensibilità rara, del suo sistema etico originale, del suo punto di vista eccentrico sentirà sgorgare spontanea qualche sentenza che dovrà, per insopprimibile impulso, esprimere sulla bacheca di Facebook o Twitter. E alla fine tutti scriveranno, come ben sai, grosso modo la medesima cosa, anche se condita con dieci salse diverse, che comunque, su migliaia di commenti, avranno l'effetto di un monotono e totalitario ketchup».

«Ma tu, scusa, da un bel po' ti sei ritirato da Facebook e Twitter».

«Infatti il problema non sono i social. Il problema sono i pacchetti. Le esperienze già pronte all'uso, con tanto di emozioni disegnate come l'involucro di un aspirapolvere o i braccioli di una poltrona. I pensieri già concatenati, che uno può rimuginare a piacere e rimettere in circolo. Facebook è una semplice *echo-chamber*, un amplificatore. Solo che, Facebook o no, stare fuori dagli echi è sempre più difficile».

La cameriera giunge svolazzante, due piccoli piercing sotto il labbro inferiore, un sorriso amichevole, luminoso, autentico, così come l'affiorare dei seni dentro una blusa nera attillata a maniche corte. Simone ha torto sullo stile sbrigativo delle cameriere, pensa Tommaso, mentre cerca di cogliere ogni dettaglio dello spettacolo. Tira anche un sospiro di sollievo. La vampata libidica suscitata dall'arrivo della ragazza ha dissolto la ragnatela di pensieri cattivi che Simone gli sta srotolando addosso. Lei si muove con grande elasticità: ha le gambe divaricate ben piantate a terra e ruota il busto verso la tavola con impeto. Fa piovere davanti a Simone un bicchiere di rosso e con una nuova rotazione il bicchiere di bianco davanti a Tommaso. «Ed ecco il tocai», conclude raggiante, come se gli stesse portando l'antidoto in grado di salvarlo da una pasticca di cianuro. Lui, dal momento in cui lei si è avvicinata, ha cominciato a dire «grazie». Ne avrà detti cinque o sei di fila con un tono di sconsolata gratitudine.

«Scusa, posso chiederti una cosa?»

«Dimmi» risponde lei, che di colpo sembra avere una gran voglia di scappare via.

I veri sorrisi, quelli spontanei, sono per Tommaso. Per Simone, già manifestano un certa forzatura: si sporcano.

«Sarebbe possibile abbassare un po' la musica? In fondo, siamo qui anche per parlare». Simone la guarda dal basso in alto, schietto ma umile. La frase è pronunciata davvero in tono interrogativo.

Lei fa un gesto di assenso, ma un po' troppo pronunciato, con tutto il busto. Come se avesse capito con un minimo ritardo di cosa *davvero* stia parlando Simone. Tommaso riesce a infilare altri due o tre grazie, e guarda la ragazza ripartire, soppesando beato la consistenza dei suoi polpacci.

«Visto? Basta chiedere».

«Sei davvero un ottimista. Mi avrà considerato un vecchio coglione, che per contratto è meglio non contraddire. Loro stessi, in realtà, non so come fanno a lavorare con questo casino sempre nelle orecchie. Poveracci!»

«Va bene! Ora, però, fammi raccontare della casa...»

L'argomento *reale* di Simone è, a parere di Tommaso, la separazione con Ada, vecchia ormai di due anni. Tutto ciò che Simone Guarini è diventato negli ultimi tempi è diretta conseguenza di quella vicenda amorosa finita male. Non è solo la tesi di Tommaso, ma anche degli altri amici e del suo gallerista, perché tra le altre cose Simone non dipinge più. Il brillante e rigoroso Guarini, invece di lavorare di pennello, elucubrava. Di Ada, però, non parlava più, né voleva sentirne parlare da altri. Allora, Tommaso ha portato avanti il suo di argomento: il cambio casa. Di qualcosa devono pur parlare, che non siano le teorie sociologiche di Simone, ogni giorno più granitiche e cupe. Ora Simone dovrà ascoltarlo, perché non capita tutti i giorni di cambiare casa, e tanto meno di spostarsi da Milano in periferia, dopo aver fatto il fatidico passo dell'acquisto con relativo mutuo. Il destino abitativo di Tommaso era ormai scolpito nel cemento di una casetta a schiera.

## 2.

## *L'amore è un'immagine che hai nella testa*

A Tempelhof la luce è buona, il cielo ha maggiore capienza di nuvole e d'azzurro e, nella zona delle capanne, c'è sempre una bambola in cima a una pertica, un qualche totem, una banderuola che rende il pic-nic qualcosa di non banale. Ci sono anche schiene ammirabili, nude e con una quantità di muscoli piccoli e grandi che raramente si vedono per strada. E gli atleti, qui, hanno delle treccine rasta, o dei tatuaggi rossi e neri.

«Non sappiamo più niente dell'amore. No?! È diventata una parola opaca, ma senza mistero. Siccome la usiamo da diversi secoli, non ne possiamo ancora fare a meno. Io trovo affascinante questa situazione. Forse, vale la stessa cosa per l'arte. Tu che ne pensi? Usiamo una vecchia parola, per una cosa che continua a trasformarsi, e che forse non assomiglia più a quello di cui si parlava solo cinquant'anni fa».

Lo dice Ulrike che, in realtà, è monogama, e quindi, fuor di retorica, qualche credenza sull'amore deve pur averla. Ulrike, la giovane tedesca piena di domande, ma che sa il fatto suo, di quelle, in ogni caso, che sentono sempre la terra sotto i piedi. Ulrike la bella, che sembra interessarsi a tutto, con quel suo sguardo aperto, bambinesco, nutrito di spensierata curiosità.

Non che Nina la conosca così bene, ma c'è stata una spontanea simpatia, una facilità di rapporto, che le ha portate ad avvicinarsi. E ora, forse, stanno diventando amiche.

Si erano incontrate un anno prima, per via del documentario. Ulrike le aveva detto: «Quella che ti devo fare è un'intervista sulle tue opinioni e, eventualmente, anche sulle tue personali esperienze a proposito dei nuovi comportamenti sessuali, ma quello che m'interessa davvero è il tuo lavoro artistico. Insomma, consideriamo questa storia dei comportamenti un pretesto per far conoscere la tua arte e la tua visione della sessualità nel mondo attuale». Nina aveva cominciato con il fare la finta tonta: «Non so, io non sono una sessuologa». Era però un'occasione d'oro, come le avevano ripetuto tutti. Nina Dumo sarebbe comparsa in un documentario prodotto da ARTE, il prestigioso canale culturale franco-tedesco. *Erotismo 2.0* si presentava come un'indagine sulle nuove forme di sessualità. Fino a quando saranno ancora *nuove*? pensava Nina, polemica. Il tema, in realtà, era stato commissionato, ossia imposto alla giovane regista. Ulrike, infatti, era semmai interessata alla maniera in cui gli artisti contemporanei trattavano la questione del sesso, mentre i suoi datori di lavoro puntavano sull'immancabile binomio sessualità e nuove tecnologie, che dava più garanzie sul versante degli indici d'ascolto, anche se poi, di quel binomio, sui periodici femminili, come pure sulle pagine culturali dei quotidiani nazionali in tutta Europa, e forse nel mondo intero, se ne parlava già a valanga, dicendo con minime variazioni le stesse cose. Ma Ulrike aveva assistito a una mostra allestita dal collettivo di artiste con cui Nina collabora a Berlino, le *Material Girls*, e aveva apprezzato soprattutto la sua performance sulle figure femminili nella pornografia. Per cui, forzando un po' i contorni del suo argomento, aveva deciso di coinvolgerla, e alcuni minuti del documentario sono dedicati a lei e al suo lavoro performativo.

Ulrike è davvero una bella ragazza, alta e bionda, la capigliatura abbondante sciolta sulle spalle, lunghe ciglia, guance paffute, jeans stretti che le allungano ancora più le gambe. Chissà quali sono i comportamenti sessuali di Ulrike, aveva pensato Nina durante i loro primi incontri. Non le sarebbe spiaciuto farsi carezzare da una donna che presentava una bellezza così certa, incontrovertibile, senz'altro efficacissima sull'intero universo maschile. S'immaginava Ulrike alle prese con degli uomini, e poi alle prese con lei, e in quella fantasia vi era anche un desiderio di rivincita sugli uomini. Portare a letto Ulrike avrebbe voluto dire sottrarla alle grinfie di tutti quelli, tanti, che avrebbero fatto i salti mortali per scoparla. Nina ha sempre avuto facilità con gli uomini, è a suo agio in mezzo a essi, ma non ha mai posseduto quella bellezza femminile eclatante, la bellezza tipica della *bionda alta* che attrae gli uomini a distanza fin dal primo sguardo. Nina, minuta e bruna, con il viso dai tratti un po' duri, i seni piccoli ma sodi, deve avvicinarsi agli uomini per attrarli, deve parlare loro, deve muoversi intorno a essi. In lei è questione di energia, di disponibilità, di latenze che si lasciano indovinare grazie al ritmo e alla sicurezza dei suoi gesti, all'accoglienza dello sguardo, alle mani che toccano facilmente. Da lontano, Nina è una brunetta carina, ma poco vistosa; da vicino, è un invito costante a uscire dal seminato, in virtù delle repentine e impreviste intimità che è capace di stabilire.

Ulrike si è presto rivelata un esemplare piuttosto tradizionale. Innanzitutto, quando dismette il suo ruolo di sociologa armata di telecamera, diventa abbastanza pudica, specie per quanto riguarda la sua vita intima. Anche se l'argomento che tratta le interessa per davvero, è abituata a *restare dietro la te-*

*lecamera*, ed è un atteggiamento più generale: la sua forza e la sua disinvoltura sono proporzionali alla sua invisibilità. Nina agisce nel mondo secondo il principio opposto: da poco visibile si era resa estremamente visibile. Nina non sparisce mai dietro la telecamera, anche quando le capita di maneggiarne una; è un'artista, e un'artista del corpo, del movimento, dell'azione. È un'artista performativa, ovvero qualcuno che, ovunque, trova la propria scena, la propria zona di concentrata visibilità. Inutile dire che è molto più riposante cavarsela alla maniera di Ulrike. Tutti vedono la bionda alta, tutti ne sono soggiogati, ma lei non è disposta a svolgere il suo ruolo mondano e accentratore. Si tiene a debita distanza, e questo non riduce certo il suo fascino. È la professionista discreta ed efficace che sa mettere gli altri sotto le luci, e li fa parlare abbondantemente di loro stessi. La performance è una faccenda del tutto diversa. Funziona un po' come un patto con il diavolo. Non è che ti rendi visibile una volta sola, non è che puoi dosare il grado di visibilità pubblica a cui sottoponi le tue azioni. Devi ogni volta pescare da te qualcosa di brutto o di bello, di gradevole o ripugnante, che gli altri non hanno ancora visto. E siccome non facciamo che passare la vita – si è sempre detta Nina – a mostrare in pubblico gli aspetti di noi più attraenti, più piacevoli, o al massimo innocui, all'artista performativo non resta che tutta la gamma dei comportamenti mostruosi.

«Chi vince o chi perde nel libertinaggio diffuso di oggi? Tra i forsennati di Tinder? È un gioco a somma zero, un meccanismo che gira a vuoto? O è finalmente la manna per tutti, uomini e donne? Un'occasione per armonizzare emancipazione femminile e capitalismo telematico?» insiste Ulrike. E in effetti ne sa poco, lei madre di un bambino di sei anni e da lungo tempo in coppia con un musicista suo coetaneo. Lo ha spiegato a Nina, come la sua relazione sia diventata stabile in modo «naturale». All'inizio, con il suo uomo, avevano un tacito accordo. «Può accadere una storia di sesso, una scopata occasionale, ma in tal caso non è un evento importante, e va passato sotto silenzio». Il contratto classico delle coppie giovani, aveva pensato Nina. Peccato che dopo i trent'anni non funziona più così bene: gli uomini in genere ci sguazzano, mentre le donne cominciano a pigiare sul freno. Ma nel caso di Ulrike sembra esserci stata piena sintonia. Il bambino lo hanno voluto entrambi e convintamente. Chissà, allora, se vale ancora oggi l'indulgenza per le storie di sesso occasionali. Nina non ha avuto il coraggio di chiederlo a Ulrike.

«Sai, il libertinaggio io l'ho sperimentato a diciassette anni, prima che Tinder esistesse e prima che l'ecstasy diventasse di moda, ma non diciamolo ai produttori di Arte! In ogni caso, sia l'amore che il sesso hanno un enorme difetto. Non sono nient'altro, alla fine, che un'immagine che uno si ficca *nella testa*. L'amore probabilmente lo è sempre stato, ma anche il sesso oggi lo è. Tutto quello che è apparentemente più caldo, più concreto, più intimo, è condizionato da un'immagine che ci portiamo addosso, e alla quale ci sforziamo, fino allo sfinimento, di corrispondere». Nina ride, ma Ulrike la ascolta con grande serietà.

Alla fine si decidono a tirare fuori le cibarie, compresa la bottiglia di bianco che Nina ha portato nella sacca refrigerante. Ulrike piazza dei barattoli e un'insalatiera ricoperta di carta stagnola sulla tovaglia in modo didattico, come in attesa di un giudizio assolutorio. Durante una discussione sull'ossessione degli italiani per il cibo buono, Ulrike confessò di aver avuto l'abitudine, da studentessa, di condire gli spaghetti con la salsa piccante per le grigliate. Nina simulò uno svenimento. Adesso, però, Ulrike ci tiene a non fare brutta figura di fronte all'italiana, di cui ha già conosciuto, durante una cena, i talenti culinari. Ha portato delle olive turche, dei cetrioli sott'aceto e un'insalata fredda di lenticchie fatta con le sue mani.

## 3.

## *Quando ci si diverte, non c'è da scherzare*

«Capisci, ora abbiamo quarantacinque metri quadri in più rispetto a via Pastrengo! E poi è una casa nel senso preciso del termine, con giardinetto, veranda, tre piani e entrata esclusiva. Ho chiuso con la cucina-buco, dove spadellare era un'attività circense, da contorsionista di lungo corso. Finita la battaglia contro il disordine programmatico di Sara e Camilla. Ora, al massimo, farò dei mucchi nel seminterrato con la roba che lasciano in giro e se la vedranno loro».

«Soprattutto sarai a debita distanza da Milano. Ma Sara cosa dice? Lei è una milanesona pura e dura. Trascinarla a Sesto San Giovanni...»

«Ah no! È felice. Ha finalmente un armadio tutto suo e un ambizioso programma per il giardino. Sesto ovviamente non le piace granché, e teme che le amiche la trascurino. Ma con tutto il lavoro che ha, neanche a Milano riusciva mai a vederle».

Tommaso gli vuole raccontare tutto per bene, perché non è che si sono buttati nel mutuo a capofitto, da un giorno all'altro. Non è stato un soprassalto sconsiderato, un momento di superbia attica, quasi a riscattare anni di inerzia, anni dapprima calmi, nel piccolo trilocale per due, e poi burrascosi, nello stesso trilocale per tre, con Camilla nel lettino con le sbarre, magari piangente, ma ancora facile da arginare in senso spaziale e che, però, divenne in seguito bambina mobile, viandante, sempre tra i piedi, persino nel budello della cucina, in genere quando si scolava l'acqua bollente con rischio di ustione famigliare al completo. Nemmeno sono arrivati alla solenne decisione attraverso un progressivo e prudente pensamento, accompagnato da calcoli, da strategie di risparmio, ammesso che fossero matematicamente possibili. È stato qualcosa d'imprevedibile, di spiazzante, un colpo di culo, e una volta tanto Tommaso Zappa, uomo poco consono alle deliberazioni gravi, ha deliberato, e in armonia perfetta con Sara, lui con gli ottantamila euro dello zio Riccardo defunto in tasca, e Sara con i ventimila dei genitori vivi e vegeti in dote, più elargizioni ulteriori per i lavori del seminterrato e la sistemazione del bagno. Erano arrivati soldi, che avevano chiamato altri soldi, in un imprevisto giro virtuoso.

«Finché c'è famiglia, c'è speranza» sentenzia ironico Simone.

«Allora ragazzi, ditemi qual è il VOSTRO problema?»

Un tizio a metà strada tra uno skinhead e un membro dei Village People, tutto pettorali e bicipiti, magliettina troppo corta, tatuaggi fin sul collo, cranio rasato, si è piazzato accanto al tavolo di Tommaso e Simone. Ha le braccia conserte e si dondola leggermente di lato, spostando il peso da una gamba all'altra.

Entrambi hanno capito al volo. «Non abbiamo nessun problema», dice Tommaso serafico.

«Purtroppo non siamo più ragazzi da un pezzo, e si vede». Simone, invece, non nasconde la sua irritazione. Lui non sopporta la mania milanese di chiamare tutti quanti «ragazzi», anche il vecchiardo novantenne con un piede nella fossa. «È una maniera per azzerare ogni differenza, e confinarti nell'eterna giovinezza del consumatore contento di sé e privo di esigenze», aveva già detto a Tommaso in diverse occasioni.

«Abbiamo solo chiesto se potete abbassare un po' il volume». Tommaso ha capito perfettamente la tipologia del personaggio, e non ha voglia che la sua bevuta con Guarini sia guastata da quello che visibilmente è il gestore del locale e una lampante testa di cazzo.

«La musica va bene così. Noi la teniamo sempre a questo volume e nessuno si è mai lamentato».

«Allora noi siamo i primi che si lamentano...» Guarini vorrebbe *discutere*, ma qui non c'è nulla di cui discutere, pensa Tommaso. Il tipo è in perfetta attitudine da buttafuori. Il cervello è stato messo al minimo. L'unica cosa che funziona è la massa muscolare. E nessuno di loro due ha doti di scazzottatore. Dunque bisogna lasciar perdere, cercando di salvare la faccia. Che stronza, però, la cameriera.

«Io sono il proprietario di questo locale, e vi ripeto che la musica è ok. Se a voi non va bene, non avete altro da fare che alzarvi e andarvene via».

«Ci hai dato una buona idea». Forse il progetto di Guarini è farsi rompere il muso.

«Ecco bravi, levatevi dai piedi e veloci». Ha alzato la voce e ha fatto un passo indietro, lasciando cadere le braccia intorno al corpo. Sta dando spettacolo. La gente nei tavoli vicini si è zittita e si gode la scena. Nello stesso tempo ripassano per bene la lezione. Quando ci si diverte ci si diverte, non è che uno poi comincia a cercare il pelo nell'uovo. Bisogna stare in campana, se non si vogliono grane. Il pacchetto, ha purtroppo ragione Guarini, va accettato in blocco.

Tommaso si alza senza esitazioni. Tanto non abbiamo neanche pagato, pensa rincuorandosi, ma non può evitare un'ultima battuta, anche se pronunciata a mezza voce: «Una strategia commerciale vincente...»

Il gestore, che li segue ancora con gli occhi, solleva il braccio e con il dorso della mano scaccia l'aria. Non deve aggiungere altro. Tommaso cerca un'ultima volta con lo sguardo la cameriera. La scorge di schiena schiacciata contro il bancone, in una strana immobilità. Forse, alla fine, si vergogna per quello che è accaduto. Anche la gente ai tavoli probabilmente si è vergognata, e nessuno li guarda più ora che sono sulla porta. L'unico che campeggia immune da ogni vergogna è il pettoruto, che sembra aver costruito tutto il suo personaggio intorno al trionfo dello sgarbo. Come ciò possa avvenire in un contesto come la ristorazione, dove la riuscita economica dovrebbe dipendere dalle doti di socievolezza dell'oste, è uno dei grandi misteri dei tempi, si dice Tommaso.

«Va bene, chiudiamola qui».

«Aspetta Simone! Abbiamo chiuso con il *Wine Room*, ma qui intorno ci sono altri bar sicuramente più decenti di questo».

«No, grazie. Ho avuto la mia dose. Se vuoi, camminiamo assieme fino a Porta Romana».

«Senti, c'è una cosa di cui vorrei parlarti. Il Coca mi tampina da un po'. Dice che non gli vuoi più parlare».

«Falso. Gli ho detto in tutte le lingue che sto dipingendo ancora, ma lo sto facendo al mio ritmo. Non so di cosa ha paura quello. Non è che sono l'unico pittore della sua galleria, e ormai c'è Racco che vende anche meglio di me. Comunque questo era l'argomento tabù».

«Non sono l'ambasciatore del Coca. Vorrei solo capire che cosa hai in mente».

«Tommaso non so come dirtelo... Anche stasera vedi, testa di cazzo a parte, per me è stato un momento bello».

«Ne abbiamo avuti di migliori. Ma il mio tocai era buono». Tommaso ridacchia.

«Per me, però, è stato uno sforzo. Davvero. Ho fatto fatica a uscire. E come vedi non avevo tutti i torti. Qui c'è sempre una gran voglia di mulinare le braccia. Non lo so, io non devo dimostrare di essere vivo a nessuno. E con la pittura è lo stesso. La mia serie dei ritratti di gruppo è finita. Il Coca vorrebbe che andassi avanti indefinitamente, finché ci sono collezionisti che comprano. Ma basta! Dappertutto si fanno *cose interessanti*. Forse non c'è bisogno che aggiunga anch'io il mio piccolo contributo *interessante*».

Questo ritornello Tommaso lo conosceva ormai bene, e pure Mauro Mancini, detto il Coca, il gallerista di Guarini. «Ho bisogno di tempo», era la sua formula magica buona per ogni occasione. Da quando si era mollato con Ada, e in modo non tanto civile, a Guarini sembrava che tutto andasse troppo veloce, che tutto fosse sguaiato e vuoto, e tremendamente pesante da portare. Il problema è che, per chi si degnava di starlo ad ascoltare, la sua visione cupa delle cose appariva stranamente appropriata e persuasiva. Tommaso stesso quella sera, prima che fossero cacciati fuori dal *Wine Room*, si era sentito mancare la terra sotto i piedi. Eppure lui ha cominciato una nuova vita, o così spera. «Smuoverà molte cose, questa storia della casa», non ricorda chi glielo avesse detto. Certo, così inoltrato nei quaranta, i giochi sembravano fatti. C'era un matrimonio in corso, con acclusa figlia, c'era un mestiere – il critico d'arte – che, seppur fantomatico, aveva finito per dargli quasi decentemente da vivere. Le ambizioni erano state ridimensionate con assoluta regolarità, a partire almeno dai trent'anni. Era tempo davvero di uno scossone. Se Guarini voleva rallentare tutto, Tommaso vagheggiava, invece, una grande svolta.

# 4.

## *Cinque minuti di esistenza televisiva*

Dunque stanno diventando amiche. Non che Nina abbia fatto sforzi per mantenere i contatti con Ulrike, ma ora è contenta, anzi eccitata dalla situazione. Tra le due, è sempre stata l'altra a fare il primo passo. La simpatia è un fenomeno strano, soprattutto quando s'instaura tra due persone non più giovanissime – entrambe hanno passato i trent'anni –, che non hanno occasioni quotidiane di frequentarsi. In ogni caso, Ulrike l'ha invitata ad Amsterdam per la proiezione in anteprima del documentario. Amici suoi le prestano un grande appartamento, e ha chiesto a Nina se ha voglia di accompagnarla. Avrà persino il volo pagato, utilizzando il biglietto dell'uomo di Ulrike, che è dovuto partire a Monaco per una tournée anticipata.

«Ti sarà utile. Non so se già conosci artisti e gallerie in città, ma sono convinta che potrebbe interessare quello che fai. Poi incontreremo tipi strani. Intanto, alla proiezione verrà Charissa, la signora che sperimenta i *sex toys* e li recensisce sul suo blog. È il personaggio dell'intervista di apertura».

«C'è il rischio, allora, che ti faccia un bel pacco regalo con le ultime novità! Non formalizzarti, mi raccomando. Se avessi bisogno di liberartene, io li prendo tutti senza problemi. Possono sempre venir buoni».

Ulrike ha precisato che viaggerà con Gustav, suo figlio, ma Nina l'ha rassicurata: «Tranquilla, i bambini non mi fanno paura».

Dopo la proiezione ad Amsterdam, verrà anche il momento della diffusione televisiva in Germania e Francia. Per Nina questo significherà guadagnare, internazionalmente, quasi cinque minuti di esistenza televisiva. Si tratta di un evento dal carattere insondabile e miracoloso. Così almeno lo hanno considerato le amiche-colleghe del collettivo berlinese, sospese tra moti d'invidia e ammirazione. Elsa, che tra tutte le è più affezionata, l'ha incoraggiata con piglio di allenatrice: «Questo è un nuovo inizio, il migliore che potevi avere! È un messaggio che ti viene mandato, Nina, un messaggio preciso. Ora devi puntare alto, devi tornare a farti conoscere anche al di fuori di Berlino».

La performance che Ulrike aveva apprezzato s'intitolava *Nomenclature*, con termine inglese. (Per Nina, come per tutti, l'inglese era la lingua franca dell'arte globalizzata). Si trattava di una serie di autoritratti fotografici arricchiti da disegni e di una performance che era stata presentata all'inaugurazione di una mostra collettiva delle *Material Girls*. Nel documentario, Ulrike lasciava che Nina commentasse le immagini della performance e poi la intervistava intorno al tema specifico delle abitudini sessuali. Il punto di partenza di *Nomenclature* era stata l'idea di oggettivare, facendone un inventario, la nomenclatura presente negli intrecci minimalisti del cinema e della vecchia stampa porno. Nina si era concentrata, come una studiosa dell'epica antica, sugli *epiteti* che riguardavano le figure femminili: «la provocante moretta spagnola», «la perversa troia mascherata», «la scolaretta strafiga», «la famelica succhiatrice asiatica», «la bella mignottona maggiorata», ecc. Gli autoritratti comportavano un'attenzione maniacale alle posture e all'addobbo tipicamente porno, anche se nello scatto emergeva sempre qualche dettaglio incongruente: un ciuffo di peli esageratamente folto appiccicato sotto un'ascella o un piedone unghiato e rigonfio, di quelli che s'infilano a carnevale. («È la mia parodia di Cindy Sherman» aveva detto Nina a Ulrike, che le aveva restituito uno sguardo simpaticamente dubbioso). Anche se la protagonista degli autoritratti era la «donna dei buchi» nelle sue svariate declinazioni, all'uomo era stata ritagliata comunque una parte. Che Nina apparisse, spalancando le gambe con ai piedi monumentali zeppe dorate, o in ginocchio su una sedia, spingendo il culo in fuori, sulla foto stampata era poi disegnato il contorno di un uomo – a volte del solo sesso drizzato e saettante –, che svolgeva il ruolo di pura appendice figurativa.

Durante la performance, gli altoparlanti diffondevano una voce maschile inespressiva che scandiva più volte il catalogo di epiteti femminili porno, mentre Nina, come interpretando una coreografia priva di musica, si esibiva in una concatenazione di pose erotiche intorno a un manichino di quelli usati per le operazioni di salvataggio. Era equipaggiata di falli in plastica, ciglia finte, parruccone biondo strabordante, protesi mammarie esterne, baby-doll trasparente e in pizzo, ma anche di stivaloni da pesca a tutta coscia, imbragatura da alpinista, inquietanti attrezzi per idraulici. Alla fine, nessuno dei maschi presenti in galleria, nonostante qualche erezione iniziale e sconsiderata, avrebbe voluto trovarsi nei panni del manichino allegramente manipolato.

Ulrike ha spazzato via l'ultimo quarto di lasagne vegetariane portato da Nina. La bionda alta aveva fame. Anche il vino è finito. Rimangono due bottigliette di birra ormai tiepida. La proposta di Amsterdam cade a pennello. Nina ha voglia di cambiare scenario, anche se solo per qualche giorno.

# 5.

## *Sara veglia sul paesaggio domestico*

Da quasi un anno abitano a Sesto San Giovanni. Tutto si è incastrato e messo in moto con la felice precisione di un orologio svizzero. Sono riusciti a entrare nella nuova casa dopo solo quattro mesi di lavori. I muratori bergamaschi erano stati di un'efficacia terrificante. Tommaso li aveva fermati al momento giusto, quando erano pronti a buttar giù un paio di muri a piano terra, che tanto non erano portanti, «per liberare la cucina e americanizzarla». Il trasloco è stato un incubo, ma era inevitabile. Si era instaurata subito una competizione tra la famiglia di lei e di lui, per piazzar loro in casa buffet in legno e piedi di metallo brunito, plafoniere impegnative, tavolini da bridge, panche da chalet, quadretti a olio di ambientazione forestale, scrivanie a ribalta con pretese settecentesche. «Ora che finalmente avete spazio», dicevano, premurosi di levarsi di torno i totem domestici di una lunga esistenza. Ma Sara in questo era meno sprovveduta di lui, che si lasciava affascinare da mobili e suppellettili, tanto più se incongruenti e anomali, e avrebbero reso le stanze un labirinto minaccioso di spigoli. Lei aveva arginato la generosità dei propri genitori con grande tatto, dal momento che quelli sembravano dire: visto che i soldi li avete presi volentieri, ora non fate gli schizzinosi con la credenza di famiglia. Sara, d'altra parte, era l'incontestabile maestra del *gusto*, come la madre stessa di Tommaso riconosceva. Lui non contava nulla, dal momento che si occupava di arte contemporanea. Per entrambe le famiglie, viveva coraggiosamente a contatto con il mostruoso, e questo non lo rendeva certo autorevole in fatto di arredamento. Quindi fu Sara a imporsi, a selezionare avaramente, a essere intrattabile, anche di fronte agli sfizi di Tommaso, ma lui riuscì a ottenere il lasciapassare per almeno due pezzi. Il primo era costituito dall'intera compagine della sua libreria Ivar, che finì però dal soggiorno di via Pastrengo direttamente nel seminterrato, a reggere pile di vecchie riviste, borsoni gonfi di ammennicoli inclassificabili, equipaggiamenti sportivi, scorte alimentari, e la poco ordinata attrezzatura per la manutenzione domestica; il secondo pezzo era una vecchia scrivania con abbinata sedia, che Tommaso aveva usato da bambino e che occupava ora un angolo della camera di Camilla. La madre di Tommaso ne fu grandemente soddisfatta, anche perché l'aveva conservata per anni sotto ben due strati di cellofan in soffitta e «non aveva preso un dito di polvere».

Tommaso, i primi giorni dopo il trasloco, saliva di pomeriggio in camera di Camilla e si dirigeva quasi meccanicamente verso quel reperto della sua infanzia, per aprire uno a uno i cassetti incolonnati sul lato destro del tavolo. Il ripiano in legno era coperto da una pellicola protettiva verde. Alcuni dei cassetti scorrevano ancora a fatica, come se un fatale errore di falegnameria li avesse condannati a raschiare per sempre sulle guide. Camilla non li aveva ancora considerati quei contenitori profondi ma bassi, in cui si potevano infilare soprattutto materiali di cartoleria e libri, ma difficilmente bambole, pupazzi, cavalli dalle creste variopinte e ingombranti. Lui però li apriva ancora con l'insopprimibile speranza di ritrovarvi qualche oggetto scampato al massacro del tempo, un soldatino Atlantic, magari un tedesco blu petrolio inginocchiato con il fucile in braccio, oppure un calciatore del Subbuteo con il piedistallo semisferico e la divisa bianco-azzurra dell'Argentina, o semplicemente un blocco a quadretti, su cui da piccolo disegnava ininterrottamente avventure di supereroi risibili come Superpongo, un giustiziere che lanciava palle di pongo per sopraffare i cattivi. Non c'era ovviamente nulla di tutto questo, solo la superficie chiara del legno smaltato. Tutto era stato disperso, non si sa come né quando. La scrivania era lì, beffarda, sospesa tra la piatta evidenza quotidiana e gli sprofondi insondabili del passato. Una porta che avrebbe dovuto ricondurlo indietro, verso qualche antica versione di sé stesso, ma che in realtà non portava da nessuna parte. Come i cassetti, si poteva aprire e chiudere senza che succedesse nulla. Almeno qui, in camera di Camilla – si diceva Tommaso –, la vecchia scrivania, così incapace di trattenere in modo palpabile la propria storia passata, avrà un'occasione di futuro. L'uso che ne farà Camilla cancellerà quello che ne ho fatto io, e mi apparirà finalmente spoglia di fantasmi.

Il cambio casa, in ogni caso, ha sempre un lato bastardo. Sottopone, infatti, anche la coppia modello – non che fosse il caso di Tommaso e Sara, ma erano una coppia discretamente affiatata e amorevole – a grandi pressioni, dal momento che uno dei due, Sara in questo caso, *vuole buttare*, e l'altro dei due, Tommaso ovviamente, *vuole tenere*. Non c'è argomentazione al mondo, per democratica, e rispettosa, e raziocinante, ed empatica che sia, in grado di convincere chi vuole buttare, che egli deve invece conservare, e similmente accade quando si vuole convincere chi conserva, che sia molto meglio buttare. Sono due filosofie di vita inconciliabili. Più cose Sara riesce a buttare, meglio si sente, procedendo più leggera, scattante, verso un orizzonte pulito e sgombro. Più cose Tommaso riesce a conservare, più si tranquillizza, si sente rassicurato, in grado di affrontare il mondo con delle scorte, delle riserve anche solo simboliche. Di fronte al rischio che il presente si desertifichi ulteriormente, che il paesaggio dell'attualità cresca in desolazione, che il lavoro quotidiano fluisca ancor più grigio e monotono, egli ha sempre sottomano le prove di un'esistenza significativa, tracce, talloncini, documenti di un passato che testimonia almeno di una qualche varietà d'eventi e contentezza di spirito.

# 6.

## *Hai mai imboccato un'artista emergente?*

Per Nina non era stato difficile diventare un'artista, o convincersi di essere tale. Non aveva dovuto, come invece molte persone conosciute nel suo ambiente, attendere la «svolta». La sua fortuna artistica fu davvero precoce. Era cominciata nella sua città natale, Milano, con una performance intitolata *Nutri l'artista / Feed the artist*. Lei era seduta spalle al muro in una piccola cabina chiusa sui due lati da pannelli di compensato. Il varco centrale che permetteva di raggiungerla era stretto; ci passava una persona appena. Il pubblico era invitato a imboccare l'artista, e chi stava al gioco aveva a disposizione cucchiai e scodelle piene di cibo da cui attingere, per andare poi a riversarne il contenuto nella bocca di Nina. Non era subito evidente a chi guardasse la scena da lontano, ma lei aveva le mani legate dietro lo schienale della sedia ed era completamente in balia di chi l'imboccava. Costui trovava all'entrata della cabina due tavolini tondi. Su quello di destra vi erano frutti freschi, macedonie e frullati; su quello di sinistra passati di verdura, pasticci di carne, risotti. Ognuno era libero di scegliere quale porzione di cibo introdurre nel corpo dell'artista, e col suo cucchiaio in mano doveva percorrere lo stretto corridoio che portava alla bocca di Nina, stabilendo con lei un momento d'intimità forte. Oltrepassato il varco tra i due pannelli laterali, la persona si trovava faccia a faccia con l'artista, dando le spalle al pubblico. L'azione accadeva senza testimoni esterni, senza che ci fosse uno sguardo collettivo a temperare lo spirito e anche la fisicità del gesto. Chi la imboccava, infatti, era anche colui che, rispetto al pubblico circostante, oscurava la scena. E poteva gioire di una sovranità straordinaria sul corpo di Nina, che si offriva al riparo e nel silenzio della cabina. Non vi era neppure la difficoltà di sostenere o d'incontrare il suo sguardo, dal momento che lei indossava occhiali da sole.

In alto, sul muro contro cui poggiava la sedia, vi era un manifesto grande con la scritta: «Nutri l'artista. Feed the artist». I tavolini con le scodelle piene di cibo invitavano a un gesto festoso, ludico, innocuo. Si veniva condotti su di un terreno familiare, quello del cibo, dei pasti quotidiani, della condivisione, dell'arte culinaria. Ma ci si trovava poi in una situazione imprevista, ambiguamente situata tra il gesto del carnefice e quello dell'amante. Nina attendeva immobile, perfettamente truccata, la massa di capelli più verticale e vistosa del solito, un abito bianco scollato, scarpe eleganti coi tacchi alti. La bocca si socchiudeva all'avvicinarsi dell'ospite, ma accoglieva in modo reticente la porzione, lasciandola in parte scivolare fuori dalle labbra. Questo infatti era l'esito finale di quel succedersi di atti di nutrizione, di riempimento progressivo: il mento, la gola, il torace di Nina erano a poco a poco ricoperti di strati di cibo diverso, di residui che, a volte, erano stati ricacciati fuori di bocca dopo esservi entrati. I cibi scelti e preparati da Nina erano tutti molto colorati, e di colori vivi, connotati eroticamente. Nel corso della performance, Nina assumeva i tratti di un idolo al contempo attraente e spaventoso, con un volto sfigurato, quasi fosse stato preso a pugni. La sua persona appariva ancora più vulnerabile, suscitando soprattutto nei maschi un sentimento di potenza; d'altra parte, quel vestito insozzato di resti la rendeva ripugnante. Ma la passività dell'artista si dimostrava più illusoria che reale. Lo spettatore, nelle fasi finali della performance, sperimentava l'indecisione tra disgusto e desiderio, tra vergogna e trionfo. Nessuno, infatti, da un certo momento in poi, aveva più il coraggio di andare a imboccare Nina. Anzi, le persone presenti si guardavano a un tratto imbarazzate, come se si rendessero conto soltanto ora di essere state complici di qualcosa di sporco e violento. E non solo nessuno osava più dirigersi verso di lei, ma a poco a poco il pubblico si disperdeva altrove, constatando che l'esito di quella simpatica performance sul cibo era insopportabile da guardare.

Con *Nutri l'artista / Feed the artist*, Nina aveva conquistato tutti: il pubblico ingenuo e quello disincantato, gli artisti suoi coetanei e quelli già affermati della generazione precedente, i galleristi più potenti e stimati e quelli giovani e aggressivi, e persino i critici, sia gli entusiasti che i nostalgici. Era il 1999, e la sua performance faceva parte di *Countdown*, una mostra collettiva che acquistò immediatamente i tratti mitici dell'evento sfrontato e inatteso, di cui tutti in seguito avevano cercato di appropriarsi. *Countdown* aveva anche il sapore della festa sconclusionata e dell'assemblea sovversiva. Di fronte a un tale evento, organizzato senza sponsor e guide spirituali da un gruppetto di artisti in gran parte sconosciuti in una cascina alle porte di Milano, gli addetti ai lavori si sentirono vergognosamente in ritardo, tagliati fuori da qualcosa di molto giovane, di molto selvaggio, di molto promettente per il rilancio delle loro carriere, sia come critici che come galleristi, ma anche come artisti maturi in cerca di nuove leve da accudire. E gli altri, ossia la massa sparpagliata degli aspiranti aggiornati, fiutarono innanzitutto un nuovo verbo, un'atmosfera, una tendenza che, pur non essendo ancora ben definita, *aveva sicuramente futuro*, e poteva quindi distribuirne un po' a tutti, a patto che loro per primi iniziassero a parlarne, a farla entrare nelle loro vite, a esserne in qualche modo partecipi. Una nuova tendenza artistica o culturale è sempre un piccolo regalo di futuro, a chi teme di non averne abbastanza; è la promessa di una nuova vita, in cui si penetra assieme a un numero ristretto di persone, e questo dà la garanzia che l'esperienza non sarà consumata tutta e subito, come avviene invece con i comportamenti di massa; qualcosa di prezioso ne resta intatto, salvaguardato, una porzione ancora in parte misteriosa, dal sapore acceso e imprecisato.

## 7.

## *Le bambole dello zio*

Lo zio Riccardo era il fratello di suo padre, e con questo aveva litigato più volte. Da almeno una decina d'anni non si parlavano più. Riccardo era di cinque anni più vecchio di Antonio, molto più schivo, un vero solitario. Non era sposato, aveva sempre lavorato in banca e, da quando si era trasferito a Torino, neppure il nipote aveva più avuto occasione di frequentarlo, se non saltuariamente. Negli ultimi anni, però, quando Tommaso capitava in città per visitare qualche mostra alla GAM o al Castello di Rivoli, telefonava allo zio, perché potessero vedersi almeno per un caffè in centro. Questi rari incontri avevano finito per intrigare Tommaso. Lo zio Riccardo era una sorta di perfetto opposto di suo padre. Tanto Antonio Zappa era scostante, esagitato, millantatore, simpatico soprattutto al di fuori della cerchia familiare, tanto lo zio Riccardo era fedele nei rapporti, tormentato e segreto. Nei loro incontri al Caffè Fiorio, lo zio parlava pochissimo di sé, e poneva invece una serie di domande attente sui vari membri della famiglia, fuorché sul fratello. L'accordo tacito con Tommaso è che non si sarebbe parlato, se non incidentalmente, di Antonio. Lo zio, in particolar modo, sembrava davvero interessato al mestiere di critico d'arte di Tommaso, e non si stancava di provocarlo sugli argomenti che gli erano cari. Tommaso, un po' vigliaccamente, aveva accettato fin dall'inizio di mantenere la conversazione entro i confini stabiliti dallo zio, anche se Sara lo criticava per questo.

«Non è tatto il tuo, è menefreghismo. Magari quell'uomo avrebbe voglia di confidarsi, oltre che di starti ad ascoltare mentre concioni sul destino dell'arte nella società presente».

«Ma Sara, non lo voglio forzare. Lo vedo che non gli fa piacere parlare di sé».

«Se gli fa piacere o meno, non lo puoi sapere, dal momento che non hai mai provato a stanarlo. A volte, le persone hanno bisogno di essere un po' scosse. Forse è proprio quello che desidera, pur non avendo il coraggio di mostrarlo apertamente».

Tommaso era però soggiogato da quell'aria di solitudine antica, che lo zio esibiva come una fatalità indiscutibile. Ogni volta che si sedeva al tavolino, visibilmente contento di ripetere un gesto che aveva assunto i tratti rassicuranti dell'abitudine, sembrava dire al nipote: per quel che mi riguarda, tutto è sistemato, non c'è né ci potrà essere novità di sorta, non mi attendo sorprese, e grazie a dio nemmeno mi capita di viverle; quanto a voi, è di te e della tua famiglia che mi devi parlare, tutto è imprevedibile, in evoluzione, e io ho bisogno di un aggiornamento puntuale. Era bello discorrere con lo zio Riccardo, perché assaporava i dettagli più stupidi della vita di Tommaso e famiglia. Il fatto che Camilla avesse dovuto mettere l'apparecchio mobile, per evitare che i denti le si stortassero come a suo padre, era una novità che l'aveva persino eccitato. Voleva sapere come Camilla reagiva alla costrizione, e quando poteva metterlo e quando doveva toglierlo, e se c'erano stati progressi visibili. Quelle che per Tommaso erano spesso *menate*, ossia faccende di poco conto, che però nella vita quotidiana degli esseri normali diventano inaggirabili e vanno affrontate con noiosa costanza, si trasformavano nella conversazione con lo zio Riccardo in eventi maggiori. Così, tra i divanetti e le specchiere del Fiorio, la sua vita acquistava una densità inaspettata, ovunque si voltasse, vi trovava accadimenti degni di essere narrati.

Quando lo zio morì, Tommaso non lo vedeva da diversi mesi, ma non c'erano state avvisaglie. Fu il padre a comunicarglielo: «Riccardo se n'è andato all'improvviso». E gli fornì un referto clinico minuzioso, ripercorrendo tutte le tappe del dramma, dal ricovero, per un problema renale, al repentino peggioramento a causa di un'infezione interna, fino alla terribile crisi respiratoria che lo aveva condotto prima all'incoscienza e due giorni dopo alla morte. «Non ci siamo mai riconciliati. È una cosa assurda!» gli diceva Antonio. «Oggi non saprei neppure dirti il motivo preciso che ci ha allontanato. Tuo zio era un rancoroso, ma di quelli che non ammettono neppure di aver subito dei torti». Il padre concluse parlando del testamento. «Ha lasciato tutti i suoi risparmi a te e a Dario: ottantamila euro all'uno e altrettanti all'altro». Lo diceva in un tono incredulo.

Qualche volta, in famiglia, si era evocata la possibilità di un'eredità dello zio Riccardo, lo zio senza moglie e discendenti. Antonio, però, se ne usciva con una sua teoria: «Non fateci proprio conto, ragazzi! Secondo me Riccardo ha sputtanato tutto al gioco. Lui è sempre stato così, già a vent'anni non gli interessavano le donne ma i cavalli. Se ne andava sempre a San Siro, all'ippodromo, traversando tutta la città, perché abitava in viale Campania. Ed era uno che giocava anche nei casinò». L'altra teoria di Antonio, anche se in parte contraddittoria con la prima, affermava che lo zio avrebbe lasciato tutto a un'amante segreta, che aveva frequentato in anni recenti, e che si era attaccata a lui ovviamente per esclusivo interesse economico. Le teorie di Antonio non esigevano né coerenza interna né verosimiglianza, erano una semplice protesi affabulatoria del suo io, un modo tipico che egli aveva di impossessarsi della realtà esteriore, di metterla a bagno nelle sue fantasie, per poterne poi esibire agli altri la fisionomia rinnovata con la soddisfazione di un demiurgo che è intervenuto sul mondo rendendolo più sgangherato ma anche più spassoso e interessante.

Fatto sta che nessuno si attendeva la morte dello zio, e tanto meno una lauta eredità per i nipoti. Ma la vera sorpresa fu il contenuto del grande armadio di noce della camera. Dario, il fratello di Tommaso, con la sua solita efficienza si era precipitato a Torino dopo aver contattato la signora Izabela, che si occupava della spesa settimanale e delle pulizie nell'appartamento. Mentre faceva l'inventario della mobilia, trovò nella scrivania del soggiorno le chiavi che aprivano le tre ante dell'armadio. Era purtroppo presente in quel momento anche la cristianissima signora, una cinquantenne di origine polacca o ucraina, che portava al collo una madonnina d'oro. Nei cassettoni sul fondo si trovavano coperte e lenzuola; nella zona degli abiti, invece, intrecciate in una sorta di intima e interminabile conversazione, due bambole sessuali in silicone di sofisticata fattura. Una volta partita la signora Izabela con una faccia chiusa e abbattuta, nonostante l'assegno generoso che fungeva da liquidazione per i suoi fedeli servizi, Dario si sbizzarrì a fotografare con il suo nuovo Samsung la tettona bionda e la giapponesina dai capelli corti. Le piazzò entrambe sul letto, poi sedute al tavolo tondo del soggiorno, infine nel bagno, in posa pipì una, e l'altra a cavallo della vasca. Tommaso ricevette le foto mentre aspettava, in aula professori, di iniziare una lezione su Benjamin e la fotografia con le sue allieve sedicenni del liceo delle Scienze umane. Dapprima pensò che Dario fosse impazzito, e che avesse organizzato una goliardata senza senso nell'appartamento dello zio. Dopo capì e rimase strabiliato dalla qualità di quei corpi artificiali, che non assomigliavano per niente alle bambole gonfiabili che aveva visto in qualche commedia italiana degli anni Settanta. Si chiese persino se Dario non avesse approfittato dell'occasione, e se a lui stesso non sarebbe piaciuto trovarsi da solo in un appartamento con due *sex dolls* ultima generazione dai culi splendidamente fotogenici. Ma l'idea che tutto ciò aveva dapprima nutrito le voglie del corpo rugoso dello zio Riccardo iniettò una notevole dose di raccapriccio nella sua titubante fantasticheria. In ogni caso, Dario si occupò di far arrivare a Milano i mobili e di piazzarli provvisoriamente in un deposito. Le bambole, dopo varie tergiversazioni, e sotto le minacce della moglie Anna – «Non voglio saperne niente! Sbarazzatene al più presto, infilale nel primo cassonetto che trovi!» –, furono furtivamente ficcate nel baule della sua Audi alla una di notte, e piazzate contro le mura di cinta dei Giardini reali, seminascoste dai tronchi di due grandi platani. Questa volta Tommaso partecipò alla spedizione. Mentre giravano in macchina, Dario ripeteva desolato: «Potevamo venderle su Ebay, ci pagavamo le spese del trasloco e del deposito! Valgono un occhio della testa! Oppure potevamo dividercele, che dici Tom! Sara è d'accordo? La mia è un po' dura da convincere».

Ora Tommaso aveva ottantamila euro, e si chiedeva se fosse diventato ricco oppure no. Era una cifra, questa degli ottantamila, che non riusciva bene a situare. Dopo l'euforia iniziale, venne lo stordimento e una certa preoccupazione. Che cosa si può fare di un mucchio di soldi, che sopravanzano quelli necessari a pagare l'affitto e a coprire le spese del mese in corso? La domanda, per Tommaso, era di natura quasi metafisica. Gli unici soldi da lui conosciuti erano quelli delle svariate collaborazioni e dei mezzi stipendi che riusciva a mettere assieme ogni anno con una certa apprensione, anche se questi collage salariali erano diventati, nel corso del tempo, un po' meno aleatori e imprevedibili. I grandi risparmi corrispondevano ai mille e più raramente duemila euro che rimanevano intonsi durante l'anno lavorativo, ossia non intaccati da prelievi inattesi e urgenti, e che sarebbero stati dedicati al soggiorno estivo. Più a suo agio con il conto corrente era Sara, che aveva uno stipendio regolare e in teoria avrebbe potuto risparmiare maggiormente. Da anni lavorava come organizzatrice di eventi per una piccola agenzia pubblicitaria di Milano ed era pagata, almeno rispetto all'«intellettuale» Tommaso, abbastanza bene, ma il suo approccio al denaro non prevedeva calcoli e prudenze, soprattutto quando bisognava migliorare il tenore di vita quotidiano, infilando qua e là un ristorante, una stagione teatrale, nuove gonne e fondotinta di marca, e il parco d'attrazione per Camilla, nel fine settimana. Quindi l'eredità dello zio era un nuovo dato economico, ma non d'immediata intellegibilità, tanto che Tommaso cominciò anche a impensierirsi. Ogni tanto, durante il caffè mattutino, prima che lui o Sara accompagnassero Camilla a scuola, nel quarto d'ora che era ormai tradizionalmente dedicato alle grandi discussioni, spesso umanistiche, ma a volte di programmazione domestica, Tommaso, imburrando una fetta di pane, sentenziava: «Ci serviranno per la pensione. Noi non avremo che una pensione miserabile. Io di sicuro. Li mettiamo da parte, li investiamo in qualche modo, li facciamo fruttare per la vecchiaia». Sara in questi casi non rispondeva, lo guardava semplicemente sgranando gli occhi, come se avesse appena proferito una grande fesseria, e poi cambiava discorso. Tommaso si sentiva di colpo sprofondato in un atavico automatismo piccolo-borghese da impiegatino del catasto che, rimasto latente durante gli anni della giovinezza tra gozzoviglie e sogni di espatri avventurosi, ora lo riacciuffava fatalmente.

# 8.

## *Il villaggio a emissioni zero*

Markus ha un'impellente voglia di parlare con lei, ma Nina non ha nessuna voglia di parlare con Markus. Markus telefona per magnificare la sua scelta radicale e rivoluzionaria, e Nina non vuole ascoltare le sue tirate luddiste e settarie. Markus racconta dell'unico pozzo, del pavimento in terra battuta, del forno a legna, e della cabina telefonica a tre chilometri dal villaggio. «Ogni volta che ti telefono è un avvenimento!» «Infatti, piantala di telefonarmi. Non valgo la scampagnata». Quello che lui chiama villaggio, è una manciata di case diroccate ai margini della foresta, che un gruppo di misantropi inconsapevoli renderanno, con tutta calma, nuovamente abitabili. Non c'è dubbio che facciano sul serio. Markus è un geologo, ed è circondato da gente come lui, aggiornate versioni di san Girolamo, che prediligono il pernottamento nella grotta e la colazione di locuste. Se poi c'è nei dintorni un leone, o anche solo un banale cinghiale, a cui togliere una spina dalla zampa, loro non si tirano indietro. Hanno la vocazione per il vagabondaggio in foresta, il bivacco in zone impervie, il bagno nei torrenti gelidi. Secondo loro, l'*homo sapiens* è un derivato nocivo di forme di vita animale ben più rispettabili. Tutto ciò che ha sentore di motore a scoppio, illuminazione notturna e aria condizionata illustra palesemente l'inferiorità dell'ambiente umano rispetto a qualsiasi ecosistema di palude.

Quando Nina l'aveva conosciuto, Markus sembrava aver trovato un suo equilibrio. Risiedeva a Berlino, ma partiva spesso e volentieri per il sud, dov'era nato. Si faceva dei lunghi giri solitari per la Foresta Nera, specialmente all'inizio di primavera. Dormire all'aperto, camminare l'intera giornata, e non scambiare parola con anima viva, erano le sue attività «rigeneranti». Gli piaceva però anche sbevazzare in compagnia e scopare con una donna. Quindi aveva sempre dei buoni motivi per tornare alla vita civile. A Berlino, poi, in mezzo alla stupida e delicata gente di città, lui brillava come Tarzan in un salotto vittoriano. Non faceva che predicare selvatichezza, autarchia e avventure atletiche con rischio di caduta nei crepacci e morte per fame o assideramento. Nina, per prima, ne era rimasta affascinata. In quel periodo, inoltre, Markus votava un culto assiduo a due personaggi che anche lei amava: Joseph Beuys, l'artista che aveva guardato negli occhi un coyote, e Werner Herzog, il regista che, in pieno inverno, se n'era andato a piedi da Monaco a Parigi per più di settecento chilometri, attraversando centri abitati e foreste spopolate.

La loro storia era durata quasi tre anni. Di Nina, Markus aveva subito apprezzato la libertà, la vivacità amatoria e l'odio per i poliziotti. Per un paio di anni avevano vissuto ognuno nel pieno rispetto delle ossessioni dell'altro. Sul piano erotico e persino affettivo, Markus era lineare e limpido. Non creava, insomma, complicazioni. Nonostante avesse l'approccio timido con le donne, risultava un amante degnissimo, con un corpo agile e muscoloso. Era fedele, ma non possessivo. Certo, aveva un lato ottuso, da fanatico religioso, che spesso esasperava Nina. E inoltre, di tanto in tanto, sbroccava. Senza motivo apparente, non sopportava più nulla e nessuno. Si riempiva lo zaino e spariva per qualche settimana senza dare notizia. Nina ci aveva fatto il callo, e non era certo tipa da mettersi a piagnucolare o inviargli decine di sms angosciati.

Le tensioni erano sorte, quando Markus aveva cominciato a occuparsi d'inquinamento digitale. Era come se avesse trovato un nuovo filone promettente, nella sua battaglia quotidiana contro la civiltà tecnologica. E stavolta, però, Nina stessa era diventata uno dei suoi obiettivi propagandistici. Un pomeriggio, rientrando dal lavoro, trovò appiccicata sul computer portatile una scheda dettagliata di tutte le malefatte inquinanti ed energetiche della sua quotidiana attività elettronica: archivio foto, montaggio video, invio mail, utilizzo dei motori di ricerca, duplicazione di documenti sul *cloud*... Markus aveva ragione. Le infrastrutture di Internet su scala mondiale inquinano più della tanto deprecata aviazione civile. I sempre più giganteschi e numerosi *data centers* ingoiano energie fossili con il consenso della popolazione più alfabetizzata e consapevole del pianeta. Ma non poteva pretendere che Nina staccasse la spina dall'oggi al domani. Il suo lavoro d'artista dipendeva in gran parte, ormai, dagli strumenti elettronici. Markus sosteneva che fosse tempo, per lei, d'inventarsi una nuova arte, un'arte sostenibile, ritornando alla pittura su tela, oppure praticando una *land art* a impatto debolissimo. «Il tuo sogno segreto è che io mi dedichi all'intaglio tirolese del legno o alla costruzione di piramidi di sassi in zone abitate soltanto da camosci!», replicava Nina. Lui comunque aveva deciso. L'unico modo per non incorrere in tentazioni energetiche, era quello di abbandonare definitivamente Berlino. Era così partito per il suo eco-villaggio del sud, nella nebbiosa Schwarzwald, e lì viveva in quasi totale autarchia con un'altra ventina di persone.

A Nina non faceva paura la rudezza e la frugalità di Markus e compagni, ma aveva chiuso con le «comuni» dottrinarie. «Tutte le decisioni sono prese per voto comune, e nelle relazioni cerchiamo la piena trasparenza. Appena c'è qualche malinteso o conflitto, lo mettiamo in scena. Abbiamo creato un piccolo anfiteatro di pietra. Viviamo in una sorta di terapia continua, ma questo lo consideriamo normale. L'intera società funziona in modo aberrante. Nessuno di noi è sano». Questi erano argomenti che avrebbero dovuto entusiasmare Nina. Solo che lei non voleva rinunciare alla malattia. Era costretta a viverci dentro, anzi aveva bisogno di studiarla da vicino. Di questo in fondo si era nutrita fino ad allora la sua arte. Aveva il terrore di lasciare la metropoli, di sentirsi coccolata da una famiglia allargata, dove prima di sedersi a tavola ognuno deve confessare laicamente i propri sentimenti, le fantasie idiote, i pensieri magari storti e guasti.

Ultimamente Markus le ha raccontato del canto. Siccome lei non risponde più al telefono, lui ha cominciato a scriverle lunghe lettere. Arrivano dentro buste imbottite, perché ci deve sempre infilare un'ala ischeletrita di corvo, lembi di corteccia d'abete, un carapace d'insetto. «Ho scoperto l'importanza del canto. È straordinario. Ci raduniamo in diversi momenti della giornata, e cantiamo. A volte sono cose completamente improvvisate e strambe, a volte filastrocche per bambini, a volte cantate classiche, e in questo caso è Ruppert che ci guida, accompagnandoci con la chitarra». In realtà Markus ha ormai rinunciato all'idea che Nina lo segua e venga a far parte della sua piccola comune. La loro storia è finita. Nessuno ha fatto drammi. Markus ha cominciato a scriverle, perché fa bene a lui, probabilmente. Dev'essere una residua forma di esibizione: qualcuno, nel vecchio mondo decadente, è reso testimone della sua impresa. Si vede, comunque, che non ha nostalgia della vita berlinese, che Nina non gli manca poi così tanto.

Autosufficiente proprio in tutto. Se fosse rimasto, nonostante le sue rigidezze e le subitanee sparizioni, la loro storia sarebbe continuata. Nina stava bene con Markus. E ora infatti è triste, e dovrà pur fare qualcosa di questa tristezza. Fortunatamente c'è il documentario in uscita. E nel documentario si dice chiaro e tondo che lei è un'artista. Quindi va tutto bene. Se lei è un'artista, allora vuol dire che ci sarà futuro. Anche senza eco-villaggio e riti della trasparenza, salteranno fuori delle cose da fare. Anche senza Markus vicino, che calcola le emissioni di anidride carbonica di una mail appena inviata, troverà delle cose da dire. Chissà, di futuro ne porteranno magari anche gli olandesi, come sostiene Ulrike. Una giovane gallerista, un responsabile della Fondazione Mondrian a caccia di talenti, un semplice spettatore, carino e gioviale, che vuole offrirle da bere.

## 9.

## *Quel che si dice un buon investimento*

Non voleva rivolgersi al fratello, diffidava di lui, temeva la sua straordinaria disinvoltura nelle questioni economiche, perché Dario aveva mostrato in modo incontrovertibile che *sapeva fare i soldi.* Aveva questo talento, un talento tanto più apprezzato in uno come lui che, a diciott'anni, eccelleva nel biliardo piuttosto che in una qualsiasi delle materie liceali, e sembrava destinato al fallimento formativo, avendo abbandonato quasi subito gli studi universitari. Il suo futuro professionale all'altezza dei ventisei anni appariva ancora come un rompicapo, anche se lavorava come pony express con grande serenità, scorrazzando per la città a recapitare pacchi. Meno strumenti e ambizioni Dario sembrava possedere all'epoca, più mostrava a tutti quanti che, contro i pregiudizi familiari, soprattutto materni, se la sapeva cavare in un modo o nell'altro. Aveva sempre qualche piano per trovare appartamenti in condivisione ad affitto bassissimo, per farsi prestare la macchina da amici, per passare le vacanze in barca con lo stesso datore di lavoro. In casa, la madre Lara era stata da sempre una propagandista dei buoni studi e della laurea come obiettivo indiscutibile per una degna esistenza umana. Aveva fatto il liceo classico, si era laureata in Storia del Teatro e lavorava per un'associazione che promuoveva il teatro amatoriale in Lombardia. Antonio l'aveva assecondata anche dopo che si erano separati, e soprattutto non aveva lesinato le sfuriate contro l'asinità cronica di Dario. «Voglia di lavorare saltami addosso», lo aveva battezzato. Nello stesso tempo, in virtù della sua nota logicità, aveva nei confronti del figlio maggiore grandi momenti di indulgenza, e persino di connivenza. «Non ascoltare tua madre – diceva allora – io ero un farabutto come te. Non potevo neanche vederli da lontano i libri. Erano un supplizio. E poi il mio corpo a vent'anni non riusciva a stare seduto a un tavolo, se non per consumare velocemente il pranzo. Dovevo muovere le gambe, respirare l'aria di fuori, infilarmi nel brulichio del mondo. Lo studio mi sembrava una pratica innaturale, come l'astinenza dei preti o il silenzio dei monaci di clausura. Alla fine ho trovato la mia via. Ma io volevo riuscire. Volevo creare qualcosa e stupire la gente. E poi lo sai, anche se non sempre è andata bene, a voi non è mai mancato nulla».

Tommaso aveva sempre riconosciuto un'affinità tra il padre e il fratello, con la differenza che Antonio nel suo lavoro d'imprenditore era stato un giocoliere, spinto da grandi entusiasmi a prendere anche grandi cantonate, laddove Dario si era mostrato più freddo ed efficace. Antonio lavorava nel settore della gastronomia, Dario in quello delle attrezzature da palestra. Costeggiavano due mondi molto diversi. Tommaso amava quello di suo padre, e disprezzava quello di Dario, ma soprattutto i tipi con cui Dario aveva rapporti professionali, certi proprietari e certi frequentatori di palestre.

Sui soldi, comunque, Dario avrebbe potuto tenere corsi universitari, su come farseli imprestare, investirli, farli fruttare, e su come, soprattutto, tenere basse le spese e i salari, su come chiedere sconti ai produttori, ai trasportatori, ai tecnici, insomma non vi era un passaggio di denaro, tra le sue mani, sul quale Dario non vegliasse con assoluta determinazione. Ma, ovviamente, tale scienza economica, che aveva fatto il successo di tanti piccoli e grandi imprenditori italiani, *non poteva essere insegnata*. Era una scienza completamente esoterica, che includeva corsi avanzati di pagamento in nero, aggiramento norme di sicurezza, limitazione dell'impatto fiscale, con eventuale evasione, senza parlare delle materie chiave: monopolio e gare d'appalto pubbliche. Ma tutto ciò rappresentava un retroscena pochissimo interessante, a cui solo la cerchia più stretta dei familiari e soci poteva avere accesso; per tutti gli altri, Dario era l'uomo della laboriosità lombarda, degli spostamenti in giro per l'Italia e all'estero, l'uomo che dirigeva fermamente e astutamente la sua azienda con sede a Gallarate, come grossista di attrezzature da palestra. E, al Dario imprenditore, si affiancava il Dario consumatore, con tutto il comparto familiare, moglie socia e casalinga, due figli maschi, con plurime attività atletico-musicali, il fuoristrada, la villetta a due piani con piscina e ampio giardino, e delle vacanze ogni volta fotogeniche: il giro per il Grand Canyon, le immersioni subacquee nell'isola indonesiana di Komodo, il canottaggio nel Lake Superior in Ontario.

«Cosa vuoi fare con gli ottantamila?» si affrettò a chiedere a Tommaso. I due fratelli non si frequentavano esageratamente, anzi Tommaso tendeva a sfuggirlo, ma Dario era tenace su feste e rituali familiari. C'erano i natali, le cene d'inizio e fine anno scolastico, i compleanni e qualche weekend primaverile. Salvo per questi appuntamenti fissi, Dario non c'era mai per nessuno, perché aveva ottenuto un alibi a tempo indeterminato: in qualità d'imprenditore, a differenza degli impiegati con il salario, «non poteva mai staccare», lavorava sempre, di notte e di giorno, fuori dal sistema parassitario delle garanzie sindacali e dei limiti orari, ma anche fuori dall'auspicabile separazione tra vita domestica e professionale. Quindi non si poteva venire a rompergli i coglioni, *mai*, salvo in circostanze estreme, di decessi con possibili eredità, come nel caso dello zio Riccardo. Lui, però, con lo stesso entusiasmo caporalesco che metteva nelle sue trattative d'affari, si faceva vivo per il raduno familiare di cui avrebbe gestito tempi, luoghi e modalità. Nessuno, in tali circostanze, era in grado di resistergli. Tommaso si pentiva puntualmente di aver accettato l'invito domenicale nella villetta con giardino, anche se soccombeva alla sontuosità dei banchetti di Dario, che sbatteva sulle sue macchine avveniristiche da barbecue tranci di manzo, costolette di vitello, salsicce di maiale alle erbe, spiedini grondanti salse piccanti. Sembrava un copione accuratamente ripetuto. Tommaso si lanciava, da carnivoro e vorace quale era, in una consumazione eccessiva della grigliata, innaffiandola con abbondante vino. E una volta che era completamente instupidito dalla scorpacciata di grasso e sangue animale, piacevolmente annebbiato dal Montepulciano d'Abruzzo, Dario riusciva a infilare una delle sue tirate anticomuniste, anti-sindacali, anti-terroni, anti-magistratura, anti-immigrati, senza che il fratello manifestasse una sufficiente reattività per controbattere. Dario lo faceva apposta, amava provocare il fratello *di sinistra*, per mostrargli in modo quasi indulgente l'inconsistenza delle sue posizioni. Dario non era dottrinario, almeno così si dipingeva; la sua contrarietà nei confronti degli argomenti di sinistra, come quelli avanzati da Tommaso, veniva da *un'effettiva conoscenza di quanto accade sul campo*. I vari Tommaso, invece, erano gente semplicemente preservata dalle brutture del mondo *reale*, ed essi, disavvezzi alle battaglie quotidiane, pensavano che queste ultime si risolvessero come nei libri che avevano letto, con grande tatto, sensibilità, gentilezza, altruismo. Il mondo così com'era predicato dalla sinistra era una pia illusione, una favola, ma se alcuni di questi illusi erano fondamentalmente innocui, come il fratello Tommaso, Dario considerava come nemici pericolosi coloro che pretendevano d'imporre agli altri questa illusione, ossia tutti quelli che cercavano di portare sul terreno della battaglia non solo supremazie frontali o colpi bassi, ma anche norme e leggi, ispirate a principi di umanità o democrazia.

Tommaso si pentiva della sua debolezza di fronte al cibo, s'incazzava per il sopruso ideologico subito dal fratello, e giurava che non avrebbe mai più accettato uno dei suoi inviti mangerecci. «Guarda, Tom, basterebbe che t'ingozzassi di meno, senza finire abbioccato sulla sdraio come un vecchio in casa di cura. Non bisogna essere un genio per ribattere ai quattro luoghi comuni di tuo fratello», gli diceva Sara. E comunque Dario rimaneva un vero punto di riferimento per Tommaso ogni volta che si trattava di questioni concrete: comprare una macchina usata, trovare un idraulico affidabile, negoziare un compenso, trattare con il padrone di casa per riverniciature e migliorie nell'appartamento. In queste faccende Sara era imbattibile, e Tommaso faceva pieno affidamento su di lei, ma Dario aveva quella canaglieria in più, che gli consentiva una maggiore chiaroveggenza nelle soluzioni. Inoltre, l'elargizione di consigli mirati – «per il tuo interesse», diceva Dario, come la madre gli diceva da piccolo «per il tuo bene» – era l'unica occasione in cui dedicava al fratello minore un'attenzione autentica, solidale, anche perché ogni suggerimento pratico non faceva che confermare la sua superiore saggezza sul mondo. Quindi Tommaso ascoltò di buon grado la proposta che Dario aveva in serbo per gli ottantamila propri e del fratello. «Però, te lo dico in anticipo, che non ci mettano becco le donne. Per carità, sai quanto stimi Sara. Ma sulle questioni di soldi, alla fine, ti creano solo casini».

Ugo, il vecchio amico bresciano di Dario, era andato a lavorare a Londra, nella sede di una delle più importanti compagnie private di sicurezza mondiali. «Si occupano prevalentemente di *cyber security*, ma intervengono anche in situazioni di guerra, come in Iraq» sosteneva Dario. Ugo, da giovanissimo, era stato un grande smanettone, ma col tempo e le tante esperienze si era specializzato, divenendo un esperto di sicurezza informatica apprezzato a livello nazionale. Alla fine aveva fatto il grande salto, stabilendosi a Londra, motivato da uno stipendio che, per uno come lui, sotto i quaranta e senza titoli, sarebbe stato inconcepibile in Italia. «La ditta per cui lavora, la *Cerberus Defense Consulting*, non è quotata in borsa, e questo la rende in realtà più affidabile, perché non soggetta ai capricci dei grandi gruppi che controllano gran parte delle società private nel settore della sicurezza. Il capitale di maggioranza qui è esclusivamente inglese. La *Cerberus* collabora con clienti come il Pentagono o la marina britannica. Ha un giro d'affari enorme e in continua espansione. I quadri o anche i semplici impiegati hanno la possibilità di comprare parti della società che rendono magnificamente. Siamo su tassi del 7%, non esagero. Si tratterebbe di stipulare un accordo privato con Ugo che, a quel punto, investe i nostri centosessantamila nella sua ditta per un tempo determinato, e ogni anno toccheremmo gli utili ridistribuiti dall'azienda in proporzione al capitale investito. Visti i profitti realizzati dalla *Cerberus* e il numero di contratti di lunga durata, è l'operazione più fruttuosa e sicura che potremmo fare». Dario gliene parlò di persona, in occasione di un pranzo domenicale, approfittando dell'assenza di moglie e figli, usciti per un giro in bicicletta. Lo fece sedere sul grande divano Cini Boeri del soggiorno. Stappò una bottiglia dei suoi pregiati bianchi e posò i calici sul tavolino basso.

«Cosa vuoi farne altrimenti? In banca non ti danno più niente, e se li metti in borsa è ancora peggio. Il mercato azionario è sempre più un terno al lotto, è un gioco che funziona per i pesci grossi. Anche le assicurazioni sulla vita non rendono più, e tu invece avresti bisogno d'integrare il tuo stipendio con un'entrata fissa e significativa. Saremmo poco sotto i seimila euro all'anno. Senza tasse e costi, capisci?! Ugo mi è ancora molto grato: sono io che gli ho suggerito di cercare all'estero e l'ho spinto a candidarsi per la *Cerberus*. Guarda, lo sai che non faccio le cose alla leggera, soprattutto quando si tratta di dané. Ci ho pensato bene. Poi ti spiegherà anche lui nei dettagli».

«Ma perché non li metti nella tua ditta, allora? Non sarebbe più naturale?» aveva obiettato Tommaso.

«Allora non hai capito. La mia ditta va bene, ma non siamo sullo stesso piano. Gli utili che faccio io e quelli che fa la *Cerberus* non hanno paragoni».

## 10.

## *Nel reame dei belli*

Ulrike, come si era immaginata Nina, si è dimostrata una compagna di viaggio facile, e altrettanto Gustav, il figlio di sei anni, un tipo meditativo, con improvvisi lampi di logorrea o di vano indaffaramento. Avevano anche progetti turistici, ma la tappa prioritaria, eccitante per entrambe, era la «prima» di *Erotismo 2.0* davanti a un pubblico di persone in gran parte sconosciute.

La proiezione si fece di sabato pomeriggio nel vecchio e lussuoso edificio, in cui aveva sede l'istituzione culturale che organizzava l'evento. Alla sala si accedeva per una scalinata con balaustre in marmo e specchiere dorate alle pareti. Il pubblico invitato, nelle maniere e negli abiti, emanava raggi di assorta ufficialità. La stessa Ulrike era tesa e, invece dei soliti jeans, indossava un abito a quadri elegante, che la rendeva più attraente del solito. Tutto, però, andò bene. La presentazione fu sobria e ironica, anche se furono ringraziate e citate con gran scrupolo tutte le persone e le istituzioni che avevano incoraggiato, favorito, permesso e, soprattutto, finanziato il film. Ulrike, pensava Nina, ci sapeva fare. Tutti quei nomi e quelle sigle servivano anche a ingraziarsi preventivamente lo spettatore, che non credesse di avere a che fare con una sprovveduta, capitata lì per caso. Il pubblico, alla fine, applaudì con convinzione. E ci fu anche l'intervento polemico di una signora dalla capigliatura fulva, come scolpita in uno strato di glassa. Poteva avere una sessantina d'anni e mostrava un'imperterrita combattività da femminista di lungo corso. Mentre la stava ad ascoltare, Nina temeva che, nel bel mezzo di una frase, dall'agglomerato di capelli si cominciassero a staccare singole ciocche traslucide. Ma quella proseguiva sicura di sé e perfettamente padrona della propria messa in piega: «C'è un problema cruciale che il suo documentario schiva di proposito. Il corpo della donna è oggi completamente mercificato. La donna è in uno stato di esibizione permanente, perché intorno ai suoi cosmetici, al suo abbigliamento, alle sue abitudini di vita, gira una gran quantità di quattrini. Perché di questo Lei non vuole parlare?». E perché, pensava Nina, tu non hai guardato il documentario?! Dunque la sequenza relativa a *Nomenclature*, con tanto di spiega tramite la voce fuori campo, passava inosservata? Siccome era «roba artistica», allora non contava nulla? Ulrike rispose garbata e inesorabile, lasciando la signora perfettamente convinta che *Erotismo 2.0* non fosse che un inconsapevole, disarmato, apologo della «sessualizzazione» del corpo femminile a scopo di lucro e dominazione maschile.

È domenica e Ulrike vuole far conoscere a Nina l'anima creativa di Amsterdam. «Abbiamo tutta la mattina per noi» le ha detto. Gustav era stato affidato alle cure di un'amica e lo avrebbero recuperato all'ora di pranzo. Hanno preso il battello e sono approdate nella vecchia zona industriale a nord della città. Ulrike l'ha guidata dentro il capannone delle meraviglie, e l'ha lasciata libera. «Ti lascio gironzolare un po' da sola. Più tardi c'è un concerto gratuito e potremmo farci un salto. Ora devo vedere un tipo, che forse può aiutarmi per il prossimo documentario. Ma non durerà molto».

Così Nina ha iniziato la visita, ancora imbambolata per l'alzataccia militare che Ulrike le ha imposto. E a un certo punto, come riuscendo finalmente a mettere a fuoco quanto le sta intorno, li ha visti. Sono ovunque, e li ha visti tutti, così accuratamente sparpagliati, casuali, anche se poi, in un secondo tempo, rivelano un moto solidale profondo, un aggrupparsi ragionato. E con sorpresa Nina ha notato quanto sono *belli*, e di una bellezza varia nelle età, nel fisico, nell'abbigliamento, ma tutti riescono a rimanere dentro una giovinezza permanente, e un'eleganza blanda, non scalfibile, anche certi con i capelli bianchi, perché le scarpe ai piedi sono magari sportive, con le stringhe gialle, e le maniche di camicia rimboccate. Stanno per lo più parlando, per lo più bevendo della birra dentro bicchieri di plastica o bottigliette di vetro con etichette eleganti, per lo più seduti in piccoli gruppi, a volte in coppia, ma ve ne sono molti altri che semplicemente camminano vaghi. Nina si chiede da dove saltino fuori, perché nonostante siano in tanti, uomini e donne, di un'età compresa tra i venticinque e i cinquant'anni, ma con una maggioranza di trenta-quarantenni nel pieno delle loro capacità di svago, sembrano arrivati tutti assieme, come truppe disciplinate di un esercito. Dunque c'è un mistero, perché da qualche parte sono usciti, e soprattutto devono essere usciti da una stessa parte, prodotti in blocco, sfornati in un'unica gettata in quel punto della città, dentro il grande capannone navale rimodellato, in mezzo a seggiole in metallo cromato e pelle, scatoloni colmi di dischi in vinile, ripiani rozzi di abete, su cui sono distribuite tazze di metallo smaltate, magliette a maniche corte, boccali di vetro in cui nuotano radicine di piante verdi.

Com'è possibile, si dice Nina, guardandosi intorno allibita, che siamo divenuti di colpo tutti così belli? In che maniera il mondo, con tutte le nefandezze che lo attraversano giornalmente, con tutte le tribù di brutti, sporchi e cattivi che lo percorrono, si affratella con questa bellezza sparata in fila, con questa serialità di facce e figure accattivanti, radunate lì intorno a lei, in un vecchio cantiere navale di Amsterdam affacciato sul mare? E lei, come c'è finita dentro un simile popolo? Anche se non lo sente chiaramente, anche se difende una sua incredulità, pure lei è *bella*, fatta di quella bellezza lì, perché nessun brutto segno, nessun imprevisto fisiognomico, nessun dramma deve apparire nel suo aspetto di trentaquattrenne, con i capelli scompigliati, neri, spinti in alto, sostenuti da forcine e minuscoli pettini, con le ciocche ricadenti ai lati, tutto un disordine di capelli organizzato, un disordine che rispedisce lei, immediatamente, nel perimetro sicuro di una giovinezza senza distinzioni, indeterminata, la giovinezza dei belli, quasi eterna. E le rughe sui visi, nonostante ci siano, e anche sul suo, certe pieghe della fronte, e una intorno alle labbra, non hanno nessuna autorevolezza, nessuna capacità di sciupare, nemmeno le stempiature degli uomini o le carni raggrinzite al gomito delle donne, nulla è capace di accusare quei corpi di usura, di stanchezza, d'intorpidimento.

A guardare le cose da vicino, pensa Nina, la radiosità di quell'assembramento è probabilmente prodotta da un apparecchio interno; non è solo una faccenda di stili, di selezioni cromatiche, gestuali, linguistiche, è una cosa più impalpabile, piazzata sotto lo sterno, in una posizione centrale. Dev'essere l'*apparecchio soddisfacente*, che pompa contentezza in ogni gesto, in ogni sorriso, in ogni modo di ravviarsi i capelli, di tenere tra le dita una sigaretta o estrarre lo smartphone dalla borsettina di cuoio. La soddisfazione è interna, circolante capillarmente nei corpi di ognuno, è questa cosa il segreto della bellezza, e dell'impossibile invecchiamento, nonostante le evidenze corticali. Ma forse è anche un'operazione spaziale, un sortilegio architettonico, come se ne vedono già altrove a Berlino, a Londra, a Parigi, persino a Milano e Bologna. Impossibile dire chi abbia cominciato per primo, ma si ricorda l'entusiasmo di un tizio tedesco, mezzo architetto e mezzo programmatore culturale, che additava il cortile della *Tanzfabrik*, nel quartiere di Kreuzberg a Berlino, tutti edifici bassi in mattoni rossi, una grande ciminiera altissima e stretta, che sembrava disegnata fin dall'inizio non per rispondere alle mere esigenze di sfiatamento industriale ma per istituire con largo anticipo un elegante totem della riqualificazione urbana. Quello – le spiegava accuratamente il tizio – era un *concetto*, non era uno spazio qualsiasi che si trattava di riempire dopo l'abbandono. Non bastava recuperare il passato, ricostruire e abbellire dove prima c'era vecchiume, sporcizia, spolpamento, bisognava *rigenerare l'edificio* e impennare la qualità della vita.

Nel frattempo Ulrike è ricomparsa e le sta dicendo qualcosa. «Allora, che ne pensi della *Kunststadt*?» La città dell'arte, così gli olandesi avevano battezzato quel posto, anch'esso di mattoni rossi, pensiline metalliche, immense vetrate. È quel che resta del disastro delle aziende navali, le spiega Ulrike. A partire dagli anni Ottanta avevano cessato di sfornare navi cargo o da crociera e, alla fine, anche quelle da guerra della marina olandese. Ma ora ci sono mercatini, ristoranti cubani e tailandesi, gallerie d'arte, laboratori informatici, locali dove lavorare assieme su tavolacci di legno, ma con tremila prese a terra per una perpetua nutrizione energetica. Ora ci sono i concerti dei musicisti rifugiati, e siccome ce n'è proprio uno che sta per cominciare poco lontano, Ulrike e Nina vanno a vedere com'è.

# 11.

## *Ognuno sogna di ristrutturare un rudere*

Sara, al contrario di lui, sembrò meno sorpresa. «Un'agenzia di sicurezza? Cioè fare soldi sugli eserciti privati, sui mercenari... Ma tu, scusa, cosa ti aspettavi da tuo fratello? Ne dici sempre peste e corna, e poi d'un tratto lo trasformi, proprio lui, nel tuo consulente finanziario?!» Tommaso le aveva parlato del progetto *Cerberus*, soprattutto per denigrarlo. «Tom, sono soldi tuoi, e fanne quello che credi. Ma, a parte la questione etica, non credevo che cercassi un investimento di quel tipo. Non sono abbastanza soldi per avere una rendita che ti permetterebbe di mollare uno dei tuoi lavori... Figurati, io credevo che ne avresti approfittato per comprarti un po' di pezzi dei tuoi amici, di Guarini in particolare».

Tommaso, in realtà, non aveva voglia di buttarsi nel collezionismo. Non era solo una persona che si occupava e scriveva di arte, lui gli artisti li frequentava, e in alcuni casi era amico loro. Lui stesso, per altro, si era creduto artista ai tempi dell'Accademia, poi aveva scoperto di avere lo sguardo sull'oggetto, senza avere il talento per farlo, l'oggetto. Aveva accettato senza spasmi interiori questa condizione: lui era di quelli che si mettevano in moto *a partire da una realtà esterna*; doveva prendere slancio da qualcosa che era già lì, che esisteva indipendentemente da lui. E la fetta di realtà su cui ritornava senza requie, a volte disgustato, ma più spesso con infantile entusiasmo, era costituita dalle opere d'arte, e da quelle di arte contemporanea in special modo. Diventare collezionista significava perdere quella distanza che sola gli permetteva, a un certo punto, di sottrarsi al fascino puro, e a quella ebete soggezione che il fascino spesso porta con sé. I critici erano spesso irritanti, gli artisti magniloquenti o capziosi, ma peggio di tutti, davvero inascoltabili, erano i collezionisti ispirati. No, nonostante i suggerimenti di Sara non avrebbe riempito le superfici spoglie del suo appartamento, già di per sé esigue, di opere d'arte. Quelle che possedeva, doni o acquisti, bastavano e avanzavano.

Tommaso aveva cominciato a coltivare una ben diversa idea, più trasparente e degna, di investimento: il rudere. Il rudere da ristrutturare, in aperta campagna, avrebbe permesso di realizzare il *grande affare* e, nello stesso tempo, d'inaugurare una nuova forma di vita, più comunitaria, sobria, e dedicata alla *libera creazione artistica*. Tommaso avrebbe facilmente trovato l'asilo campestre adatto, in un paese traboccante di ruderi destinati alla ristrutturazione, che non potevano essere lasciati esclusivamente nelle grinfie di liberi professionisti americani o di magnati russi. In ogni caso, tipico del rudere era «il venire via a niente». Era poi convinzione di Tommaso, ancor prima di parlargliene, che Sara fosse la persona deputata a trarre dal torso abnorme di un cascina una residenza secondaria, spartana ma gradevole, ariosa ma ben riscaldata, elegante ma minimalista nell'arredo, con una generosa disponibilità di posti letto.

Più ci pensava, ancora segretamente, geloso del suo progetto definitivo, più il rudere campeggiava nel suo orizzonte esistenziale come un'occasione salvifica, un progresso morale, una sfida che lo impegnava simultaneamente sul piano pratico e intellettuale, realistico e utopico, mobilitando tutte le sue risorse, anche quelle a lungo atrofizzate, della battaglia tecnico-gestionale, della supervisione operai, del coinvolgimento talenti. Nell'ameno ricovero degli artisti, grazie alla ristrutturazione riuscita nel gusto e nelle spese, sarebbero venuti tutti, gli amici milanesi, e anche quelli con base a Parigi e Londra, come ai tempi in cui l'arte era soprattutto un modo di sfuggire, per bande chiassose e inventive, alle costrizioni di una società produttiva e conformista. Si poteva rimettere in questione parecchio, ancora oggi, promuovendo ritrovi senza scopo di lucro, senza copertura istituzionale, con l'obiettivo apparentemente poco ambizioso della convivialità, ma per minare certi radicati e tristi condizionamenti. E gli artisti ancora una volta, spalleggiati da critici impavidi come lui, avrebbero aperto la via, intrapreso il passo incerto ma liberatorio. Era soprattutto questo sogno che Tommaso rimpolpava intorno all'idea assai astratta del rudere. Guarini stesso sarebbe stato coinvolto, guarendo finalmente dal suo pessimismo sociologico e dalla sua tristezza amorosa. Non più pacchetti da subire, ma spazi di ristoro e gozzoviglia autogestiti.

# 12.

## *L'apparizione del papà moderno*

Il concerto è stato introdotto da un giovane ragazzo, con una camicetta azzurra da laureato in giurisprudenza. Ha presentato al pubblico i musicisti, perché quello era l'appuntamento dei musicisti rifugiati, che a sua volta faceva parte del programma sugli artisti rifugiati, e quindi, non avendo null'altro di preciso da dire, ha esortato ad applaudirli e a lasciare il proprio recapito mail, per essere informati sulle iniziative che artisti e musicisti rifugiati realizzano in città. Nina li ha guardati con attenzione. C'è un tipo alto, nerissimo di pelle, con una magnifica tunica celeste, un berrettino arancione, di quelli che aveva visto in Senegal, che suona il flauto. Un altro, chitarra elettrificata a tracolla, carnagione più chiara, le treccine un po' ingrigite, può essere brasiliano o delle Antille. Al centro del palco, un ragazzotto nordafricano rappa in arabo, mentre due bianchi se ne stanno arretrati rispetto a tutti gli altri, uno al basso e l'altro a una specie di batteria a forma di scatola, sulla quale siede a cavalcioni. A parte i bianchi, che per pregiudizio positivo non considera rifugiati, gli altri sembrano spassarsela moltissimo; sono certo musicisti rifugiati, ma non ne esprimono il cruccio. Il cantante ciondola, aprendo e richiudendo le braccia, nel modo sfaccendato e ipnotico dei rapper, il flautista ha gli occhi chiusi e il volto radioso, come se stesse assaporando cibi eccelsi, il chitarrista annuisce facendo larghi sorrisi a spettatori imprecisati, e gli unici dall'aria un po' compassata sono il bassista, come al solito pensoso, e il batterista che picchia sulla sua scatola severo. D'altra parte, i belli non si accontentano di organizzare concerti per il proprio egoistico godimento. Anche in questo caso interviene il concetto: un raduno musicale senza concetto è quello dove i musicisti vengono a suonare per divertirsi e per divertire il pubblico, mentre un raduno musicale con concetto implica che i musicisti siano anche rifugiati e il pubblico, pur divertendosi, si sente anche utile a una causa. Poi deve dare il proprio indirizzo mail per la newsletter, e magari quattro mesi dopo infilare la newsletter delle iniziative degli artisti rifugiati nello spam, per arieggiare un poco la propria casella di posta elettronica.

A un certo punto, nel bel mezzo del concerto, Nina ha sentito una strana presenza vicino a sé. Qualcosa che costringe lo sguardo. È un trentenne dall'aria sana e calma, con un viso gradevole e una barba copiosa. Indossa delle scarpette basse leopardate, pantaloni al ginocchio, una camicia quasi completamente aperta, un berretto di lana (un berretto di lana?) e, soprattutto, tiene a tracolla un bimbo che avrà un anno. È in piedi a poca distanza da lei, ma lui non è arrivato lì per vie qualsiasi, per cammini soliti, salendo scale, facendosi strada nei gruppetti che intralciano il passo; lui sembra essere stato angelicamente posato, spiritualmente teletrasportato, in modo da assumere quella posa a un tempo statuaria e dinoccolata, imperitura e provvisoria, che uno vorrebbe guardare a lungo alla ricerca del segreto di tanta perfezione. Qualcosa in quel papà, così al passo coi tempi, così in accordo con il concetto spaziale, con quel berretto assolutamente fuori stagione, quel papà così *rassicurante su tutta la linea*, rassicurante a 360 gradi, le fa saltare i nervi. Il suo aspetto al tempo stesso lezioso (scarpette con motivi di leopardo) e frugale (il cappello da boscaiolo), materno (bambino a tracolla) e virile (barba incolta) esercita un potente magnetismo, che la induce a fissarlo, eppure le scatena una profonda irritazione. Tutto sarebbe più sopportabile, se il bambino fosse semplicemente in braccio al padre o infilato in un passeggino. È la fascia, per lei, il dettaglio odioso e definitivo; la fascia porta bebè, in fibra senz'altro naturale e traspirante, che tiene libere le braccia, e nello stesso tempo garantisce quell'aderenza affettiva irreprensibile tra il corpo paterno e il corpo filiale, dando al padre quell'aspetto così tranquillizzante di mamma placida. Certo, chi vuole più il padre primo Novecento, con il baffetto lavorato, la brillantina nei capelli, le scarpe sempre a lucido, pronto a menar schiaffoni e a dettare legge su moglie e figli? O quello bonario e menefreghista, piantato davanti al palco sbronzo, mentre accanto c'è la madre che si occupa del figlio? D'accordo, pensa Nina, ma non si può inventare qualcos'altro? Un padre che si occupi del figlio, ma dispensato di tutto quel lavorio nascosto – che poi è nascosto, ma non *abbastanza*, dal momento che finisce per dare nell'occhio – lavorio realizzato per autocelebrarsi, per innalzare un inno alla moderna paternità sostenibile e ambientale? È così difficile? Markus su questo l'avrebbe capita. Solo che Markus alla bolla di serenità, alla grotta concettuale ed equipaggiata, aveva sostituito la brandina da campo su un suolo di terra battuta e un avanzo di tetto, con tegole rotte e travi marce. E alla disciplina dei belli, con i risvolti dei pantaloni accuratamente studiati, contrapponeva una maglietta zozza e bucherellata, che si teneva addosso per un mese intero. Questi coltivano la faccia da schiaffi, mentre lui è alla ricerca della definitiva trasparenza, del candore comunicativo. Loro suggono perpetuamente energia per ordigni piccoli e grandi, laddove nel villaggio diroccato l'infrastruttura elettrica è considerata lo strumento di mammona.

Il programma di Ulrike prevede anche un sopralluogo al grande mercatino dell'usato, che si trova nel piazzale esterno. Qui sono disseminati blocchi di pietra ricoperti di graffiti, ma la vernice è ovunque, anche sui container impilati qua e là lungo il molo e sulle pareti gigantesche del capannone in mattoni rossi. Le lettere obese e aggrovigliate dei tag sono appena decifrabili, ma su un lato della facciata campeggia una scritta gigantesca, questa del tutto leggibile: *Make Art Not €*. Nina preferirebbe qualcosa di meno angelico, come motto per gli artisti. Qualcosa nel tono di una schietta rivendicazione sindacale: *Give Me €, I'll Make you Art*. Lo dice a Ulrike, ma questa persevera nel suo entusiasmo indiscutibile per la *Kunststadt* e il suo popolo. «Se vivessi ad Amsterdam, questo sarebbe un posto perfetto per te, Nina. Qui organizzano anche mostre e ci sono tanti atelier per artisti. Purtroppo la pacchia non durerà molto. Ad Amsterdam portano avanti da anni, con tenacia e pazienza, il loro progetto di riqualificazione. Hanno svuotato tutte le case occupate del centro, chiuso una marea di coffee shop, ristrutturato vecchi mercati coperti nei quartieri popolari. Avanzano metro per metro. Non hanno fretta. Sono furbi come il demonio. Non mostrano mai i muscoli. E prendono tutto. Anche questo enorme spazio se lo prenderanno. Il progetto c'è già. Me lo ha detto la mia amica olandese: vogliono raderlo al suolo, e costruire una sorta di nuovo quartiere, con dentro negozi, uffici, appartamenti per ricchi, un hotel, e persino una clinica privata».

Ci siamo, pensa Nina. Alla fine tra i belli non si parla che di questo, di quanto tutto si gentrifichi a destra e a manca. Anche se non si capisce bene cosa gentrifichi cosa. La gentrificazione, infatti, è uno strano fenomeno. Se ne può parlare come di un progresso sociale, un mutamento buono? No. Se ne può parlare come di una piaga sociale, una regressione verso periodi più bui? No. La gentrificazione ha un aspetto scintillante e nel contempo velenoso. Inoltre, è dentro e fuori di noi, ne siamo vittime ma anche agenti propagatori. Ci segue come un'ombra imbarazzante e maligna non appena mettiamo i nostri piedi di persone aggiornate culturalmente, e senza pregiudizio di classe o etnico, da qualche parte. Appena arriviamo noi, lei pure, poco dopo, compare. Noi vogliamo il bene: la mescolanza sociale, culturale, di stirpe, e dietro di noi lasciamo il male: le riqualificazioni radicali, quelle che non guardano in faccia né l'ambiente né la creatività, quelle che si misurano solo in denaro, quelle che fanno una bella pulizia estetica e sociale, perché tutto sia più vistoso, profumato, telecontrollato. Noi siamo, in fondo, l'allegra e spensierata avanguardia del capitale più spregiudicato. Apriamo la strada. Ci lasciano in mano la *Kunststadt* ad Amsterdam, la *Tanzfabrik* a Berlino, il quartiere di Belleville a Parigi, la zona Isola a Milano, perché noi vi si porti il nostro civismo illuminato, la sensibilità per le belle arti e la *street art*, l'attenzione alle forme degli oggetti del quotidiano, quelli più sottili e modernissimi, ma anche l'amore per quelli fuori moda, artigianali, invecchiati dignitosamente. Noi sappiamo diffondere l'allegria, la discussione politica, la disquisizione cinefila, il consumo di cocktail tropicali, il gusto cosmopolita per ogni tipo di cucina. Noi veniamo in avanscoperta: investiamo di emozioni e fantasia i vecchi luoghi fatiscenti, i quartieri popolari, le zone deindustrializzate, li impregniamo del nostro spirito di belli, sempre in fase con tutto ciò che avanza, si rinnova, si perfeziona, sorprende, diverte. Iniettiamo in ogni metro quadro il nostro spirito brioso e liberale, ma senza fare grossi lavori, senza radere al suolo, senza l'invadenza dei grandi imprenditori o dello Stato. Noi facciamo tutto con discrezione e delicatezza di fate, inventandoci un giardino condiviso lì, una bottega-ristorante là, un caffè-libreria dietro l'angolo, prendiamo in affitto spazi immensi, e li riempiamo di uffici allegri, in cui si lavora in modo paritario, fusionale, senza i colpi bassi della competizione perpetua. Noi arriviamo dove ci sono la desolazione architettonica e le tracce di un passato finito in bancarotta, dove si percepisce ancora l'energia spropositata delle sopravvivenze sociali, e operiamo una grande, perfettamente coordinata, *redenzione*, una *redenzione morale* ovviamente, a cui segue l'altrettanto grande, implacabile, da noi non più controllata, *redenzione affaristica*.

## 13.

## *L'improvvisa complicazione delle esistenze*

La verità era forse che il rudere giganteggiava nei tempi morti della sua giornata come la metafora di una vita grama, la sua, sempre più monotona, ma istericamente monotona, in quanto traversata da scontentezze e trasalimenti quotidiani, per l'impossibilità di trovare, in casa, tempi e soprattutto spazi adatti allo studio, alle cene esuberanti e di clan, al godimento sonoro – Sara censurava l'ascolto dei Rolling Stones o di Patty Smith anche a volume medio. E nel trilocale di via Pastrengo, i propri coinquilini, Sara e Camilla, venivano vissuti spesso come intrusi, usurpatori di water, docce o piastre a induzione – che erano tremendamente poche: due soltanto. Inoltre, la razzia del tempo, volendo essere precisi, era imputabile più alla supplenza annuale al liceo delle Scienze umane, ai suoi saltuari ma tirannici incarichi per l'agenzia editoriale Aldo Manuzio, e soprattutto al suo ruolo di editorialista tuttofare per *Campoarte*, rivista cartacea d'arte contemporanea a tiratura nazionale. Forse più che di un rudere da trasformare in popolata reggia hippy-chic, Tommaso aveva bisogno di un bunker per ritiri solitari e silenziosi, una bolla non virtuale, come quelle che andavano ormai di moda, ma di cemento armato, con una porta stagna sul mondo esterno, come quelle dei sottomarini. Lì avrebbe ascoltato musica a piacere, senza lesinare sull'intensità acustica, lì avrebbe scritto il saggio definitivo sul nesso tra iconoclastia medievale e arte del Novecento, legandosi alla gamba di una scrivania smisurata, colma di libri e cataloghi squadernati. La bolla sarebbe stata davvero tale, perché né il flusso internauta né le urgenze comunicative familiari, amicali o professionali lo avrebbero potuto raggiungere. Si sarebbe nutrito di risi precotti e speziati scaldati al microonde, e avrebbe dormito come un monaco zen su di un materassino posato a terra.

Alla fine, dopo aver sputato il rospo in casa, durante la solita colazione breve e fitta di dialoghi sui massimi sistemi, Sara aprì un inedito spiraglio. «Siccome per una casa secondaria, anche se metti le mani sulla cascina più fuori mano e conveniente, dovremo comunque fare un prestito, perché allora non riflettiamo alla possibilità di comprare direttamente casa nostra?» Bisognava capire che cosa davvero avesse in testa Tommaso, diceva Sara. «La verità è che tu vorresti la ricostituzione delle vecchie compagnie di amici, quella vita di gruppo che a trent'anni sembra ancora possibile. Ma oggi abbiamo tutti delle vite più complicate. Non so, forse è una casa per residenze d'artisti che vuoi mettere in piedi, ma allora non devi pensarlo come un luogo per te e per noi...» Con il suo tono dolce, Sara già demoliva a colpi d'ascia tutto l'impianto argomentativo-fantastico di Tommaso.

Perché le vite di tutti si erano enormemente complicate? Che cosa era intervenuto all'altezza dei trent'anni? Quale meteorite improvviso aveva scombussolato lo spensierato agitarsi di gente come loro? Forse non erano nemmeno i trent'anni ad aver accolto tutte le complicazioni nuove e irreversibili della vita adulta, era bastata la vita di coppia, e poi la vita familiare con figli, ad aver complicato tutto a tutti. La triade maledetta: lavoro, moglie, figli. E quelli senza figli? Le loro vite sembravano scorrere più lisce? Forse era pure peggio. Erano inchiodati al loro povero ego fino alla morte. Non avevano tregua da quella tirannia. Ogni tanto, almeno, l'ego di Tommaso era soppiantato dall'ego di Camilla. Avveniva questo avvicendamento, che era percepito in superficie come la rottura di coglioni filiale, il momento irrecusabile di Camilla, con i suoi eventuali drammi, le sue voglie, le sue fisse, le sue domande proto-metafisiche o proto-freudiane, ma in realtà, a un livello più profondo, lo spodestamento momentaneo di Tommaso Zappa equivaleva a una boccata d'aria. Per un po' lui stesso non era costretto a sottoporsi ai *suoi* di drammi e alle *sue* di fisse, e questo significava una vera vacanza. Poteva assentarsi dal proprio io grazie all'invadente vitalità di Camilla, perché lei non perdeva un colpo, un'occasione sola per ricordare, in casa, quanto esistesse al pari di tutti gli altri. Camilla esisteva eccome, senza responsabilità economiche, senza solide competenze sociali, senza punti di vista chiari sul mondo, ma esisteva, a tutte gambe e tutta voce.

Le vite si erano complicate, certo che sì. A venticinque anni erano ancora vuote, sembrava impossibile riempirle in modo continuativo, un amore scacciava l'altro, così come una scoperta intellettuale o un impiego vergognosamente remunerato. Poi, di colpo, qualcosa era rimasto fermo, incastrato, creando un senso d'intasamento. Ogni esperienza tendeva a sedimentare incanaglita, per annodarsi a tradimento con tutte le altre. E ci si dibatteva in una foresta di situazioni, con la certezza che qualsiasi scelta si sarebbe rivelata miope, gretta, controproducente allo scadere del terzo anno, o del terzo mese nei casi peggiori. Tutto congiurava per andare, prima o poi, in vacca. E in fondo si finiva per scegliere sempre e solo quello che passava il convento.

Il rudere, dopo la conversazione acclarante con Sara, si era rivelato non soltanto il sogno di compensazione di una vita rimpicciolita, ma anche un tremendo bubbone, sintomo delle insoddisfazioni e delle paure più profonde. Al suo posto, valeva la pena di mettere qualcosa di più solido, di più apertamente borghese. Sara aveva ragione, alla fantasia di fuga bisognava sostituire il desiderio di sicurezza, di radicamento maturo, ed entrare a far parte dell'ottanta per cento di italiani proprietari di casa, costi quel che costi. Loro, per cominciare, c'avevano gli ottantamila di zio Riccardo.

## 14.

## *Il genitore guastatore*

A Nina sembra, a volte, di combattere contro la corrente, anzi è convinta di andare per la sua strada, una strada percorsa in realtà a tastoni, piena di sbandamenti e vicoli ciechi, di vecchi fantasmi con cui regolare i conti, e di veri e propri capitomboli, faccia a terra, e tutto questo andamento irregolare della sua vita le dà almeno l'illusione di un'individualità forte. Poi, come oggi, apre gli occhi sul mondo circostante, sugli ambienti in cui finisce per insediarsi, sulle persone che la circondano, e capisce che quella strana pressione che agiva su di lei in direzione contraria, e a cui lei credeva di opporsi, combattendo contro una corrente generale, non è null'altro che il risultato di una spinta che invece di ostacolarla la porta, la trascina amorevolmente con sé. Le sue energie per sfuggire al movimento di massa, all'inclinazione delle abitudini, alla facile coesione delle opinioni, tutte queste energie, senza che lei se ne renda pienamente conto, non fanno che rafforzare proprio quella corrente a cui credeva di sottrarsi.

Le traiettorie di ognuno sembrano così aleatorie, specifiche, prodotte da una serie continua di decisioni autonome, ma viste dall'esterno, con uno sguardo di sorvolo, mostrano di marciare al passo con innumerevoli altre. Dovunque Nina si sposti, dovunque pretenda di svoltare all'improvviso, o di retrocedere per capriccio, la tribù sociale di provenienza la contiene, la accompagna fedelmente, mettendole accanto figure dai gesti e dalle frasi simili. Com'è possibile, d'altra parte, per tutti loro, così acculturati e smaliziati, non sentirsi *alla punta* di qualcosa? Si percepiscono come non ulteriormente perfezionabili, perché intorno a loro tutti gli altri esseri umani non possono apparire che più volgari, o più spietati socialmente, o più danneggiati socialmente, o più manipolati, o più immorali, o più poveri d'immaginazione, di gusto, di audacia esistenziale. A Nina, però, e questa è una differenza *vera*, il loro apparecchio interno, l'organo dell'autosoddisfazione, le manca. O in ogni caso le si era guastato. E si è costruita nel tempo un racconto abbastanza dettagliato a proposito di questo guasto, anche perché assomiglia più a una predestinazione, a una fatalità biblica, che a un incidente fortuito.

Il guasto c'era stato, ma ripetutamente, come se qualcuno avesse voluto davvero assicurarsi, dopo diversi tentativi, che l'apparecchietto fosse sgangherato e inservibile. Aveva iniziato Carlo, il padre, soprannominato da lei Dolomite per la sua esagerata passione alpinistica. C'è sempre un genitore guastatore, questa almeno è la teoria di Nina. Ognuno nasce per far fronte ad almeno un genitore guastatore, ma quando va molto male, per i più disgraziati, i genitori guastatori sono addirittura due, anche se, di norma, due genitori guastatori finiscono quasi immancabilmente per entrare in conflitto, dal momento che ognuno di loro vorrebbe guastare il proprio figlio secondo il metodo che gli è più caro, e quindi la divergenza di metodi, a parità di obiettivi, crea spesso quel conflitto tra padre e madre, che si può persino rivelare positivo per il figlio o la figlia, dal momento che l'odio reciproco dei genitori finisce per neutralizzare, indebolire, se non del tutto vanificare la loro congiunta opera di demolizione filiale. Alcune persone che Nina ha incontrato sostengono che si tratta di una teoria del tutto esagerata, di una teoria semplicemente falsa, dal momento che solo in casi eccezionali, senz'altro tristi, uno dei due genitori può trovarsi, per circostanze inusuali, nel ruolo di guastatore del proprio o della propria figlia. La verità, secondo Nina, è che i figli impiegano sempre un lungo lasso di tempo, prima di capire da quale persona del proprio ambiente è venuto il primo guasto, *primo* e per ciò stesso, in genere, più efficace e deleterio. Chi ha fatto una qualche terapia, non per forza l'analisi di vecchio stampo, quella di sette anni con freudiani ortodossi e lettino, ma anche una delle cure «nuove», alleggerite, ebbene costui fin dalla quarta seduta comincia a vedere chiaro nel ruolo che uno dei due genitori ha avuto nella sua infelicità. Questo perché la terapia è un grande acceleratore per la dismissione dei miti familiari. Nina non è mai diventata una sfegatata sostenitrice dell'analisi, o di terapie simili, e le considera in fin dei conti come rituali di classe, o di gruppo sociale, rassicuranti ma spesso inefficaci. Su una cosa, però, è certa: in ogni terapia, di cui ha avuto testimonianza da amici o conoscenti, si finisce per stanare in tempi molto brevi un'operazione genitoriale malsana, che nella maggior parte dei casi era rimasta del tutto inconsapevole, e non di rado cade proprio la maschera del genitore a lungo ritenuto più angelico, comprensivo, o se non altro innocuo.

Quindi, fin dalla nascita, ognuno – sostiene Nina – deve realizzare questa sorta di salto mortale psicologico, in quanto si trova a fronteggiare, da un lato, almeno un genitore guastatore ma, dall'altro, deve impegnarsi a fondo nell'erigere un piedistallo idealizzante per quello stesso genitore nemico. Più il figlio o la figlia vengono guastati, più essi debbono rendere plausibile l'immagine di un genitore amorevole, anche se non è possibile decidere in anticipo chi sia il guastatore, se la madre per la figlia o il padre per il figlio – a volte ci piace pensare che le cose siano lineari, che solo la madre abbia voglia di guastare la propria figlia, e che solo il padre abbia voglia di guastare il proprio figlio, ma costantemente l'esperienza ci smentisce. (Nina, ad esempio, ha avuto nel proprio padre il genitore guastatore, ma questo le era stato evidente fin dall'inizio, l'unico vantaggio, infatti, di avere un padre scatenato nell'intento di guastare, è che tutto ciò viene alla luce quasi subito e si ha quindi la possibilità di difendersi, di organizzare strategie di ripiegamento e fuga). Se le persone guardassero abbastanza presto, diciamo il prima possibile, alla propria famiglia come al primo grande pericolo, o alla prima grande trappola della loro vita, forse non sarebbero in grado di evitare i guasti, gli avvelenamenti morali, le ferite psicologiche ripetute, le demolizioni insidiose e mirate, ma almeno correrebbero ai ripari, si esporrebbero con meno idiozia ai colpi del nemico, e soprattutto non spenderebbero quell'enorme quantità di energia per ripulire la faccia dell'aggressore, per cambiargli ogni volta i connotati con uno sforzo quasi sovrumano d'immaginazione, che addolcisce la piega delle labbra, ammorbidisce i toni della voce, rende aggraziati i gesti secchi, infonde benevolenza nelle frasi che ne sono completamente prive.

Nina, nel petto, ha semplicemente un buco, un vuoto, ma non un vuoto pacifico, una mancanza mansueta di qualcosa; ha un buco attivo, che si fa spesso risucchio, perché un vuoto ha una capacità di aspirazione quasi infinita, soprattutto un vuoto, diciamo, psicologico, un buco non di carne, che in qualche modo uno potrebbe riempire o suturare. Per lei, da molti anni, questo buco, che impedisce ogni irradiazione di sicurezze intime, assiomatiche, e ogni bagno di autosoddisfazione, è legato a Carlo. Carlo ne era stato il primo artefice, non certo l'ultimo. Un padre fisico teorico, dice Nina, non lo augurerei neppure al mio peggior nemico, un padre inoltre amante della montagna e delle scalate, un padre Dolomite. Non è che Carlo fosse un mostro, o in ogni caso non lo è più per Nina; è semplicemente stato, e cerca ancora di esserlo, ma con minor efficacia, il genitore guastatore della sua famiglia, quello che opera fin dall'inizio per sottrarre al proprio figlio ogni sicurezza di sé, che si dedica con serena inconsapevolezza a formare il buco, anche perché, nel caso di Nina, che è figlia unica, l'azione guastatrice non rischiava di disperdersi, di frazionarsi. Nella vita familiare, nella vita di tutti i giorni, Dolomite era stato un programmatore furioso, qualcuno che doveva sapere con molto anticipo con chi, dove e cosa fare. E la sua gioia, perché Dolomite poteva essere anche un personaggio gioioso, era tanto più intensa e pura, quanto più *le cose erano andate per il verso giusto*, erano andate cioè come lui le aveva ipotizzate, e poi preparate, e poi seguite fase dopo fase nella loro evoluzione. Se Nina, a sette anni, non voleva arrampicare, o non voleva arrampicare quel dato giorno, o in quel tratto di ferrata, Carlo non la sgridava, non le urlava violentemente contro, semplicemente taceva di colpo e, con una rapidità sorprendente, la liberava dall'imbragatura, raccoglieva tutto il materiale, ficcandolo nel suo grande zaino, dal momento che la *giornata ormai era stata rovinata*, e non restava che tornare indietro. Questo Carlo però non lo diceva, o lo diceva solo se più volte incalzato, messo alle strette, eppure il suo comportamento globale, il comportamento silenzioso, non faceva che ripetere solennemente fino al momento di andare a dormire quanto quella giornata fosse stata sfregiata. E d'altronde ogni altro progetto familiare, si trattasse di un cinema o di un ristorante serale, veniva immediatamente sospeso, differito a giornate migliori, a giornate meno fallimentari. Spesso Carlo diceva semplicemente, e a voce bassa, come parlasse tra sé e sé, «Va bene, facciamo dietrofront». Nina aveva vissuto da piccola con il terrore di causare il «dietrofront», perché era evidente che quel «dietrofront», per Carlo, era conseguenza di un accidente atmosferico, di una piena che impedisce, ad esempio, di attraversare un tratto di strada lungo un fiume. Quel «dietrofront», quindi, era la conseguenza dell'accidente atmosferico «Nina», dal momento che Nina portava in sé, senza neppure esserne consapevole, questo carattere di accidente, di catastrofe naturale. Nina era l'intoppo allo svolgimento del programma, Nina impediva che le cose andassero per il verso giusto, e Carlo non la sgridava né la puniva per questo, ma ne era ogni volta atterrito e profondamente deluso. E per non sprofondare nella disperazione, o per non rischiare di infuriarsi, doveva togliersi di mezzo il più velocemente possibile. Di fronte allo scacco, bisognava scappare via senza voltarsi, raccattare ogni cosa, rimettersi lo zaino in spalla, e allontanarsi il prima possibile da quei luoghi, che oramai costituivano l'allegoria materializzata del suo fallimento.

Anche più tardi, quando Nina era più grande, e già in parte autonoma nelle scelte di studio o nelle frequentazioni personali, se Carlo era costretto a un confronto, a un dialogo, a prendere in conto il punto di vista della figlia, finiva sempre per ripetere: «Nina, ti sto ascoltando, ma davvero non capisco quello che dici, non ci riesco». Nina parlava, e parlava italiano, la lingua comune, la lingua materna e paterna, e costruiva frasi corrette, anche se le pronunciava magari eccitata, in modo rapido, ma il problema è che Carlo sosteneva di non capire quanto Nina dicesse, la guardava, la lasciava argomentare, e poi se ne usciva con la frase tipica, che la mandava fuori dai gangheri: «Nina, non so cosa stai dicendo».

Quando Nina aveva deciso, dopo un ultimo anno di liceo molto burrascoso, di entrare all'Accademia di Brera di Milano, con l'idea di diventare un'artista, Carlo non era riuscito, nonostante le molteplici e convulse discussioni, a capire cosa Nina gli dicesse. Non era servito neppure l'intervento della madre Loredana, che era l'intervento di una donna stanca, e quindi troppo timido, o troppo tardivo, per essere davvero efficace. Loredana si era data negli anni il ruolo di traduttrice, e quando aveva un po' più di energia del solito, o quando lo scontro tra Nina e il padre era particolarmente insostenibile, lei interveniva come traduttrice, e nello stesso italiano di Nina. Con qualche riformulazione qua e là ripeteva al marito i medesimi concetti espressi dalla figlia. La traduttrice era d'altronde il ruolo perfetto per una madre stanca, che pur volendo difendere Nina, non si autorizzava a prendere partito, e quindi agiva in nome dell'armonia linguistica, svolgendo un compito neutrale, apolitico, puramente di servizio.

Ma Nina ha fatto i conti con tutto questo, con Dolomite, il padre pietroso, con Loredana, la madre stanca, e sa anche che il risucchio in mezzo al petto è divenuto negli anni una specie di forza, una particolare forza di deprogrammazione radicale, con la quale aveva fatto saltare tutto quanto era solido, piano, regolare, dentro di sé e intorno a sé. È il suo modo di restituire il guasto ricevuto. Di farne tesoro, come si dice.

## 15.

## *Serve un gruppo di autocoscienza sull'amicizia*

Ammesso che si fosse archiviata la cascina secondaria per l'appartamento primario, sostituendo il cappio del mutuo a quello dell'affitto, ma l'amore degli amici? Che ne restava dell'antico amore degli amici? Tommaso, come tutti, si preoccupava molto di più di essere amato, che di amare. In un certo senso, egli era certo del proprio amore, i suoi amici erano importanti e ci pensava spesso. Vederli lo sollazzava e anche lo esasperava, ma questo era in qualche modo inevitabile. I veri amici arrivavano sempre, ad un certo punto, a *dargli sui nervi*. Doveva vederli e frequentarli proprio perché potessero, alla fine, innervosirlo. Amicizia e innervosimento andavano di pari passo. In ogni caso, lui non dubitava di amarli, naturalmente era una convinzione non sottoposta a verifica. Era invece molto più esigente sulle *prove d'amore* che venivano da loro, anche se, per via delle suddette complicazioni biografiche di tutti, non si sapeva più bene cosa aspettarsi e cosa desiderare dagli altri, fossero pure i cari altri. Una volta, ad esempio, la gente si telefonava. Una volta l'amicizia si misurava anche in numero di telefonate giornaliere e lunghezza della singola telefonata. Ma chi telefonava più, ormai? Perché uno avrebbe dovuto limitarsi a comunicare al telefono con *una persona sola* mentre, su Facebook, una sua frase o un suo paragrafetto potevano essere letti simultaneamente da centinaia di amici veri o presunti? E c'era pure il continuo chiacchiericcio dei gruppi di WhatsApp, una cascata di frasi, di preferenza innocue, con foto ed emoticon, per aggiornare tutti, al lavoro, tra amici, in famiglia, sui piccoli accadimenti locali, una riunione, l'inaugurazione di una mostra, il menu della cena di capodanno.

Nessuno ne parla mai di questa cosa. Nessuno è in grado di calcolare se siamo stati amati dagli amici e se veramente li abbiamo amati. L'amicizia è un evento umano e affettivo che avanza mascherato. Nel mondo dell'arte, poi, diventerebbe una scienza ardita distinguere la vera amicizia, quella autentica, ellenica, frontale, costruita su affinità intellettuali e passionali, dalla finta amicizia, dall'amicizia di comodo, di usufrutto, di rendimento professionale momentaneo, di prestigio sociale, di sottomissione calcolata. Bisognerebbe ogni tanto, a partire dai quaranta, organizzare serate collettive di autocoscienza dal titolo: «Chi ha ancora dei veri amici?» Va pensata per bene questa serata di autocoscienza, un po' statunitense, certo, da cittadina del Minnesota, ma anche un po' da vecchia Stasi, con quel tanto di ostinata e imperterrita ricerca della verità morale ancor prima che fattuale.

Ma oggi le vite erano complicate. Quelle di coloro che si erano inoltrati temerari nei quaranta, come lui, ma anche quelle dei più giovani. Per quest'ultimi, poi, le complicazioni tanto più giungevano precocemente, quanto più apparivano crudeli. Se sentivi parlare i giovani artisti, era agghiacciante. Altro che queste menate da vecchi babbei sentimentali. Le amicizie erano funzioni secondarie dell'unica strategia che interessava i ventenni: avere il riconoscimento critico, i contratti con le gallerie, i soldi di musei, fondazioni e collezionisti, *subito*. Il loro mantra, infinite volte ripetuto durante i molteplici incontri che Tommaso aveva avuto con loro, era unico e semplice: «Dopo i ventisei anni sei morto, non esisti più». Non più di una settimana prima, glielo aveva ribadito un giovane scultore ai tavolini del Frida. «Io che ho trentaquattro anni sono già vecchio, sono fuori. Non posso che augurarmi di essere riscoperto fra un bel po' di tempo, se ho fortuna, altrimenti sparirò semplicemente. D'altra parte, quelli più giovani mi fanno anche compassione. Già a ventidue anni stanno in piedi a botte di psicofarmaci, per tenere sotto controllo l'ansia oppure per darsi la spinta. Vivono una pressione incredibile. Devono essere perfetti subito. Non hanno diritto all'errore. I galleristi e i curatori gli si fiondano addosso con programmi dettagliati. È fondamentale riuscire a produrre tanto e in pochissimo tempo. E se gli va bene, devono poi gestire il successo. Sembra facile, ma alcuni cominciano a impasticcarsi proprio allora». Com'è possibile questa storia, si chiedeva Tommaso. Questi sono giovanissimi, e *non hanno tempo*? Ma proprio perché è *il loro momento*, perché tutti li aspettano al varco, tutti li cercano, tutti sono pronti a stendergli tappeti rossi e hanno urgenza di far fruttare la loro giovinezza, essi non possono godersela. Non è più di loro proprietà, appartiene agli altri, alla cerchia che gli si è fatta sotto, che gli sta addosso, e questi giovanissimi devono capire immediatamente che cosa hanno da offrire di interessante, devono insomma tendere le antenne verso coloro che li accerchiano, decifrare al volo il desiderio altrui, e sapergli dare forma senza tentennamenti, con pulizia e rigore. Al diavolo, in questa rapidità di risposte, gli errori, i vagabondaggi, gli scetticismi, la diffidenza, il vecchio gusto di sabotare, lo sguardo critico; al diavolo ogni possibile distanza tra sé e sé, e tra sé e gli altri. Bisogna farsi trovare pronti, arrendevoli, diligenti. Se l'occasione passa, non ci sarà più tempo per ripescaggi, oppure sì, solo per il ripescaggio finale, quello dal girone degli sfigati, dei dimenticati, dei signor nessuno, che di tanto in tanto, per imponderabili giochi dell'ambiente culturale, permette a un artista *vecchio* di uscire dall'anonimato, affinché intorno a lui venga imbastita tutta la cerimonia della riscoperta. Quindi amicizie, ma anche amori, e ancor di più figli, sono lussi che le giovani generazioni non si possono permettere, ma non per cattiveria, non per uno speciale egoismo che, come amavano pensare gli amici di Tommaso, è loro geneticamente connaturato, ma semplicemente perché non ne hanno il tempo. Certo, avrebbero scoperto tutto *dopo*, una volta passato l'esame tremendo della loro giovinezza, una volta usciti, vittoriosi o malconci, dal *loro momento*; gli restava tutto il resto della vita da vivere come dei pirla qualunque. E qui ognuno avrebbe fatto i conti con le stesse menate di Tommaso, e si sarebbe chiesto, con ancora più apprensione e perplessità, se aveva avuto amici da amare, e se era stato amato da qualcuno degli amici.

«È inutile che ti tormenti Tom, alla nostra età le amicizie si riattizzano grazie a dei progetti comuni, è sempre così che funziona. Ma non sono sicura che la cascina sarebbe il modo giusto». Sara aveva ragione. Non era solo una questione di esistenze più o meno complicate, ma alla loro età era fisiologico vivere diversamente le amicizie. I progetti comuni, ecco quello che probabilmente era finito. Tommaso, in fondo, li aveva usati come grandi propulsori. Aveva effettivamente avuto un ruolo di catalizzatore, in mezzo ai suoi amici dell'Accademia. Proprio lui, che non sarebbe diventato artista, lui, che aveva messo piede nel campo avverso – quello dei critici –, aveva saputo costruire ponti tra le diverse personalità, e inventato occasioni improbabili di confronto e lavoro collettivo, e in questo modo si era reso *indispensabile* per un gruppo di persone. E ciò aveva costituito per lui una molla determinante. Era stato spinto da quell'energia creativa che sapeva individuare negli altri e intrecciare assieme. Ora, invece, doveva essere in grado di spingersi da solo. Doveva trovare in sé stesso la molla. Rendersi autonomo, come d'altronde, nel bene e nel male, avevano fatto tutti. Come diceva bene Nicola Racco, il meno simpatico dei suoi amici storici, «Ognuno si fa un po' i cazzi propri, vero Tommaso? Che ci vuoi fare? Ognuno a un certo punto deve prendere la sua strada. Magari quella che ho preso io a te non garba, magari la tua non garba a me, ma chi se ne frega dopotutto. Divertirci, ci siamo divertiti assieme. Su questo non ci piove».

# 16.

## *Salvezza o perdizione attraverso il cibo*

Ulrike l'ha messa in guardia: «È una festicciola di compleanno, quindi ci saranno soprattutto mamme e bambini». Nina si è sentita vergognosamente apatica, ma non ha voglia di passare il pomeriggio da sola. Non ha voglia di fare la turista ad Amsterdam, anzi l'artista che va in giro per gallerie, musei, e magari sexy-shop, per cercare materiale d'ispirazione nel gran circo dell'immaginario erotico, dal momento che lei, ormai, grazie al documentario di Arte, sarebbe divenuta la specialista di questi argomenti. Ha lasciato a Berlino persino la sua macchina fotografica. Un tempo, ci sapeva fare con i viaggi. Aveva trovato un suo modo di aggirare gli imperativi della turista zelante: andava a caccia di stimoli, servendosi del suo blocco da disegno e della sua macchina fotografica. Ritraeva anomalie paesaggistiche, stranezze architettoniche, brutture metropolitane, posture di varia marginalità sociale. In seguito, si era resa conto che tutto quel lavorio di raccolta e documentazione non faceva che alimentare la vecchia e rispettabile sete di *pittoresco*. Fotografare una poltrona accasciata sul fianco, con la stoffa slavata dalla pioggia, attraverso le sbarre di un giardino incolto, non era molto diverso che fotografare un campanile di pietra guarnito di un cielo arancione. Nina si specializzò, allora, in reportage dell'ordinario. Tutto ciò che aveva l'aria insipida, grigia, ininteressante, come un lampione acceso su un parcheggio deserto, diventava degno di captazione fotografica. Su Instagram, però, le foto di parcheggi, zerbini di condominio, corridoi aziendali, villette a schiera di periferia abbondavano, perché tra i creativi le abitudini estetiche mutavano a ritmo sostenuto, e ciò avveniva – nonostante gli sforzi di ognuno per distinguersi – in modo immancabilmente gregario. Quando, negli ultimi tempi, i più audaci avevano cominciato a postare foto di campanili di pietra guarniti da cieli arancioni, senza il benché minimo scostamento dallo stile cartolina, Nina aveva cominciato a non portarsi più dietro la macchina fotografica.

«Mi fa piacere di aggregarmi a voi» ha risposto all'amica. «Poi con i bambini mi diverto sempre». Ulrike, dal canto suo, è contenta di avere Nina con sé, e di poterla presentare agli altri. «Sono persone simpatiche, ti piaceranno. Jamie, la madre della festeggiata, è originaria di Honk Kong. Prima abitava a Berlino, dove l'ho conosciuta».

Mentre Ulrike si occupa degli ultimi preparativi per la festa, Nina gioca con Gustav. Il bambino è in pieno nella fase «pirati» e si è infervorato quando lei gli ha detto di avere un teschio tatuato sulla scapola. Alla fine, però, dopo aver insistito perché glielo mostrasse, è rimasto un po' deluso. Si aspettava un teschio più «normale». Quello è strano, troppo oblungo e con delle fiamme arricciate intorno; non è il tipico teschio dei pirati con le ossa incrociate, però gli sembra bellissimo che un teschio uno se lo porti sulla pelle, anche se lui lo avrebbe preferito in un punto del corpo più visibile, in fronte ad esempio. Nina si sente bene con Gustav, ma teme un po' l'incontro con le *mamme riunite*.

Jamie abita un bell'appartamento, con un ampio soggiorno occupato su un intero lato da una porta finestra scorrevole e un balcone lungo e stretto. Dal balcone si vede, in basso, una striscia d'asfalto, con il solito serpentone della pista ciclabile, passanti che procedono in fila indiana e, di fronte, un largo braccio di mare solcato da chiatte e battelli. Sulla sponda opposta, un quartiere simile a quello in cui si trovano: palazzi nuovi, tutti allineati, con colori scuri e luccichio di serramenti in acciaio. Quando arrivano, verso le due, sono discretamente affamati, specialmente Gustav. La festa cominciava ufficialmente un'ora prima, quindi tutti e tre si aspettano qualcosa di simile a un buffet, un tavolo con zuppiere riempite di roba da mangiare, oltre alla solita batteria di bevande con bollicine o succhi di frutta. C'è in effetti un tavolo predisposto con le aranciate olandesi e le bottiglie di coca-cola, ma non ospita che due scodelle stracolme di caramelle variopinte, gelatine zuccherate e stringhe di liquerizia. Gustav ha fatto un'ispezione veloce: non solo non vi sono cose da mangiare, a parte i dolciumi che lui detesta, ma non vi sono nemmeno tracce di cibo, resti commestibili che i primi invitati hanno magari lasciato. Jamie non ha preparato nulla, non ha pensato al fatto banale che l'appuntamento per la festa di sua figlia si situava grosso modo all'ora di pranzo. Qui non ci sono differenze culturali che tengano: anche gli olandesi e i cinesi, seppure meno voracemente degli italiani, si nutrono tra mezzogiorno e le due, pensa Nina. Ma Jamie, interrogata cortesemente da Ulrike, sembra non averlo minimamente considerato. Si attiva, però, per rimediare all'inconveniente. Gli altri ospiti già presenti, una coppia con figlio, e una mamma con due bambine, non hanno avuto il coraggio di sollevare la questione, o forse hanno pranzato prima. Jamie fa comparire una serie di barattoli strani. Uno contiene dei wurstel a bagno in un liquido giallognolo, e vengono serviti in una scodella con quel medesimo liquido. Poi cita un piatto vietnamita, ed estrae da un altro barattolo una sostanza verde, che contiene piselli e altre verdure, e lo ficca nel microonde. Da una lattina pesca un blocco gelatinoso, e lo spande su di una padella. Nina si rende conto che, rispetto all'assenza di cibo, è confrontata ora a qualcosa di sorprendente e spaventoso. Alla fine, si decide per il pastone verde, uscito fumante dal microonde. Ulrike sembra non battere ciglio, ma non fa testo. È quella che condiva gli spaghetti con le salse del barbecue. Adesso sta asciugando i wurstel in un tovagliolo di carta, per rifilarli a Gustav che li attende contento.

Nina guarda Jamie, i suoi tratti asiatici graziosi, il suo vestito bianco stretto in vita, semplice ma elegante, l'appartamento impeccabile, con cucina americana situata lungo la parete opposta alla porta-finestra, e non capisce. Che cosa hanno tutti contro l'atto di nutrirsi o di cucinare? Da dove nasce quell'ostilità per l'azione magica e allegra di preparare il cibo? Quel rancore per il tempo dedicato alla scelta, alla manipolazione, alla trasformazione delle materie animali o vegetali da rendere commestibili, ossia profumate, gustose, colorate, attraenti per tutto il corpo?

La paura e nel contempo l'idolatria del cibo tipica della sua epoca era stata fin da giovanissima una delle sue ossessioni, una delle sue rabbie, a cui aveva cercato di dare forma attraverso l'arte. È una strana civiltà, la sua. Per certi versi, il cibo sta assumendo nei paesi più sviluppati del pianeta una sorta di centralità culturale sproporzionata: tutto sembra ruotare intorno a esso, in un continuo scavalcamento dei limiti geografici e stagionali. *Tutti vogliono mangiare di tutto in ogni momento.* E quindi un'immane economia dello spostamento, della conservazione e della diffusione si è messa in moto. E poi di cibo se ne può scrivere su giornali e riviste, se ne fanno trasmissioni televisive, festival locali e internazionali, convegni universitari. Non è solo consumo frenetico, è anche glorificazione e dottrina. Nello stesso tempo, però, questa attenzione al cibo da passione quasi religiosa sconfina in un freddo calcolo dagli esiti spesso paranoici. Più il cibo viene in primo piano, più intorno a esso iniziano a proiettarsi ombre inquietanti. Dietro la sua faccia solare se ne scorge un'altra oscura e terrificante, che evoca disturbi, insidie, pericoli mortali.

I primi a finire dentro problematiche alimentari sofisticate sono stati alcuni dei suoi amici e conoscenti più danarosi. Ci sono i «macrobiotici», quelli sprofondati nella spirale delle allergie alimentari, che ne scovano una nuova ogni sei mesi, quelli che boicottano la distribuzione di massa, inclusa l'agricoltura biologica da supermercato, e quindi la quasi totalità del comparto ristorazione del proprio paese. C'è chi odia il latte, chi il sale, chi lo zucchero bianco. E i fanatici dei semi che si riempiono la casa di boccali, gli ossessionati dall'indice glicemico, i praticanti della paleodieta... Poi c'è Markus, che sa come nutrirsi in un bosco, e non solo di bacche, aglio selvatico e castagne. «Ci sono muri mentali da superare – diceva –, ma se è necessario uno si mangia pure gli insetti e le larve». Nina, però, su questo lo sorprese: «Guarda che io l'ho già fatto, e con tanto di ricetta». Era stata la sua prima performance berlinese, nell'atelier di un pittore. Aveva da poco scoperto che nel nord della Tailandia vendevano per strada spiedini di grilli o bruchi del bambù in pastella. Lei avrebbe celebrato le cavallette «amiche d'infanzia». L'azione si svolgeva in due momenti. Dapprima se ne andava in processione in mezzo al pubblico, indossando una maschera a velo con cappello, di quelle usate dagli apicoltori. Tra il volto e la retìna di protezione, però, aveva introdotto, ingabbiandole, un certo numero di cavallette vive. In seguito, veniva il momento d'incorporare lo spirito dell'insetto attraverso preparazione e consumo del pasto. Si era specializzata nella ricetta delle cavallette caramellate, che offrì agli spettatori e degustò lei stessa.

Da un lato, insomma, c'è Jamie, con i suoi barattoli, le sue lattine a strappo, le sue buste preconfezionate di sostanze che assomigliano agli intrugli monocromi e insipidi che succhiano gli astronauti nelle basi spaziali, dall'altro i coniugi Greco, proprietari di un'intera palazzina in centro a Milano, che cercano a tutti i costi di sopravvivere al tumore eventuale, di non morire di cancro, e con grande ostinazione hanno fatto il giro di tutti i dietologi del Nord Italia, e vivono, con due figli, al ritmo delle tabelle alimentari. Per loro anche il riempimento di un bicchier d'acqua o l'ingestione di una briciola di pane sono gesti meditati, perché densi di pericolosissime conseguenze. Nina li conosceva da tempo, erano stati fra i suoi primi collezionisti, e negli anni avevano stretto amicizia. Durante una discussione con lei, Emanuele Greco era stato esplicito, sbottando dopo una sua battuta sul programma alimentare del week-end. «Ma lo capisci Nina che ci stanno avvelenando da ormai mezzo secolo, che ci fanno mangiare peggio della merda, sono veleni mortali quelli che mettiamo nei piatti, e non c'è salvezza facile da questo, perché hanno imposto il loro sistema a tutto il pianeta?! Non c'è più niente da mangiare che loro non abbiano abbondantemente avvelenato, che siano piante o tessuti animali. Perfino nei pannolini dei neonati hanno trovato tracce di pesticidi! Tu stai magari ancora a credere alle balle dell'agricoltura biologica, degli allevamenti di galline all'aria aperta? Questi ci vogliono ammazzare! Lo sai qual è il loro vero progetto? Riempirci come oche per farci ammalare al più presto, e poi tenerci in cura per il resto dei nostri giorni. Io voglio semplicemente difendere il mio DNA, voglio che i miei figli siano preservati da abitudini alimentari che costituiscono un perpetuo attacco distruttore del loro corredo genetico». Emanuele e sua moglie avevano una fifa pazza di morire di cancro. Il padre di Emanuele era morto, stroncato in meno di un anno, per un tumore al fegato. Non gli era passata più.

I Greco, ovviamente, avevano rinunciato a frequentare la maggior parte dei caffè o ristoranti, e disertavano anche i mercatini rionali, dove ne sapevano troppo poco dei cosiddetti produttori locali. Solo in seguito ad accurate indagini individuavano i loro fornitori di fiducia, i loro *pusher* alimentari altamente selezionati: dai produttori di ribes nero e di olivello spinoso di Novara a quelli di microalghe nel ragusano. Organizzare compleanni per i figli piccoli, o lasciarli partecipare a feste di amici, era ogni volta un problema drammatico, che generava tensioni, pianti, isterie di tutto il nucleo famigliare. Ma la cosa confortante nel caso dei Greco era l'avvicendamento repentino delle loro linee di condotta alimentari, delle loro fedi dietetiche. Questo rendeva la loro vita, altrimenti troppo noiosa e confortevole, una costante sfida per controllare, secondo modalità e credenze ogni volta diverse, ciò che s'infilavano in bocca.

## 17.

## *Perché, assieme alla popolazione mondiale, aumentano pure gli stronzi?*

La casetta in via Fratelli di Dio li ha catturati. Nessuno di loro aveva pensato a Sesto San Giovanni, ma entrambi erano pronti a elaborare il lutto di Milano. Se lasciavano via Pastrengo e il quartiere Isola, di cui erano stati fedeli abitanti per una decina d'anni, lo avrebbero fatto per una *casa con giardino*. Il sogno della grande terrazza milanese, d'altra parte, era stato subito archiviato, in quanto improponibile finanziariamente. Erano cose accessibili agli artisti di successo, come Nicola Racco, che la terrazza ce l'aveva a Lambrate, con limoni, oleandri e ginestre dentro immensi vasi in resina color cachi, e un sistema d'innaffiamento a programmazione elettronica. Tommaso e Sara, però, avevano alla fine trovato la casa idilliaca: spaziosa, funzionale, doppia esposizione est-ovest, non accerchiata da palazzi o altre case, con la veranda, il verde, il barbecue in muratura, e soprattutto la *calma*. Tommaso aveva scoperto che il fattore calma, ossia assenza di cantieri pubblici, di movide, di circolazione viaria intasata, di furia trapanante e martellante da parte di vicini, di risse familiari, di feste peruviane, di officine per fabbri e carrozzieri, tutto questo deserto operativo che sembrava circondare la sua casetta, questo simulacro abbastanza convincente di pace costituiva un preziosissimo indicatore di felicità. Quello che nella cittadina provinciale, o nel villaggio di campagna, avrebbe evocato un'atmosfera mortifera, di capolinea sociale e culturale, nel quartiere non centrale di Sesto San Giovanni, un luogo ibrido, strampalato, tra capannoni industriali e cascine contadine in abbandono, fungeva piuttosto da astuto nascondiglio a soli 45 minuti di trasporto pubblico, e 32 minuti di trasporto privato, da piazza Duomo.

Non tutti avevano capito quella mossa. Subito una quantità di amici e conoscenti di Tommaso fecero saltare fuori dal nulla una miriade di soluzioni d'acquisto e residenza alternative, più economiche, più scintillanti socialmente, più strategiche sul piano speculativo, *dentro* Milano, anche centralissime, oppure fuori Milano, ma con esclusione perentoria di Sesto San Giovanni. L'unico fin da subito solidale con le scelte di Tommaso e Sara è stato Andy, un amico scrittore che si era stabilito in Francia. Dopo anni di vita rattrappita nei bilocali parigini, alla nascita della figlia si trasferì con la sua compagna francese in una poco attraente cittadina a quindici chilometri dalla capitale. «Qui, è vero, non c'è niente a parte la Marna, che è un fiume costeggiato da passeggiate piacevoli. Per il resto, tutto parcheggi, case popolari, centri commerciali e kebab rigoristi dove non trovi nemmeno una birra. Le industrie sono sparite da tempo, e i parigini con i soldi per ora non si fanno vedere. Eppure questo posto ha un vantaggio, che credo sia lo stesso che avrai constatato a Sesto. Circola ancora gente simpatica, *gente senza pretese*». Da anni in effetti, lo hanno notato Andy e Tommaso, la simpatia, quale spontaneo atteggiamento tra esseri umani, è andata un po' eclissandosi, soprattutto la simpatia nei luoghi pubblici, quella tra sconosciuti, generica e imprevista, non quella determinata da legami affettivi o professionali. È difficile mettersi a fare un computo preciso, ma il dubbio viene che le persone antipatiche siano in costante aumento, e si prepari un futuro con nove miliardi di gente, magari buona dentro, ma dall'aria stronza quando la incroci sul marciapiede. Vale la pena, sosteneva Andy, d'interrogarsi sull'evoluzione della specie tutta: l'umanità si sta liberando della simpatia come di un'attitudine sorpassata, dispendiosa psichicamente, e del tutto inutile? Ormai un po' dovunque la stronzaggine sembra la regola, anche se il vero laboratorio di sparizione della simpatia rimangono le metropoli, dove al massimo puoi spiccare in ambienti ben determinati, ma non essere cordiale con tutti indistintamente. Ciò dipende sicuramente dallo sforzo congiunto, soprattutto in Italia, e soprattutto a Milano, per entrare definitivamente nell'era della *città brillante*, che non si limita a costituire un obiettivo urbanistico e tecnologico, ma esige anche un adattamento morale: la nascita e il perfezionamento del *cittadino brillante*. Quest'ultimo dev'essere sveglio e rapido, avvistando problemi e risolvendoli cammin facendo, aggiornato e capace, mutando abitudini e valori con slancio, infine elegante e al passo coi tempi per tutto quanto riguarda l'abbigliamento, l'attrezzatura elettronica, l'arredo casalingo, il mezzo di trasporto, lo smaltimento rifiuti, il gusto musicale e cinematografico. In questo daffare esorbitante, con relativa proliferazione di problemi, in genere piccoli, ma tenaci come tafani su pelli delicate, i cittadini brillanti tendono, tra una performance adattiva e l'altra, alla risoluta stronzaggine, in particolar modo nei luoghi pubblici e anonimi, dove la gente passa senza lasciare orma o biglietti da visita. È vero anche, però, che nei luoghi di lavoro, al cospetto delle gerarchie aziendali o amministrative, lo sforzo del sorriso e della testa bassa, della battuta conciliante, è enorme e perenne, per cui forse tanta è la simpatia profusa nei confronti di superiori e colleghi, tanta è la stronzaggine riservata alla cassiera o al vicino di casa.

Ne hanno discusso assieme durante una conversazione telefonica di vecchio stampo. Tommaso ha citato il supplemento «Scienza e nuova impresa» di un quotidiano nazionale. Degli esperti in neuroscienze avevano spiegato che l'abitudine mentale atavica al sorriso cordiale, gratuito e non pianificato, era frutto di condizioni di vita primitive, dove capitava a due sconosciuti di incontrarsi in una foresta e, per sopravanzare timori e reazioni aggressive, invece di saltarsi alla gola scambiavano qualche parola benevola con aria rilassata. In una società altamente securitaria, invece, con telecamere ad ogni angolo di strada, nessuno temeva più il suo prossimo, salvo quando sbroccava a colpi di fucile sul pianerottolo o invadeva con furgoni le aree pedonali, schiacciando passanti a volontà, ma erano casi rari, statisticamente irrilevanti.

Secondo Andy, la gente, a Sesto o Champigny, è meno stronza, perché si sente forse meno investita da un destino speciale e sopraffino che, al contrario, il milanese o il parigino, quale sia la sua effettiva professione, assemblatore di hamburger o *financial advisor*, è convinto di avere. A Champigny, la gente cammina alla buona, a volte in affanno a volte esitando, ma senza fanatismo militaresco, e ostruisce persino l'ingresso della farmacia per raccontare ad altri certi malanni, e quando t'incrocia, guardandoti negli occhi soprappensiero, magari ti saluta e sorride per sbaglio, oppure no, ma non ha troppa energia per essere stronza. I poveri, inoltre, al posto della miriade di piccoli problemi che assillano il ceto medio inquieto e scattante, hanno da sbrogliare pochi e ingombranti problemi di sussistenza, e questo li rende più disposti a qualche vacanza relazionale, come un saluto cordiale, una battuta facile, un piccolo gesto di aiuto. Spesso si mettono persino a parlarti per strada, anche se non vi è nessuna ragione al mondo per farlo. Ti raccontano eventi della loro vita privata in coda alla posta o alla cassa del supermercato. Certo, bisogna poi sciropparsi i figli dei poveri, con quella loro energia sovrabbondante che finirà assorbita, in genere, nei lavori di fatica e comunque poco pagati. Loro sono schiamazzanti, impennano le moto, gettano per terra le lattine vuote di Red Bull. Sono fieri, diffidenti, a volte aggressivi, ma hanno una grande voglia di comunicare. E coltivano sempre la speranza, a differenza dei ricchi, che nello spazio pubblico possa accadere qualcosa d'imprevisto, di sorprendente, che li strappi agli orizzonti angusti della loro vita privata.

Tommaso, a Sesto, ha scoperto i pensionati. Anche nel suo quartiere ce n'è un gran numero, uomini e donne, tutti con i capelli bianchi, seduti sulle panchine, che sono ancora quelle vecchio stampo, prive cioè dei braccioli metallici antibarbone, e abbondano nei parchetti, nelle piazze e persino sui marciapiedi lungo i viali alberati. In genere, se ne stanno là, distribuiti uno per panchina, già in mattinata, e non fanno un tubo. Niente zaini o tracolle accanto, niente smartphone tra le mani, non hanno neanche l'alibi del sacchetto con la spesa giornaliera, da cui sbuca il filoncino di pane. Sentinelle del tempo passato, ma disposte a distrarsi, e a godersi nel presente una chiacchierata banale con il primo venuto. «Ti sembrerà assurdo Andy, ma sai cosa faccio, quando sono particolarmente stressato? Me ne esco di casa, e faccio una passeggiata di venti minuti, seguendo la traiettoria delle panchine. Qualche volta mi siedo a parlare con loro. Più spesso mi accontento, passando, di chiedere l'ora o un'informazione stradale. Ma mi basta anche guardarli semplicemente. Sistemati sulle loro panchine, che non si aspettano granché dal futuro e macinano con pazienza sbiaditi ricordi. Mi rasserena. Funziona nove volte su dieci».

## 18.

## *Autoritratto in pezzi*

I miei episodi, pensa Nina, i miei frammenti, mentre sta andando con l'autobus dall'aeroporto di Tegel alla stazione della *U-Bahn* 6 di Kurt-Schumacher-Platz. Nina guarda l'inizio calmo di Berlino, con il viale a due carreggiate e la riga di alberi al centro, gli edifici bassi, distanziati, l'inizio senza i bastioni aggressivi, finimondo, delle periferie.

Nina forse vuole sparire, vuole essere dimenticata, anche se ad Amsterdam è andata bene, ma è andata bene perché si è tolta di mezzo da Berlino, e assieme a Ulrike e Gustav ha iniziato una nuova piccola vita, perché le piace guardare gli altri vivere. Nelle vite altrui anche i minuti vuoti, noiosi, quando non accade nulla, sembrano importanti. Ma poi, quando torna a casa, non ha voglia di esserci immediatamente, di manifestarsi con telefonate, di guardare i nuovi messaggi, di ricaricare come una molla tutta la sua socievolezza. A Berlino, torna nella *sua* vita, dove i minuti vuoti rimangono vuoti. La gente, nell'aereo appena atterrato, ancora bloccata in piedi tra i sedili, iniziava a inviare furiosamente messaggi, a telefonare, mentre Nina, compiaciuta, ha tenuto il cellulare sepolto in fondo allo zaino. E sull'autobus guarda i tigli del viale a uno ad uno, ma non ha voglia di dare segnali.

Nina pensa che la sua vita è una serie di frammenti, che è sempre così, per tutti, non può essere in altro modo, e che la società aiuta caritatevolmente gli individui, forse solo per un interesse di specie o di gruppo sociale, a rimettere insieme i pezzi, anzi a dare loro linearità, versandoli tutti in uno stesso stampo, o facendo in modo di distribuirli su di un unico piano. È questo che dovrebbe fare il lavoro in particolar modo, o meglio la *carriera professionale*. Però, pensa Nina, le carriere che danno continuità a una vita sono quelle degli uomini (tanti) e delle donne (poche) che contano, che dirigono, che grazie alla loro magnifica veste professionale sono talmente solidi, dentro e fuori di sé, da poter decidere per quell'enorme massa di gente fatta di pezzi e che, anche, più facilmente, può essere *fatta a pezzi* se necessario, se un motivo superiore, dirigenziale, lo richiede. E pure la famiglia serve a questo, la famiglia più di ogni altra cosa è la macchina atavica della coesione forzata – i legami di sangue! i sacri vincoli matrimoniali! – per tenere assieme la gente, dentro biografie plausibili, con confini relativamente stagni, in modo che uno sappia, ad ogni risveglio, chi diavolo è, cosa ha alle spalle, quale posto gli è dato occupare in società, e cosa attendersi dal futuro. Ma oggi non funziona più, o molto di meno, forse non serve, e non si sa chi l'ha deciso, se una decisione è stata presa o è stata l'intelligenza del tutto, del cervellone sociale, anonimo ma furbo, anonimo ma scellerato... Perché anche se i dirigenti continuano a dirigere, sempre meno si capisce dove si va a parare, e sotto, tra quelli che contano poco, tra gli scontornati, le vite si sfanno, si rompono in tanti alveoli. Lì la gente scoppia di rabbia, frazionata, impotente, e si ricarica con le pillole, per dormire, per scopare, per essere su di giri, per lavorare di notte, ma i pezzi, quelli sono veri, non si possono mascherare, ognuno deve farci i conti, di modo che, allo specchio del bagno, la figura che torna verso di noi, che ci affronta ogni mattina, sia amichevole, o almeno innocua, e non uno spettro o, peggio, un nemico sempre nuovo e misterioso.

Nel suo appartamento, guardando certe foto appese ai muri, certi manifesti o disegni che adornano le porte, Nina è nuovamente interpellata dall'Italia, da quella vita milanese ormai trascorsa, che galleggia da qualche parte, continente nebbioso e dai confini incerti, a tratti irraggiungibile, a tratti ingombrante e presente, come una sorta di malanno cronico che uno si porta addosso. Nina non ha mai fatto definitiva chiarezza dentro di sé sulle dosi di odio e di amore che il legame con il proprio paese d'origine le suscita. Di odio ce n'è, o di disprezzo, o di nauseata incredulità, o di rabbia disperata, ma anche affetto, ammirazione, sorpresa rasserenante, entusiasmo, nostalgia (in proporzioni limitate, perché Nina è globalmente un'anti-nostalgica). Quando più giovane, a ventiquattro anni, era partita da Milano per New York, aveva creduto di poter definire un atteggiamento chiaro e compiuto nei confronti del suo paese. Se ne era andata via disprezzandolo, ma i suoi sentimenti, invece di cristallizzarsi in quella prima espressione, non avevano cessato di evolvere. Solo che da allora, e nonostante ulteriori vagabondaggi, fino alla scelta che sembrava definitiva di risiedere a Berlino, quel rapporto con l'Italia ha perso sempre più di nettezza emotiva, inoltrandosi nelle regioni umbratili della grande ambiguità. «È come se avessi un conto in sospeso. Un appuntamento fissato tanti anni fa con il futuro. Ci sono ancora cose che vorrei capire *di me*, di com'ero allora, e ci sono ancora cose che vorrei *far capire agli altri*, e non solo a mio padre e mia madre, ma a tanta gente, vecchi amici, persone semplicemente frequentate per un breve periodo, anche certi fetenti».

Lei non vuole fare, comunque, lavoro di ricucitura, anche puramente simbolico, affabulatorio, per mettere assieme i suoi pezzi e farli collimare, per imprimere alla serie dei ricordi, degli eventi probabilmente accaduti, una logica, un'ombra di significato, una direzione precisa. Non vuole mettere a posto nulla, perché l'arcipelago nebuloso della sua esistenza le infonde una qualche forza. Contro le abitudini della specie, le leggi della volgare psicologia, essere *persa* l'aiuta a vivere, perché le sembra in questo modo – avendo dietro di sé una pluralità di fisionomie contrastanti, di luoghi lontani e diversi tra loro, di fasi concluse e autonome –, che la sua vita non le pesi. Di tanto in tanto, però, beffardamente, quei paesaggi in apparenza remoti la attraggono di nuovo, la trascinano indietro nel tempo con una forza gravitazionale irresistibile, e quello che dava per concluso, archiviato, e quindi diminuito, si ripresenta con tutta la sua evidenza, dettaglio per dettaglio, per essere rivissuto senza variazione emotiva, con lo stesso ritmo affannato, la stessa innocenza e vulnerabilità di un tempo. Il passato continua così a manifestarsi, anche se a singhiozzo, per trafitture brevi e intense, incapace di organizzare un'offensiva unitaria e definitiva. Il passato non è un macigno, ma una nube di vespe costantemente in agguato.

## 19.

# *L'impossibile mestiere di farsi pagare*

Nardi insiste al telefono, perché un invito al MAXXI fatto da Paolo Celona, uno dei maggiori critici d'arte contemporanea in Italia, non si rifiuta. Nardi è il suo capo, il direttore di *Campoarte*. Un tizio difficilmente gestibile, che alterna in una stessa giornata la figura del padrone autoritario, del contabile disperato, dell'amico che ravana nella tua vita privata, dell'intellettuale appassionato e tempestoso. In questo momento, gli fa da consulente professionale, a lui, Tommaso Zappa, che è stato assunto a tempo indeterminato come redattore solo un anno prima, dopo più di un lustro di collaborazioni *free lance* sottopagate.

«Sarebbero due conferenze, una su Warhol e una sulla Pop Art più in generale, manco le devi preparare, Zappa!»

«Sì, benissimo, ma mi hai detto che non me le pagano».

«Ti pagano viaggio e notte, sputaci sopra!»

«Non sono più uno sbarbatello, Nardi! Faccio questo lavoro, se possiamo ancora chiamarlo così, da più di vent'anni. È possibile che non caccino mai una lira? Celona dovrebbe capirle queste cose».

«Certo che le capisce! Infatti vuole presentarti al nuovo direttore del MAXXI Arte. Comincia con queste due conferenze, è un modo per metterci un piede dentro».

«Guarda che non è la prima volta che m'invitano. Tanto non gli costo nulla».

«Ma se ho detto che ti pagano!»

«No, Nardi, quelle sono le spese. Pagare è quando ti danno anche il gettone, ossia sborsano soldi per la preparazione della conferenza».

«Ma è tutta roba che sai a memoria, Zappa! E poi, scusa, lo sai come sono messi. Non hanno soldi. Questa è un'iniziativa di Celona, che ha convinto il direttore. E se funziona, se viene gente, poi la ripropongono ampliata l'anno successivo».

Paolo Celona ha richiesto inequivocabilmente l'intervento di Tommaso Zappa. Celona, quello che aveva scritto tutto, su di tutti, ovunque. Lo straordinario specialista che era in tutte le commissioni e in tutte le redazioni; il gran curatore, con agganci nei musei, nelle università, nelle fondazioni private. Uno bravo, aggiornatissimo, una «macchina da guerra». Magrolino, occhi avvampanti, voce atona, gay. Più giovane di qualche anno, ma molto più potente di lui. Perché Tommaso Zappa è stimato, sì, di questo è abbastanza certo, e quell'invito lo dimostra, ma non muove niente, non ha accesso né ai soldi, né alla programmazione di eventi, né alla distribuzione degli incarichi. Celona, invece, si era già stufato di scrivere e di studiare. Lui voleva agire sul paesaggio dell'arte contemporanea, modellare le istituzioni, il gusto della gente, voleva inabissare alcuni artisti e portarne in trionfo altri, e raccogliere intorno a sé un drappello di docili e volenterosi combattenti, fedeli alla *sua* causa. Con Zappa era stato sempre guardingo. Aveva accettato di buon grado le sue proposte di collaborazione per *Campoarte*, si era dimostrato curioso e cordiale ogni volta che si erano incontrati, e l'aveva già coinvolto in un paio di progetti editoriali prestigiosi. Ma probabilmente non mi considera granché affidabile, si diceva Tommaso. Non ho quella dedizione alla causa che hanno i critici più giovani, anche perché, di tanto in tanto, ho pure due o tre idee originali, e ci tengo a difenderle. Ed è un lusso che loro in genere non si possono permettere. Il mestiere è ingrato, con sempre meno soldi che circolano e sempre più gente che pretende di farlo. Si sopravvive se ci si abitua subito a seguire il vento che tira. Per certi aspetti funziona per i critici giovani come per gli artisti giovani: bisogna prima assicurarsi in tutti i modi di *essere dentro*, di venir accettati, di non spaventare nessuno, poi si valuta, senza alcuna fretta, se si ha anche qualcosa d'importante o nuovo da dire.

Tommaso negli anni ha acquistato un certo grado di consapevolezza di sé, e sa cosa va protetto del suo lavoro anche contro i piccoli vantaggi immediati. D'altro comunque non si tratta. Nella critica d'arte, per uno con il suo percorso e la sua età, non si perseguono ormai che piccoli vantaggi: un invito con rimborso al MAXXI, una partecipazione a un catalogo e, nel migliore dei casi, un corso di quaranta ore di Arti Multimediali a Brera. I giochi sono fatti: i primi della classe sono già emersi, e gli incarichi per cui bisognava lottare con il coltello trai denti sono stati in gran parte assegnati. Inoltre, e anche questo Tommaso l'ha capito, le sue due o tre idee originali, se per un verso costituiscono la maggior ragione di stima da lui ottenuta nell'ambiente, per l'altro sono proprio ciò che lo rende poco attraente per il *grande pubblico*. Il suo mestiere, però, consiste nel mediare tra l'opera e i comuni mortali, e più costoro vengono coinvolti e persuasi dalla sua mediazione, più la sua attività critica è da considerarsi un successo. Purtroppo una qualche sciagura aveva presto interrotto le vie di comunicazione tra lui, l'opera degli artisti che amava, e il grande pubblico. Ci ha messo anni a capirlo, e dopo aver sperimentato tutti i vari stati emotivi causati da questo disaccordo – dal piagnisteo vittimistico alla superba indifferenza del genio – ha accettato il giudizio di Simone Guarini, l'amico pittore: «Sei del tutto sordo a quello che piace o può interessare un gran numero di persone. Fattene una ragione, Tom. *Non sei pop*, è un sensore che ti manca. A volte semplicemente arrivi troppo presto o sei nel posto sbagliato. Guarda il lavorone che hai fatto su Matthew Barney all'uscita di *Cremaster*. In Italia non se l'è cagato nessuno. Negli Stati Uniti avrebbe suscitato grande interesse. Ora è inattuale sia qui che là». In effetti, il saggio che aveva scritto sull'artista americano era troppo lungo e approfondito per finire su *Campoarte*, ma d'altra parte verteva su di un'opera non ancora digerita dal mondo accademico. A ciò si aggiunga la sua pretesa di elaborare, attraverso il caso Barney, una sorta di nuovo paradigma estetico in grado di leggere un'intera famiglia di opere contemporanee. Alla fine trovò ospitalità su *Crash Data*, una magnifica, ma poco maneggevole «rivista di meditazioni e arti distopiche», messa in piedi da un gruppo di giovani filosofi senza dottorato e artisti senza galleria, che sopravvisse per tre numeri annuali, con una tiratura di centoventi esemplari a numero, parte dei quali tutt'ora ben inscatolati e al riparo dalla polvere nel solaio di uno degli ideatori. Di tutte le cose che Tommaso ha scritto nel corso della sua attività, è una di quelle di cui va più orgoglioso, e che ha avuto, però, il numero più esiguo e impreparato di lettori.

«Non puoi dire di no a Celona. Poi quello te la giura. Lo sai come funziona in Italia. Basta che dici no una volta, e non ti chiamano più. Diventi persona non grata. E dietro ce ne sono già quaranta che al MAXXI ci vanno non solo a proprie spese e dormendo sul divano di un amico, ma che ci resterebbero a fare uno stage gratis per un mese». Finisce sempre così questa discussione, pensa Tommaso. Non si arriva neppure allo stadio della banale rivendicazione salariale che in un mondo capitalistico, ma ancora un po' democratico, dovrebbe essere circostanza ordinaria. Si viene inchiodati a una forma di lamentela schizzinosa. Ancora una volta lui viene trattato come un bambino capriccioso, inabile a capire le ragioni della crisi che affligge il mondo tutto della cultura nazionale, e che l'ha afflitto dal giorno in cui vi ha mosso i primi passi. Per di più tale bambino è incapace di valutare i privilegi a cui ha accesso. In realtà, le cose vanno altrimenti, ma tuffate in una nebbia di omertà definitiva. Se si vuole capire chi sono considerati i critici di serie A, basta guardare coloro il cui lavoro *viene pagato*, di modo che i critici di serie B sono quelli semplicemente *rimborsati*, e nel girone C si affastellano tutti coloro che corrono su e giù per la Penisola, parlando e scrivendo ovunque, nella più completa, entusiasta, *gratuità sacrificale*. Naturalmente tale diagramma può senza grossi problemi essere applicato al mondo del cinema, del teatro, della danza, della musica, della narrativa, e della poesia, perché poi, di più *culturale* e *in crisi* di questa, non c'è fortunatamente più nulla.

Uno degli assiomi impliciti di tale malaugurato sistema è che, se non vieni da una famiglia con un solido patrimonio e/o una fitta agenda nel mondo culturale, fare l'artista o il critico d'arte è una missione largamente ostacolata, non del tutto, però, come il successo di Nicola Racco, figlio di un panettiere e di una sarta, dimostra. Ma qualche artista o scrittore di origini popolari, magari operaie, va anche bene, a patto che collezioni, gallerie, musei, case editrici siano al sicuro nelle mani della borghesia. Quest'ultima s'interessa all'arte per ragioni sempre meno chiare, scarichi fiscali a parte, ma continua a esigere di esercitare su di essa il suo competente controllo. Quanto alla non borghesia, deve pur fare qualcosa nel tempo libero. Quindi ci sono i musei, gli spettacoli, gli eventi culturali, per cui tutti sono disposti a mettersi obbedientemente in coda, e più la coda è lunga e avvilente, più la qualità dell'evento è garantita.

Nardi comunque ha ragione. Celona forse vuole arruolare Tommaso nella sua tribù. Gli serve una figura autorevole ma defilata, capace ma non ingombrante. O forse ha finito per apprezzarlo veramente. Alla fine ha letto il pdf del suo lungo saggio su Barney che Tommaso gli aveva spedito un anno prima e ha pensato: Però, questo Zappa. Tommaso non desidera altro. Un riconoscimento tra pari, seppure velato di condiscendenza. Oppure Celona non ha letto il saggio, non ha progetti di cooptazione riguardo a Zappa, ma semplicemente deve tappare un buco improvviso, creato da uno dei conferenzieri inizialmente coinvolti – un critico di serie A –, che li ha mollati per qualcosa di meglio pagato o più prestigioso.

Tommaso ha finito per acconsentire. Non ha neanche condizioni da porre. E in questo modo si evita le ritorsioni del capo. Anche se al MAXXI non ci va per conto di *Campoarte*, a Nardi fa comunque comodo un possibile connubio Zappa e Celona.

Ora è contento, lo percepisce dal tono di voce divenuto di colpo più giocoso. Ha ottenuto quello che voleva. «A proposito, Zappa, come ti trovi a Stalingrado?!»

«A Stalingrado?»

«Ma sì, a Sesto San Giovanni, antico bastione comunista!»

«Ah! Guarda... Ha degli aspetti affascinanti... Di comunista non c'è rimasto granché, ma qui il postmoderno non è mai morto. La fa ancora da padrone. Soprattutto il postmoderno condominiale. Con tutti i peggiori giallini acidi, verdi slavati e grigio talpa».

Tommaso ha rodato due o tre discorsi su Sesto, tagliati sui possibili interlocutori. C'è quello sulla popolazione multiculturale, quello sulla sopravvivenza degli orti operai e infine quello sull'architettura. Per Nardi, è appropriata una disquisizione sulla persistenza del palazzone postmoderno.

«Bene, bene! Io allora confermo a Celona. A presto!»

Tommaso dimentica sempre che l'interesse di Nardi per la sua vita privata scompare nel momento stesso in cui viene evocato. È più una formula di commiato, che l'incitamento a raccontargli qualcosa che esuli da questioni strettamente lavorative. D'altra parte, le informazioni sulla vita di Tommaso che gli interessano, Nardi è abilissimo a raccoglierle dalla cerchia di conoscenze che hanno in comune.

# 20.

## *Ogni prestazione va pagata egregiamente, soprattutto quella erotica*

È ormai passata una settimana dal ritorno da Amsterdam. Nina si è ritrovata sola nel suo bilocale con cucinino in Nostitzstraße. Ha ripreso le sue frequentazioni berlinesi e il suo lavoro part time come commessa in un negozio di dischi in vinile. Si è data anche da fare per rimpolpare il suo sicuro ma magro salario con qualche prestazione come cameriera presso un'agenzia di catering. Anche perché, Thomas Grasser, il suo autentico sostegno economico, ossia l'amico scultore che l'assume generosamente come assistente nel suo studio berlinese, in quel periodo dell'anno lavora sempre pochissimo.

La generosità di Thomas non si manifesta nell'assumerla per lavorare poco, e per fargli magari da dama di compagnia durante le lunghe giornate di cotture e martellature. Thomas assume Nina solo quando ha davvero necessità di un aiuto, inoltre Nina è sveglia, resistente alla fatica e ormai pratica del mestiere. Nel suo studio ha imparato i segreti di cottura della terracotta ed è stata introdotta al lavoro del ferro: dalla battitura alla fresatura. Thomas realizza pezzi in ceramica e sculture in metallo dalle forme organiche, di scarso interesse, almeno per Nina, sul piano artistico, ma affascinanti su quello tecnico. La generosità del «maestro» si concretizza nella paga oraria o forfettaria. Dal momento che i clienti sono fedeli e munifici, e l'attività prospera, Thomas Grasser si compiace di trattare bene la sua aiutante. «Il lavoro dev'essere ben pagato, Nina! Questo è un principio cardine. Da questo deve partire tutto, e invece nella nostra società non parte niente, perché tutti i princìpi possono andare bene, sono concordemente difesi, anche quello di cagarsi addosso in pubblico, tranne questo. Più un lavoro viene ben pagato, più la gente ha voglia di lavorare, e di lavorare bene. E siccome lavorare ci tocca a tutti, avremmo già raggiunto un bell'obiettivo, una bella dose se non di felicità, di soddisfazione per un gran numero di gente. E te lo dice un ex operaio, uno che non è andato a scuola, e che i libri li ha per lungo tempo detestati, anzi considerati del tutto inutili». E tutto ciò è vero, ossia è una convinzione profonda di Thomas, e che lui mette in pratica non solo con Nina. Ma con lei c'è anche dell'altro, c'è stato il loro passato di amanti e il fatto che Thomas, ad un certo punto, aveva persino pagato per fare l'amore.

Anni prima avevano avuto un'avventura durata qualche mese, poi Nina decise di chiudere: Thomas era un tipo interessante, ma un po' troppo vecchio per i suoi gusti e soprattutto, come molti scultori, affetto da una sorta di superomismo, che lo rendeva stancante per l'eccessiva e chiassosa vitalità che metteva in ogni gesto della sua vita, anche quando si lavava i denti o s'infilava le scarpe. Lui allora aveva insistito e, rispondendo a una provocazione di Nina, aveva proposto una cifra. Coerente con i suoi principi, la cifra era ragguardevole. In cambio, Thomas le chiedeva di rispettare copioni erotici assai monotoni, che però lo eccitavano moltissimo. E ciò implicava una giusta retribuzione.

Le chiedeva di rimanere passiva mentre veniva spogliata, di disporsi sul letto in ginocchio, di farsi legare i polsi alla testiera in metallo, la faccia rivolta contro il materasso, la stessa sciarpetta in mussola di cotone sugli occhi, per venir leccata con minuzia lungo la schiena e in mezzo ai glutei, poi stimolata con un dito nell'ano ben lubrificato, e infine penetrata per qualche minuto scarso, tutto questo da un Thomas dapprima lento e metodico, poi gorgogliante imprecazioni nel rapido finale. Se non fosse stata pagata, Nina avrebbe richiesto all'amante un supplemento di attenzioni nei suoi confronti. Tutto il rituale procurava spesso anche a lei una forte eccitazione, ma una volta che le entrava dentro Thomas veniva velocemente, e poteva disinteressarsi in seguito del piacere di Nina. Nella prima fase della loro relazione, quella non mercenaria, una cosa del genere non sarebbe potuta capitare: Nina non l'avrebbe accettato, e Thomas si sarebbe dato da fare per soddisfarla, eventualmente con bocca e mani, se il cazzo era ormai floscio. Nina si era poi stufata di quella situazione, anche se a Berlino aveva già avuto un paio di esperienze come amante prezzolata. Si era divertita all'inizio, perché sentiva di aver sfatato un tabù. Non solo la prostituzione poteva essere completamente autogestita, ma questo avveniva in circostanze che non avevano nulla di pericoloso, degradante e neppure squallido. Il suo primo cliente era stato un soldato nordamericano. Era un tipo timido e un po' tetro, ma molto bello. Quando capì che la relazione con Nina avrebbe avuto corta durata, le propose di aiutarla economicamente per i suoi progetti artistici. «Ogni volta che vieni a dormire da me, ti faccio un regalo, un regalo in soldi». Con Thomas, la faccenda non durò più di un anno. Avevano sviluppato una vera curiosità l'uno per l'altro, e la stanza da letto, con il suo rigido copione sadomaso, li costringeva in un ruolo troppo angusto. Alla fine smisero quasi del tutto di frequentarsi, ma un giorno l'aiutante di Thomas se ne partì da Berlino, e lui fece la proposta a Nina: «T'insegno un lavoro, e per di più sarai pagata! E senza secondi fini, lo giuro».

Thomas aveva ovviamente mentito. Non era mai morta la speranza di ritrovare la sua assistente in veste di amante, e amante spontanea, che fa sesso per puro svago, anche se Nina era ormai poco propensa a finire a letto con lui, e si divertiva molto di più ad averlo come amico che come amante, amico e buon datore di lavoro. Neppure, però, le era possibile escludere del tutto qualche strappo alla regola. Ciò poteva ancora accadere, quando avevano terminato qualche grosso lavoro e si trovavano assieme a festeggiare nell'appartamento di lui. In tali circostanze, una volta che erano entrambi alticci, poteva capitare, ma come fortunato imprevisto, che lei lo provocasse, dicendogli qualche sconcezza. Thomas allora si alzava di scatto e la guardava con occhi luccicanti di bambino: «Lo stai dicendo per davvero, Nina?! Sei seria?» Thomas, in realtà, era sempre pronto a far l'amore con Nina, anche in forme canoniche («Senza annodamenti e non nel culo, che sennò mi vieni subito, come un ragazzino», gli intimava lei). Ma sapeva che doveva attendere un suo invito, un segnale esplicito. In nessun modo aveva il diritto, ormai, di sollecitarla, soprattutto durante i periodi lavorativi. Ma quando se ne presentava l'occasione, per Thomas era una festa, e il sessantenne, un bel sessantenne a dire il vero, sprizzava gioia infantile da tutti i pori. Era questo che divertiva e in fondo eccitava Nina: un vecchio che le trasmetteva un entusiasmo erotico schietto e sorgivo.

In ogni caso, Nina se l'è sempre cavata con il lavoro, anche nei modi più rocamboleschi o eterodossi, e non ha mai rischiato di trovarsi per strada. Ha scelto Berlino proprio per questo, anche se la città non è più quella del 2008, anno in cui lei vi era sbarcata per viverci. Berlino rimane comunque la città d'Europa, o in ogni caso l'unica città che lei abbia conosciuto, in cui sia possibile vivere nonostante un basso regime lavorativo. Questo, almeno, è stato per lungo tempo il suo scopo. Anche se adesso le cose stanno cambiando, e Nina si sente meno a suo agio con il vecchio credo, non ha ancora nessuna voglia d'immaginarsi al posto delle sue amiche londinesi o parigine, prese in estenuanti battaglie per pagarsi un affitto.

## 21.

## *Vivere nascosto tra i quartetti d'archi*

Da tempo Tommaso sogna una vita più introspettiva e lenta, fatta di sguardi alle sagome degli alberi e alla disposizione delle nuvole, di piccole attenzioni a quanto giace per terra, insetti sperduti o erbette rompi-asfalto, di pomeriggi con la testa posata sull'inguine di Sara, di cartoni animati giapponesi visti e rivisti con Camilla, anche in settimana, anche prima di cenare. Ciò vorrebbe dire una vita senza un'agenda zeppa di scadenze e appuntamenti che assillano la mente dalla mattina presto alla sera tardi, con tutto quello sforzo per distribuirli in gerarchie, quelli più pressanti bene in vista, ma senza dimenticare gli altri, quelli sornioni, che vengono dopo.

Adesso in via Fratelli di Dio le cose possono cambiare. Tommaso sente che è il momento opportuno – prima di ruzzolare dritto nei cinquant'anni – di farsi impregnare dalla massima «Vivi nascosto». Finite le estrinsecazioni inutili, finito l'indeterminato tormentarsi. Deve accedere più spesso a una respirazione facile, con i piedi ben aderenti a terra, e il corpo rivolto al mondo vicino e concreto. Giungere, insomma, a quell'allegrezza sensoriale che ancora nel Ventunesimo secolo viene chiamata *felicità*. E a quel punto può davvero fregarsene del campionato nazionale dei critici, delle finali e semifinali, dei nuovi acquisti, delle squalifiche, degli intrallazzi tra giocatori, della collusione degli arbitri... Gli basta fare un giretto in giardino per sorvegliare il sano sviluppo dell'oleandro da poco piantato in terra, oppure andarsene fuori, a passeggiare per le panchine, ben protetto nel reticolo di pensionati nullafacenti.

Comincerà con l'ascolto musicale. Ora che può godere di un divano in soggiorno abbinato a impianto stereo con amplificatore tedesco, è pronto a schiudere lo spirito alle gioie della musica classica, che in passato ha esplorato senza grande assiduità. Metterà tra parentesi il jazz, la fusion, l'hip-hop, il funky psichedelico, e soprattutto il solito rock degli anni Sessanta e Settanta, di cui si è ampiamente ingozzato dal suo tredicesimo anno di vita. È venuto il momento di farsi assorbire da un altro universo musicale, meno ginnico, meno basato sull'assenso motorio, un universo musicale di carattere contemplativo.

Tommaso si è avvicinato a Mozart & company grazie soprattutto all'incoraggiamento di Daniela, un'amica attrice, che suona il pianoforte e ha collaborato da giovane a spettacoli di danza. Si erano incontrati ventenni e Tommaso aveva a lungo sognato di avere un'avventura con lei. Daniela è acuta, talentuosa, spumeggiante e con un corpo da venerare, tutto muscolo e flessuosità. Ma ha da sempre un che di saturnino, che tiene gli uomini in riga, nonostante sia esposta a un corteggiamento ininterrotto. Un paio di anni prima d'incontrare Sara, Tommaso aveva intravisto la possibilità di andare a letto con Daniela. Si frequentavano con una certa regolarità ed erano entrambi single. Daniela con soddisfazione e senza la minima fretta di rimettersi in coppia; Tommaso con maggiore disagio, dal momento che aveva sempre vissuto i periodi di solitudine amorosa come una maledizione. La verità è che, in tali occasioni, Tommaso scalpitava. Come tanti uomini, seppure carini e sufficientemente ripagati in attenzioni femminili, finiva per trasformarsi in quello che l'amico Davide chiamava «l'affamato di figa».

«Se una donna capisce che hai fame, sei finito. Devi sempre avere l'aria di uno sazio di figa, non di uno che ne manca. Io ti ho visto, invece, Tommaso. Sei un disastro, scusa se te lo dico. Se un tipo che può piacere alle donne, ma non con quell'insistenza che metti tu, venata da paure di rifiuto...»

«Venata da paure di rifiuto?» aveva ripetuto imbambolato Tommaso.

Davide, detto Dado, era il cacciatore compulsivo, ossessionato dall'avventura erotica sempre e comunque, e su quel terreno aveva sviluppato una capacità analitica straordinaria. Con Daniela, comunque, il preveggente Dado aveva avuto ancora una volta ragione. Tommaso aveva altalenato tra l'insistenza e la remora, ottenendo di passare una notte a letto con lei, i seni nudi ma le mutandine stagne, e grandi carezze, anche qualche bacio con la lingua, ma tutto tenuto a distanza con ironia e leggerezza, mentre lui crollava sotto macigni di fantasticherie sessuali. Era per altro una condizione che già aveva conosciuto, disgraziata. Donne che s'infilavano a letto con lui *per confidarsi*, donne sotto le stesse lenzuola, seminude ma inattingibili, donne che gli bisbigliavano nell'orecchio preferenze sessuali dettagliate, ma per puro accademismo, donne a pancia in giù sul materasso che gli mostravano il culo in tutta la sua martellante evidenza, senza permettergli, però, nemmeno di sfiorarlo.

Durante quel corteggiamento rinnovato, e ancora una volta fallimentare, Daniela lo aveva consolato grazie a sessioni casalinghe di pedagogia musicale. «È il nostro modo di sublimare» gli diceva, mentre sfoderava vinili nel suo monolocale di via Moscova e lasciava che lui si sistemasse comodo sull'unica poltrona. Tommaso era stato condotto con mano sicura alla scoperta della musica da camera, quella romantica in particolare. Il fatto che fosse proprio Daniela ad averlo iniziato alla fascinazione musicale per Schubert o Dvořák, aveva circonfuso quegli autori, e certe loro opere, di un'indelebile atmosfera erotica. Grazie a lei, inoltre, si diceva Tommaso, non si era dovuto sciroppare le sinfonie un po' indigeste, ma era entrato nel cuore dell'invenzione musicale attraverso i quartetti d'archi. Una sola famiglia di strumenti: gli archi; tre tipi di archi diversi: violino, viola, violoncello; quattro strumentisti. «Ce la posso fare» si diceva Tommaso, «non è molto diverso che seguire basso, chitarra, tastiere e batteria, in un pezzo strumentale dei Deep Purple». Daniela stessa aveva rotto il ghiaccio, regalandogli il cofanetto degli ultimi *Streichquartette* di Beethoven, eseguiti dal quartetto Amadeus per la *Deutsche Grammophon*. Tommaso era impazzito. Si sentiva come se gli fosse spuntato il terzo occhio. Inoltre, c'era stato un incidente con il quartetto numero 14, opera 131. Fin dal primo dei sette movimenti, Tommaso aveva avuto l'impressione che gli archi avessero preso possesso del suo sistema nervoso centrale, e ci rovistassero dentro imperiosamente. Tutto assomigliava a una crisi di nervi tenuta ancora sotto controllo fino all'allegro dell'ultimo movimento. Qui, oltrepassato di poco il secondo minuto, accadeva ogni volta qualcosa di inatteso e gioiosamente atroce, come una fucilazione sospesa all'ultimo istante con le bocche dei fucili già spianate contro il condannato. Tommaso scoppiava puntualmente a piangere, si disfaceva di botto, andava con voluttà in pezzi. Nulla aveva prodotto in lui qualcosa del genere, salvo certi dipinti, come il crocifisso di Giovanni Bellini della collezione Corsini, che inscenava dietro la croce uno dei paesaggi più desolati e silenziosi mai concepiti da artefice umano. Era importante che esistessero cose del genere, le cosiddette opere d'arte, anzi le *grandi opere d'arte*, perché funzionavano un po' da bombe atomiche del quotidiano: lo spazzavano via. Non era questione di evasione, ma di annichilimento. Mentre si trovava con i nervi ben strattonati dai due temi dell'allegro, non è che si aprisse una qualche via di fuga dalla realtà noiosa o scocciante; semplicemente quella realtà impallidiva, perdeva consistenza, pur rimanendo in piedi intorno a lui da un punto di vista strettamente materiale. Era stata come svuotata dall'interno, e gli pendeva addosso come una pelle disossata. La realtà, con tutte le sue minacce associate, le sue intimazioni, *non era più convincente.* C'era un semplice segmento sonoro – il risultato di una combinazione di note scritte più di cento anni fa – che gli aveva fatto lo sgambetto.

Ritrovata la via dell'ascolto, della mezz'ora di puro sorseggiamento sonoro, spaparanzato per il lungo sul divano, con la testa poggiata su un cuscinone morbido, Tommaso è sicuro di aprire la via a una maturazione spirituale ormai improcrastinabile. Leggerà integralmente e con ordine, quello che da anni non riesce a leggere se non per spizzichi e bocconi. Il tempo degli studi in Accademia era passato troppo velocemente, e con grande disordine nelle idee, improvvisazione e dilettantismo teorici, mancanza di rigore e metodo, ma sembrava, all'epoca, che quel suo atteggiamento bastasse, in un contesto di disinibito pressapochismo intellettuale. Come tutti, Tommaso aveva cominciato in giovane età a riempire le sue libreria, discoteca e videoteca di merci culturali sofisticate, convinto a ogni occasione che *dopo*, che *più tardi*, che *domenica pomeriggio*, che *durante le vacanze* avrebbe trovato il tempo, la tranquillità, la concentrazione per iniziare la lettura del nuovo libro o completare l'ascolto del nuovo disco, ma di fronte alla quantità crescente di letture, ascolti e visioni inevase, si era infine detto che *sarebbe venuto un giorno*, in

cui tutto il tempo mancante della giovinezza e della prima maturità gli sarebbe stato rimesso, e proprio per permettere a lui, consumatore culturale d'eccellenza, di trovare in età avanzata, ma non troppo avanzata, il ritmo giusto per completare tardivamente la sua *Bildung*. Ebbene quel giorno, che era sembrato ormai una chimera tipica da ceto medio acculturato, è arrivato per davvero, in via Fratelli di Dio, a Sesto San Giovanni.

# 22.

## *Una donna che sana tutte le contraddizioni*

Elsa è la meno dottrinaria delle *Material Girls*, e ciò dipende forse dalla sua origine brasiliana, ma ha un modo irresistibile di trattare le questioni di principio, accompagnandole sempre con un sorrisetto e un tono di voce leggermente ironico, come a dire: su, facciamola questa discussione seria, incazzata, precisa, ma poi passiamo ad altro. C'è un sacco di roba da bere, di musica da ballare, di uomini da stuzzicare. In lei, la militanza – «noi artiste femministe accerchiate dalla prepotenza patriarcale» – non prende mai toni risentiti: è ludica, sfrontata e godereccia. «La morte ci attende, ve lo siete scordate?» dice ogni tanto, e poi scoppia a ridere. Nina la ama moltissimo, ma durante la serata passata assieme Elsa l'ha assillata sulla faccenda del documentario. Lei ammira sinceramente il lavoro di Nina, e la considera la più talentuosa del gruppo. Di tanto in tanto, allora, ha delle reazioni da *coach*: «*Erotismo 2.0* è per te un'occasione di rilancio». Ma di rilancio verso cosa? Bisogna per forza, come nel mondo aziendale, ampliare il fatturato e incrementare i profitti? È necessario, affinché il lavoro sia buono, anzi sia *reale*, attrarre sempre maggiore

attenzione? Eppure si rende conto che Elsa la tocca nel vivo. Tutta la sua vita quotidiana è organizzata per lasciare spazio a un'attività che non solo è blandamente remunerata ma, pur trovando sbocchi, ossia occasioni e luoghi per manifestarsi in pubblico, rimane nonostante tutto in una condizione di penombra, di sospensione fantomatica, d'irrealtà bella e buona.

In ogni caso, Nina non ha ancora deciso come utilizzare in qualche modo non sfacciato, la notizia che apparirà in un documentario televisivo trasmesso in Germania e Francia. Non è il suo forte l'autopromozione. Durante gli anni fasti, a Milano e New York, non era certo un cruccio. A farle pubblicità ci pensavano gli altri. Oggi, dovrebbe forse imparare da Alessia Morace, che in questo ambito è una vera campionessa. Nina ha ricevuto una sua mail, che è in realtà un messaggio promozionale altamente calibrato sul piano grafico e retorico, una sorta di bollettino delle attività del mese di Alessia indirizzato tra l'amicale e il professionale a qualche centinaio di persone. Si annuncia una mostra collettiva a Berlino, a cui Alessia parteciperà in quanto artista, e altre due date, una sempre berlinese e un'altra italiana, in cui Alessia interverrà, invece, in quanto studiosa della letteratura «queer». Nina è tra lo stordito e l'ammirato per quel salto di qualità. Alessia fa parte di quelle persone che utilizzano ormai con uno straordinario fiuto i mezzi di comunicazione offerti dalla rete, ma soprattutto ha saputo installarsi a suo agio in quella zona tra pubblico e privato, tra legame d'amicizia e relazione d'interesse, tra tribù culturale e cani sciolti a caccia d'appartenenza, che le fornisce un carisma naturale, rendendola punto di riferimento dottrinario e maestra di stile per una quantità di giovani e meno giovani donne smarrite di fronte alle insidie delle vetrine personali, in cui l'avvento dei social le ha sbattute senza un debito apprendistato. Nessuno può resistere alla simpatia di Alessia, alla sua carica propositiva, alla sua inesausta capacità d'irrigare l'arido mondo contemporaneo di progetti, di parole d'ordine, di bibbie culturali. E anche in questo caso è quasi impossibile discernere un narcisismo pienamente affermato da un talento associativo raro: dove lei mette piede, lì si crea un legame, e dove si crea un legame, si realizzerà uno scambio proficuo d'inviti a incontri militanti, a conferenze accademiche, e persino – e questo davvero ha sorpreso Nina – ad attività artistiche. Alessia Morace, una delle più fedeli seguaci italiane di Judith Butler, l'autrice di un dottorato a Londra sulle *sex workers*, la studiosa accademica di artiste femministe come Jenny Holzer e le Guerrilla Girls, adesso è diventata anche *un'artista*. Non si fa mancare niente Alessia: la mondanità e l'impegno, il prestigio della ricerca universitaria e la militanza anti-sistema, la mutevolezza garrula della giornalista culturale e il gesto radicale dell'artista. Non è solo invidia quella di Nina, certo c'è anche dell'invidia, ma prevale un moto emotivo contrario: la pura ammirazione. Alessia Morace ha la facoltà di acquietare in sé gli opposti, di risolvere nel suo umore costante e sereno qualsiasi tensione, incertezza, dubbio, ansia. Dove altri rimangono impigliati nelle insidie produttive e autopubblicitarie del mondo presente, cercando di essere più persone nello stesso tempo, lei con piumata agilità saltella da un crocevia all'altro, da un ambiente sociale all'altro, come se in ognuno ci fosse nata, e avesse contribuito, anzi, al loro sviluppo e alla loro interna coesione. Quello che in altri sarebbe risultato stridente, fuori posto e al limite sospetto, in lei funziona perfettamente: in Alessia tutti i conti tornano.

Aveva conosciuto Alessia a Roma. Nina era stata invitata da Berlino come portavoce del suo collettivo di artiste in occasione di una tre giorni d'iniziative a sostegno di un teatro occupato nel centro della città. Dapprima Nina aveva incontrato Anna, la ragazza che l'aveva contattata e aveva coordinato il pomeriggio d'incontri incentrato sul ruolo delle donne nelle politiche culturali. Anna era una tipica e pura organizzatrice: non parlava mai dei «contenuti» se non per allusioni, come colei che ne è talmente impregnata, da non aver bisogno di esprimere idee o ribadire principi condivisi. In compenso, era efficacissima nel mettere assieme le persone, nel preparare eventi di gruppo, con tanto di chiaroveggenza spaziale e temporale. Quando lei pensava a un incontro, a un'assemblea, a un dibattito pubblico, vedeva spazi e movimenti, e percepiva ritmi, velocità, spostamenti. Nina amava in realtà questo tipo d'atteggiamento. Anna sembrava al limite indifferente rispetto alle grandi questioni dibattute, la sua adesione avveniva su di un altro piano: quello delle cose e dei corpi, come se fosse necessario concentrarsi esclusivamente su di essi, affinché poi, nel migliore dei casi, idee importanti e innovative sorgessero dalle discussioni e avessero qualche probabilità di far presa sulla realtà.

Anna, prima d'incontrare Nina, le aveva ripetuto per telefono che era importante *preparare* il loro pomeriggio, e che era necessario pensare a un documento, ma bisognava farlo tutte assieme. Anche se l'iniziativa era stata di Alessia, la redazione del testo «doveva essere assolutamente comune e condivisa». Quindi con le altre relatrici, e un paio di ragazzi che seguivano l'occupazione, ci si sarebbe incontrati da Alessia in tarda mattinata. Quest'ultima abitava un appartamento vasto e lussuoso. A Nina, il corridoio che portava nelle diverse stanze apparve spazioso quanto il suo bilocale berlinese. La sala dove si sedettero a discutere, e dove poi pranzarono, aveva un soffitto esageratamente alto, un paio di sculture piazzate contro le pareti, un pavimento di legno scuro, e una tavola con il piano in cotto smaltato e motivi astratti blu e verdemare. Era un appartamento di quelli in cui aveva già messo piede a Milano e New York, al seguito di Danova, il suo ex gallerista ed ex amante, quando venivano invitati da qualche facoltoso collezionista. C'era molto denaro, certo, ma c'era anche molto *gusto*. Alcune delle persone presenti erano amiche di Alessia e quindi già assuefatte, anzi complici di quel fasto, ma chi, come Nina, metteva piede in quell'appartamento per la prima volta, rimaneva come inebetito per alcuni minuti. È facile difendersi dalla ricchezza volgare e ostentata, pensava Nina, ma la potenza evidente del denaro, una volta infusa nelle forme e negli oggetti eleganti, ha qualcosa di schiacciante e suscita immediato rispetto. Qualcuno si abbandonò a delle esclamazioni puerili: «Ma come è grande qui! Ma è bellissima casa tua!», ma lo sguardo sicuro e leggiadro di Alessia dissolse ogni perplessità e imbarazzo. Non c'era nessuna contraddizione tra l'occupazione del teatro, il documento femminista che dovevano redigere, e la posizione sociale altolocata della loro ospite o il probabile Melotti posato su un ripiano di teak. O se anche ci fosse stata, i gesti e gli sguardi di Alessia erano talmente sovrani, e talmente candidi allo stesso tempo, da renderla inesistente. Venne poi fuori che il padre di Alessia era un diplomatico, e che lei aveva vissuto parte della sua vita nei paesi scandinavi e in Inghilterra. Comunque, finirono tutti per lavorare al documento. Alessia ci teneva tantissimo. Doveva essere chiaro quale messaggio politico sarebbe venuto fuori da quel pomeriggio di libero e pubblico confronto.

Questa era Alessia, e nonostante tutto quello che di lei, a Nina, non andava a genio, era davvero una persona gentile. E questo bastava a disarmarla. Poi, però, le restava un'ultima perplessità. Com'era possibile battersi per la decostruzione dei ruoli sessuali, per la denuncia della società sessista e classista, per una completa liberazione da tutti i condizionamenti razziali e culturali, *quando si stava così bene*, e si esibiva a ogni piè sospinto un perfetto equilibrio, e una condotta senza ombre, con l'apparecchietto interno che pompava senza interruzione dosi di autosoddisfazione da dirigente d'azienda?

# 23.

## *Quando i figli confondono la linea dei giorni*

La battaglia contro il disordine casalingo che Tommaso ingenuamente ha creduto di essersi lasciato alle spalle in via Fratelli di Dio, si ripresenta, in realtà, a un livello dialettico più avanzato. Nei pomeriggi in cui rimane a casa a lavorare per *Campoarte* – ha acquisito il privilegio-maledizione di lavorare a casa – è tiranneggiato da incongrui imperativi di ordinamento e sistemazione domestica. Per altro, è sua antica convinzione che solamente gli spiriti deboli non tollerino il disordine. Una persona amante della vita, che la morde a pieni denti, non può temere quella risibile allegoria del caos umano e naturale che si annuncia in un lavandino ingombro di piatti incrostati, in una scala sul cui corrimano si accumulano asciugamani umidi, sacchi di tela a tracolla, pantaloni dal destino indeciso, non ancora lerci per il lavaggio, ma non più associabili a quelli ripiegati e puliti. Non è insomma quell'intasamento casuale di oggetti in luoghi non consoni, e la loro rispettiva sparizione dai luoghi consoni, che può debilitare l'umore e la prontezza intellettuale di un uomo esposto alle storture del nuovo secolo. Tommaso amerebbe possedere lo sguardo olimpico e sovrano che Sara ha nei confronti delle proprie pallottole di collant, o dei mucchi di camicette e maglioncini abbandonati in un angolo del bagno, per non parlare dei pigiami erranti e spaiati, o dei cassetti eternamente aperti e sporgenti sul vuoto, o del cestino rovesciato, con le medicine, le creme per le mani, i fazzolettini, i braccialetti sparsi intorno al letto.

Dentro quell'ingombro in parte lillipuziano in parte di taglia ragguardevole, Tommaso sogna di incedere con noncuranza, ma v'inciampa fisicamente, con i piedi, oppure anche solo mentalmente, come in una ragnatela d'indizi sfavorevoli, e questo lo rende sospettoso e inquieto per il resto della giornata. Non può neanche esigere ordine da Sara, perché lei aprirebbe il terribile registro delle responsabilità familiari, in cui la colonna dedicata a Tommaso rimane estremamente ariosa, biancheggiante, di impegni non presi, di appuntamenti tralasciati, di cestelli della lavatrice mai svuotati dai panni umidi. L'unica, quindi, con cui può prendersela, perché in questo è spalleggiato da Sara, è Camilla, produttrice di disordine professionista, soprattutto da quando è entrata nell'era dello scotch quale ingrediente creativo universale. Camilla, ovviamente, sa creare un ragguardevole casino nella sua stanza, accumulando sul letto ogni tipo di oggetti destinati a dimorare altrove: vestiti, libri, figurine, Playmobil, peluche, tamburelli, mappamondi, oltre ai componenti infinitesimali, in plastica, cartoncino o legno, di giocattoli ormai estinti. Il suo talento, però, lo esibisce platealmente nel soggiorno, accedendo ai cassetti del buffet anni Settanta dei nonni, in cui può pescare etichette adesive, buste, pennarelli colorati, goniometri, forbici, carte di ogni taglia e colore, e soprattutto lo scotch. Se Camilla si limitasse a una manipolazione intensa nel solo reparto di cancelleria, Tommaso e Sara potrebbero soccombere all'ammirazione genitoriale nei confronti di una figlia perennemente coinvolta in progetti creativi, alla frontiera tra l'origami balzano e l'*action painting*. Camilla, però, solidale con la professione del padre, e in fondo pure con quella della madre, ambisce a disseminare lo spazio fluido tra soggiorno e cucina d'innumerevoli *installazioni*, spesso abbandonate prima di raggiungere un plausibile aspetto compiuto. La serie di fogli A4 assemblati con lo scotch include anche forchette, formine di metallo per dolci, mazzetti di stuzzicadenti, coloranti naturali come il curry o il peperoncino macinato, il tutto posato su sedie tra di loro solidali, grazie a cordini e fili di lana che ne impicciano le gambe, e poi, a far da culmine ornamentale, lei vi piazza sopra torsi di vecchie bambole, scolapasta rovesciati, ceste in vimini, strofinacci e spugnette luride, che si credeva ormai giacenti in pattumiera. La propensione al *ready-made*, all'installazione postmoderna, pittorica e oggettuale assieme, all'intreccio di oggetti ibridi, sottratti a ogni finalità d'uso, si manifesta in Camilla durante il momento cruciale della preparazione della cena, quando o Sara o Tommaso, raramente in duo, prendono possesso del frigo e della piastra a induzione. È un momento per entrambi festoso, dopo anni di budello in via Pastrengo con due soli fuochi. Amano cucinare, più monotonamente Tommaso, facendo buoni piatti, ma sempre gli stessi, con più libertà Sara, che inventa o sperimenta ricette complesse, quasi sempre con successo. Quindi Camilla crea una potente interferenza, che per una volta riesce a mandare fuori dai gangheri sia Tommaso – che si sganghera spesso e volentieri – sia Sara, madre in genere paziente, che all'ordine secco preferisce il suggerimento persuasivo.

Vi sono giorni, però, in cui il disordine provocato da Camilla ha su Tommaso effetti del tutto diversi, e per certi aspetti più destabilizzanti. Tommaso si trova, senza neppure rendersene conto, in camera di sua figlia a contemplare uno di quei paesaggi da dopo ciclone, sul pavimento, o da discarica di Nairobi, sul letto. Questo accade in genere di pomeriggio, quando né Sara né Camilla sono in casa. Di colpo viene sommerso da uno strano sentimento, prossimo a quello dell'adorazione delle reliquie da parte dei cristiani. La camera di Camilla diventa allora una camera delle meraviglie, e ogni oggetto, indumento o pezzo di giocattolo, sembra essere in grado di parlare in nome di sua figlia e dell'infanzia da cui lei stessa sgorga, quell'infanzia che di tanto in tanto lo colpisce come un fenomeno sovrannaturale, indecifrabile e ammaliante. Camilla non c'è, ma da qualche parte, inerti, esposte alla vista e al tatto, ci sono le prove della sua esistenza infantile. E all'adorazione subentra una nostalgia straziante, perché Tommaso è alla fine consapevole che anche quei certificati dell'esistenza di Camilla piccola, della Camilla dei tre, dei cinque, dei sette anni, un giorno saranno condannati. Camilla, per prima, li soppianterà con altri, più nuovi e più familiari per un adulto, e Sara, impietosa, è già pronta a sostenerla nell'avvicendamento di giochi e libri, secondo la sua nota filosofia: «Ogni volta che qualcosa entra, qualcos'altro deve uscire».

Per certi periodi di tempo sua figlia è soltanto sua figlia, quella persona piccola, di sette anni, che lui ha spesso voglia di tampinare amorevolmente, con sbaciucchiamenti o battute, e di cui può in genere prevedere i comportamenti nelle fasi della giornata passate assieme, soprattutto la mattina al risveglio e la sera, tra la preparazione della cena e l'andata a letto. Poi, però, forse suscitati o scatenati da altri avvenimenti della sua vita, giungono giorni di turbolenza emotiva, in cui Tommaso realizza non semplicemente che Camilla è sua figlia, come lo è stata ieri, e come lo sarà domani, ma capisce qualcosa di molto più terrificante, che la Camilla di ieri *non è* quella di oggi, e quella di oggi *non sarà quella* di domani. D'un tratto egli si dispera silenziosamente, perché prende coscienza che, a causa del suo egocentrismo, Camilla gli è sfuggita, l'ha persa, anzi non fa che perderla. Camilla non parla più come nei primi mesi dei suoi sette anni, e d'altra parte ha da tempo smesso di parlare come faceva a cinque, e la cosa più vergognosa è che lui si era tante volte riproposto di scrivere e memorizzare su un quaderno le frasi strambe, le frasi divertenti, le frasi tenere di Camilla, le frasi in cui lei rivelava sé stessa al mondo, imparando a metterlo in parole. Ma non l'ha mai fatto: non ha trascritto quelle straordinarie invenzioni verbali. Tutti i maggiori avvenimenti linguistici di Camilla, che sono anche avvenimenti morali e psicologici, ma pure comici ed epici, della comica insensatezza dell'infanzia di fronte alla pretesa serietà della vita adulta, e dell'epica battaglia per la conquista di sé e del mondo che ogni piccolo fa attraverso il linguaggio, ebbene di tutto questo Tommaso non ha raccolto traccia. Si è limitato a fotografare Camilla, in modo quasi meccanico e passivo, principalmente durante le vacanze. Ha di lei un sacco di fotografie, ma questa documentazione visiva non fa che acuire la mancanza della documentazione linguistica, verbale. La Camilla che vede nelle foto è tanto più enigmatica in quanto non assomiglia alla Camilla che lui ora frequenta, e non ha nulla che gli permetta di fare tesoro di quel volto più giovane, più informe, più paffuto. Chi è quella Camilla trascorsa? Chi era stata? I ricordi si confondono, come si confondono le diverse età di lei, le sue paure, i suoi gesti, le sue ossessioni. La lunga catena delle metamorfosi gli è come sfuggita tra le mani. Ed egli vive quindi nel dramma di questa perdita continua, nella tristezza di questa Camilla che lui ama, ma che per insufficiente attenzione, concentrazione altalenante, memoria lacunosa, lascia sfuggire dietro a sé.

Altre volte, invece, prova un sentimento del tutto diverso, quasi opposto, rispetto a quello dominante nel dramma delle Camille perse e dimenticate. Si rende infatti conto che la nuova figlia che ha di fronte è straordinariamente interessante, è la Camilla ultimo grido, che non solo rimpiazza tutte le altre, ma le rende anche obsolete, risapute, noiose, in quanto la nuova Camilla apre scenari del tutto inediti e appassionanti, sul piano della conversazione ad esempio. Tutto si è svolto per anni come in certe commedie, dove il divertimento, la vivacità, l'interesse sono prodotti da un abile gioco di ripetizioni gestuali e verbali, per cui più si rimane fedeli al copione, con qualche calibrata variante, più i conti tornano: gli attori si sentono padroni della scena e il pubblico si trova a suo agio di fronte allo spettacolo consueto. Tommaso scopre ora che lui e la figlia stanno abbandonando questo terreno da vaudeville con i suoi schemi rassicuranti e prevedibili, per aprire situazioni inaudite sul piano dell'affabulazione. E quindi la nuova Camilla ragionante assorbe di colpo tutta la sua attenzione, e non lascia spazio per alcun tipo di rimpianto, anzi gli infonde una grandissima speranza, come se, nel futuro, non facessero che aspettarlo delle Camille incognite, una più interessante dell'altra, una più amabile dell'altra.

I figli sono dunque questo, si dice Tommaso, un gioco al massacro della cognizione temporale, ma anche un'enorme facezia di portata metafisica. Creano scompiglio lungo la linea dei giorni, che la persona adulta cerca di sopravanzare almeno con l'intenzione, con il programma, con tutte le piccole o grandi, scientifiche o propiziatorie, tecniche di controllo e governo. Basta una Camilla di sette anni a scavare baratri tra un martedì e un mercoledì, svelando quanto è stato perso ogni volta della vita comune, dei suoi attimi più facili e gioiosi, ma quella stessa Camilla è anche capace di ricaricare un ultraquarantenne di futuro, facendogli balenare davanti montagne di momenti preziosi, sconosciuti, ancora tutti da godere.

# 24.

## *Se non accade niente, sarà colpa dello spettatore*

Alessia Morace è seduta a un tavolino con il suo Mac portatile aperto. Alla prima occhiata, potrebbe sembrare una segretaria un po' civettuola, i lunghi capelli fulvi che le ricadono sulle spalle, il giubbotto di jeans aperto, un po' di braccialetti al polso, e un rosso squillante sulle labbra. Di fronte a lei, a una certa distanza, è schierato il pubblico, la maggior parte del quale seduto su sedie pieghevoli allineate alla buona. Alle spalle di Alessia, sulla parete, un proiettore rende visibile quello che lei sta scrivendo al computer. L'opera di Alessia è una performance. Alessia Morace non è solo una candidata a qualche cattedra nel prestigioso mondo delle università occidentali, una cattedra ovviamente *non tradizionale*, bensì di una disciplina nuova – nel suo sito, vi era scritto: *she works in the intersection of philosophy, art and the media* –, una disciplina interdisciplinare, ma anche critica e autodecostruttiva –, ma si presenta anche come *Doctor of Philosophy in Critical Thought* – insomma Alessia ha i titoli. Cos'è un'artista senza qualche titolo accademico? Alessia Morace, però, ha anche l'agenda. Cos'è un'artista senza contatti? D'accordo i titoli, pensa Nina, ma il vero capolavoro di Alessia è la sua agenda. Se fosse davvero fino in fondo autodecostruttiva, davvero critica, davvero artista, Alessia dovrebbe illustrare la creazione di un'agenda contemporanea, svelare il più arduo, spaventoso dei segreti: come si costruisce la rete di contatti, di amicizie interessate, di rapporti professionali amichevoli, con quella perfetta competenza, così difficile da acquisire per i comuni mortali, su come parlare a chi, sulle gerarchie e i ruoli, sulle prossimità consentite, sugli ossequi da non tralasciare, sull'enorme energia positiva da far circolare ogni momento.

La vita di Nina è una vita in pezzi, con i pezzi da tenere lontani gli uni dagli altri, conclusi, incruenti nel migliore dei casi, anche se poi tornano come avversari rancorosi a pretendere udienza con vocine maledicenti. Ad Alessia, invece, le cose devono andare ben diversamente. Forse per via dell'agenda, forse per via dei titoli, in lei i pezzi sembrano non escludersi a vicenda, ma cumularsi, sedimentarsi nel modo giusto, combinarsi secondo l'armonia prestabilita di un arazzo. Nulla sembra perdersi, annullarsi, contraddirsi, in quell'apparente mescolanza di esperienze. Alessia, già figlia di diplomatici, ottimi studi, un inglese perfetto, viaggi extracontinentali, militante femminista, giornalista culturale quasi sempre pagata, trecento pagine brillantemente discusse sulla prostituzione in Olanda e Italia, esibisce pubblicamente oggi una nuova competenza. Alessia Morace sta facendo l'artista. La carriera artistica di Nina, l'unica cosa somigliante a una carriera che Nina avesse intrapreso durante la sua vita, si è costruita per grandi balzi in avanti e rotture, rinnegamenti e retrocessioni, nuove apparizioni e successive scomparse, e il tutto tende pericolosamente alla somma zero. Nelle persone come Alessia Morace, invece, niente perdite: tutto si addiziona, s'impreziosisce, cresce in capitale promozionale.

Alessia non guarda il pubblico, ma è concentrata sullo schermo, e digita con agilità sulla tastiera. Il rettangolo illuminato alle sue spalle sta progressivamente riempiendosi di stringhe alfabetiche. Alessia rievoca in lingua inglese una conversazione avuta con una donna sarda, una donna sarda anziana, che non hai mai lasciato il suo paese di nascita. Questo scambio abbastanza banale è però arricchito da considerazioni di Alessia sulla traduzione, sulla difficoltà di capire il sardo, sul fatto che in quel momento lei rievoca in lingua inglese quei fatti, e arriva poi anche una citazione da Derrida, una impassibile citazione da Derrida. La gente rimane seduta in silenzio, dirigendo gli sguardi alternativamente ad Alessia e al rettangolo illuminato contro il muro. È quel tipo di situazione artistica che Nina conosce bene, per averla sperimentata più volte. Una situazione in cui accade molto poco di rilevante, e ciò a suo modo procura una forma di sorpresa nello spettatore. Questa sorpresa si accompagna ovviamente alla noia del momento. Una voce interna dice: «Ma è davvero tutto qui?», la voce infantile e insolente. Subito la voce acculturata interviene per temperare la delusione: «Qualcosa mi sarà sfuggito, devo concentrarmi meglio». Alla fine, una volta che la situazione artistica giunge al termine, lo spettatore è in qualche modo sollevato, poiché può finalmente fuoriuscire da quello stato d'inquieta ma vuota concentrazione che lo aveva tanto occupato. Il bilancio può essere modesto, ma raramente è del tutto negativo, anche perché la responsabilità di un tale fallimento rischia di ricadere sullo spettatore stesso, sulle sue insufficienti doti di concentrazione, sulla sua mancanza di armamentario culturale, sulla sua arretratezza intellettiva. Di fronte all'eventualità che non accada niente, o che non accada niente di interessante, lo spettatore si sforza di produrre una qualche vibrazione emotiva, una piccola scintilla di senso, una libera associazione, pur di non sentirsi cieco e sordo di fronte alle sottigliezze dell'arte contemporanea. Alessia ha citato Derrida, che era da un po' sparito dagli indici degli autori più citati in ambito artistico, lo ha citato per dire che c'è la faccenda della traduzione, in quanto la nonnina sarda parlava mezzo italiano e mezzo sardo, e quindi è tutto un mondo che bisogna tradurre, non solo le parole ma anche gli oggetti, le pietre, le mani raggrinzite, e lei era in Sardegna grazie a una borsa, anche questo si capisce – un artista che viaggia spesata! –, e poi quando lo schermo è colmo di frasi, e quindi il rettangolo luminoso si è fatto quasi scuro di tutte quelle righe nere, Alessia si alza e ripiega lo schermo del Mac. Allora la gente può alzarsi e applaudire, perché tutto è andato grosso modo come doveva andare: liscio e imprecisato.

Nina è stata sorpresa nel trovare a quell'appuntamento in un locale di Wedding, un quartiere per altro decentrato a nord-ovest di Berlino, tanta gente, e gente che lei conosce. Sono venuti diversi artisti in gamba e ora convintamente chiacchierano di quanto hanno visto. L'evento è stato ben pubblicizzato, certo. Inoltre, nella mostra collettiva, che include anche qualche artista straniero, sono state incorporate sei conferenze e un dibattito pubblico sul destino dell'arte nella società digitale, insomma la solita roba, che avrà un sicuro successo. Alessia è andata ad abbracciare Nina, l'ha ringraziata di essere venuta, e le ha chiesto, senza nessuna reale intenzione di stare ad ascoltarla, notizie sulla sua attuale vita berlinese. Non che Alessia si disinteressi della vita berlinese di Nina, ma ha innanzitutto da comunicarle le novità che riguardano sé stessa, nella sua nuova veste di artista, e poi Alessia ha capito che il contatto con Nina, quello che deve fruttare nell'agenda, è un contatto un po' debole, di scarsa consistenza, nonostante Nina continui a portarsi dietro l'aura del suo antico successo. Nei fatti, la Nina berlinese è scomparsa dai radar e comunque non emana più quei segnali luminosi, d'incontrovertibile popolarità, che avevano caratterizzato la sua fase milanese e newyorkese.

Ma Nina non si aspetta da Alessia Morace qualcosa di diverso da quell'entusiasmo onnilaterale, di schietta socievolezza, che difficilmente sarebbe divenuto una forma di curiosità più intima, dal momento che Alessia, da poco e per poco sul territorio berlinese, deve accumulare una quantità d'informazioni, stringere progetti comuni, raccogliere nuovi indirizzi, far conoscere i vari aspetti del suo multiforme impegno, e tutto ciò esclude la possibilità di lasciarsi andare a una conversazione improvvisata e senza specifico scopo. Ciò che invece sorprende per davvero Nina, anzi la spaventa, è la comparsa, in mezzo al vario pubblico della mostra, di Raffaele Danova. Il vecchio nemico. Il grande stronzo. L'ex gallerista di New York. L'ex amante. Lo sbandieratore di alcuni tra i suoi peggiori demoni.

Danova è venuto da New York per assistere alla performance di Alessia Morace? Non compare nel programma, e quindi certamente non è lì per predicare sui destini dell'arte contemporanea. D'altra parte Danova non è per nulla un predicatore. Si è davvero mosso per quella simpatica pattuglia di neo-artisti, ininteressanti nel lavoro ma abili nell'imbastire eventi? È uno dei nuovi, cruciali contatti, che Alessia Morace è riuscita a stabilire? Appena fuori dall'entrata del locale, dove sta fumando con un signore anziano, la fissa attraverso la porta a vetri. Nina è troppo distante per decifrare il tenore di quello sguardo.

## 25.

## *Tommaso rievoca il cinema di sgomento*

Il giardino è bello, e Tommaso si rilassa mentre lo osserva dalla sua camera, sorprendendo qualche gazza che saltella tra i cespugli. Anche il terreno incolto dall'altro lato della strada è uno spettacolo apprezzabile, soprattutto quando compare a sorpresa la volpe spelacchiata. Sarà anche grigia e un po' malmessa, ma è sempre *Vulpes vulpes*, selvaggia e misteriosa. Però, nonostante la svolta epicurea, Tommaso si sente ancora addosso un'indeterminata fregola di avvenimenti nuovi ed eccitanti. E qui non c'è casetta a schiera con giardino che tenga, i quartetti d'archi o l'andirivieni imprevedibile della volpe. Anche l'allegra e indisciplinata famiglia non basta. Non si vive di solo lavoro, è vero. Ma non posso neppure fare di Sara e Camilla l'alfa e l'omega della mia esistenza, si dice. Certo, vuole rallentare il ritmo, ma teme l'appiattimento casalingo, la ragnatela invisibile della routine, l'estinzione della goliardia. Forse ha voglia di dimostrare a sé stesso che l'energia brada della giovinezza e il suo carisma di accentratore non sono esauriti. In ogni caso ha deciso di festeggiare la nuova casa, riunendo lo zoccolo duro dei vecchi amici e proponendo loro una riedizione di «Cinema notturno».

Ha cominciato con il tampinare Dado: «Ho un seminterrato spazioso con un muro bianco interamente libero, perfetto come superficie di proiezione. Se porti il tuo proiettore, lo possiamo collegare all'impianto stereo, e avremo pure un audio della madonna». È il primo da convincere, in quanto per lui «Cinema notturno» è sempre stata un'occasione di circonvenzione erotica di donna, possibilmente giovane, ma senza alcun pregiudizio di taglia, religione e razza. Conquistato Dado, il resto del gruppo avrebbe seguito. Era come se, in coppia, lui e l'amico costituissero l'allettamento intellettuale e quello animale. Uno metteva i contenuti, l'altro i bassi istinti. A Dado, però, la riedizione di «Cinema notturno» così tanti anni dopo, con tutta l'acqua che era passata sotto i ponti e le complicazioni nelle vite di ognuno, è sembrata all'inizio una fisima da veterani, e c'era il rischio di un raduno senza convinzione. Poi ha richiamato Tommaso, avendo platealmente cambiato parere. Si è detto d'accordo con lui al cento per cento, perché «era una proposta che avrebbe dato ossigeno a tutti» e, per altro, c'era questa sua collega, molto in gamba, che ne sarebbe andata pazza. Insomma, aveva trovato la sua motivazione.

«Cinema notturno» era stata un'invenzione di Tommaso ai tempi dell'Accademia, un progetto sbandato e itinerante da realizzare nelle università occupate, in grandi feste a casa di amici o dentro spazi espositivi improvvisati. Nel tempo, con l'estinguersi delle occupazioni studentesche e degli spazi fuorilegge dedicati all'arte contemporanea, «Cinema notturno» divenne un appuntamento più intimo, che si faceva in genere dai soliti amici o nella galleria del Coca, alias Mauro Mancini, il gallerista che aveva lanciato sia Nicola Racco sia Simone Guarini, e con cui lo stesso Tommaso aveva lavorato, curando diversi cataloghi. Il progetto era nato in reazione a Enrico Ghezzi, di cui a un certo punto Tommaso non sopportava più gli sproloqui notturni senza sincrono, che sadicamente propinava allo spettatore di *Fuori orario*, prima di lasciargli vedere, ormai tramortito dal sonno e da un intruglio di concetti, il film tanto atteso. «Cinema notturno» era un *Fuori orario* autarchico, il cui programma era ogni volta deciso collettivamente. Dipendeva in larga parte da quello che si riusciva a scovare di più anomalo ed estremo, e corrispondeva a una sorta di transgenere audiovisivo, che Tommaso aveva battezzato «cinema di sgomento». Esso poteva includere dal B movie strapaesano con ambizioni erotiche e horror, impregnato d'inconsapevole surrealismo, a lavori di videoarte realizzati da amici, che non temevano né eccessi concettuali né esibizionismi patologici. Invece di confinare prolusioni critiche all'inizio e dibattiti alla fine, si autorizzava il commento simultaneo e libero durante la visione, ma anche l'impromptu musicale o performativo, semmai a qualcuno ne venisse l'estro, e si promuoveva calorosamente l'abuso di droghe e alcol, il travestimento e la denudazione, l'atteggiamento boccaccesco e psichedelico. Le proiezioni non cominciavano mai prima di mezzanotte, e nei casi migliori si concludevano all'alba.

Alcune volte, che lasciarono un fulgido ricordo in tutti, «Cinema notturno» era stato utilizzato come cavallo di troia a fini orgiastici. Veniva cioè proposto in casa di conoscenze recenti, in genere femminili, per creare un'occasione di furore bacchico, ammantata di avanguardismo settario. Tutti si ricordavano ancora quello che accadde nel bilocale della giovane stilista coreana, dopo la proiezione di *Fingered*, un torrido e brutale cortometraggio scritto da Lydia Lunch e Richard Kern, e realizzato da quest'ultimo nel 1986. Roba da strippati newyorchesi degli anni Ottanta, che giocano a farsi buttare fuori da qualsiasi circuito artistico o cinematografico istituzionale. *Fingered* è un concentrato di sesso e violenza in bianco e nero della durata di venti minuti senza neppure alcun tipo di velleità porno o da film del terrore. Tra la scena in cui il protagonista maschile si fa una sega, ascoltando le porcate telefoniche sussurrategli da Lydia Lunch, e quella in cui sgozza un passante per futili motivi, si era creato uno squillante moto sedizioso capitanato dalla padrona di casa e dalle sue amiche modelle. La più scatenata era un'americana, alta e dagli occhi verdi, che nel suo italiano stentato, ripeteva «Questo per me è vomito! Perché? Perché? Non è cinema!» Dovette, però, vedersela con un'altra tipa, di opposta visione del mondo e che era stata la fautrice di quella proiezione. *Fingered* era stato scovato da Nina Dumo, una giovane artista milanese, che adorava Lydia Lunch e condivideva con la sua eroina musicale un look da menade underground. Le due si scazzarono violentemente, la proiezione finì in vacca, il Coca offrì di tasca sua cocaina ai liberi pensatori e alle libere pensatrici, la coreana rifiutò altezzosa, in quanto era già sbronza di rosé, e alla fine si tirarono fuori, per pacificare gli spiriti, i budini dimenticati in frigo. Subito dopo, senza che nessuno avesse capito come e perché, il bilocale si trasformò nel teatro di una sensuale e singolare battaglia, con i maschi che inseguivano le donne per ficcare loro in bocca manate di budino, e queste che si vendicavano sparando panna montata o versando loro in testa fondi di vino. In tali casi, anche se l'orgia vera e propria non c'era stata – e mai, né prima né dopo, «Cinema notturno» raggiunse il suo ideale regolativo –, Tommaso e la sua banda consideravano che la proiezione aveva avuto un indiscutibile successo.

## 26.

## *Uomini del passato, che non passano facilmente*

Nina ha deciso di tagliare la corda. Deve però andarsene, aggirando quell'uomo che ha visto accanto alla porta. Non c'è nemmeno tempo di salutare Alessia, che d'altra parte è già impegnata in saluti ben gerarchizzati. Nello stesso tempo desidera sapere perché Danova si trovi a Berlino. Vuole, insomma, appurare se lui sia venuto alla mostra per Alessia Morace. Forse le cose stanno ormai anche peggio di come lei le percepisce abitualmente.

Sulla scena dell'arte, Nina si trova ormai da una quindicina d'anni; l'ha scoperta, esplorata, percorsa in lungo e in largo e, alla fine, come accade a tutti, non solo ha man mano corretto le idee iniziali che si era fatta sul tipo di relazioni e regole che vi dominano, ma è giunta a valutazioni definitive. Crede di aver capito come funziona quel mondo, anche se, nel suo caso, questa comprensione presunta non le fornisce alcun vantaggio. Si crede sempre che una maggiore penetrazione dei meccanismi sociali permetta di servirsene più agevolmente per i propri scopi. Accade nel suo caso l'esatto contrario: più riesce a cogliere i confini precisi delle cose, sottraendoli a quella patina fantastica che ognuno proietta sul suo ambiente circostante per addolcirlo e accordarlo a forza di sviste e deformazioni ai propri desideri, più misura la sua incapacità di adattarvisi, di trovare pace e soddisfazione lì dentro. Eppure non può fare altro che continuare il suo percorso, che avanzare nonostante tutti i disincanti, anche perché non c'è più, alla sua età, un altrove dalla fisionomia maggiormente benevola e accogliente da raggiungere. D'altra parte, non si ha mai a che fare solo con le regole, le caratteristiche rigide degli ambienti, la prevedibilità delle condotte, c'è anche dell'altro. Ci sono continuamente sorprese, spiragli, risorse inaspettate, incontri felici. Ci sono le eccezioni, a cui quasi nessuno crede, ma che per lei valgono come un articolo di fede. Se però Danova s'interessa alla Morace, allora tutto va rivisto da capo a piedi. Allora, forse, anche il tempo fragile delle eccezioni è irrimediabilmente trascorso.

Vuole evitare Danova, ma anche levarsi quel dubbio. Scappare via e, nello stesso tempo, bloccarlo per un interrogatorio. Naturalmente le cose dovrebbero andare in un altro modo, in un modo in cui un'apparizione di Danova, che avvenga a Berlino o Milano, non dovrebbe comportare nulla, nessun dibattito interiore, nessun soprassalto emotivo. Danova, infatti, dovrebbe essere sepolto, *era stato* sepolto, eppure il suo cenotafio ha acquistato con gli anni un'irritante consistenza, come qualcosa che l'usura del tempo rafforza invece di assottigliare. Ma se Danova campeggia sul suo passato, è anche una figura ferma, un idolo ostile ma pietrificato, che non è più in grado di muoversi, d'interferire, d'irrompere nelle vicende della vita presente. D'altra parte cosa sa, oggi, Danova di lei? È strano avere questa curiosità, che in fondo assomiglia a una speranza. Ma non è neppure certa, poi, che Danova le abbia accordato lo spazio che lei, malgrado tutto, gli ha dovuto accordare. L'idea di questa possibile asimmetria è qualcosa che già la ferisce. Forse per Danova lei è stata solo un episodio spiacevole, ma secondario.

D'un tratto, è Danova che le viene incontro, ma nel suo modo garbato e avvolgente. Ora che se lo trova vicino, Nina vuole leggere in lui la vecchiezza. Cerca l'offesa degli anni che tutti subiscono sul proprio corpo, e che le donne sanno particolarmente rilevare, in quanto ne sono vittime in modo più consapevole degli uomini. Ma Danova ha conservato il suo fisico asciutto, di persona che tutto consuma di sé, e presenta solo una stempiatura evidente, sebbene i capelli, ora ben più radi, abbiano conservato il loro colore biondo. Le rughe intorno alla bocca e agli occhi sembrano persino infondergli una dolcezza, che il suo volto manifestava di rado. Danova pare contento di vederla e del tutto disinteressato a quanto si sta svolgendo intorno a loro. È sempre di un'eleganza impeccabile: completo blu, le sue magnifiche scarpe inglesi, e una camicia rosa, con il colletto ampio, a rendere più scanzonato l'insieme. In quel contesto berlinese, il contrasto tra il suo stile e la maggior parte delle persone presenti è ancora più vistoso che d'abitudine. È un modo per Danova di segnalare agli artisti e ai collezionisti da che parte sta lui: non dalla parte delle mode, ma dalla parte dei valori che rimangono, e dei valori *patrimoniali.* Lui può essere molto vicino agli artisti, può essergli amico, ma non è impressionato dalla loro vita, dalle loro bizzarre abitudini, dal loro sbandierato anticonformismo. Danova cerca, dietro i personaggi, l'opera, e spesso le opere possono nutrirsi del personaggio, ma fino a un certo punto. Tutto ciò che vi è d'interessante, di raro, di carismatico nella vita di un artista deve trovare la giusta via per travasarsi nell'opera. Tutto il resto è teatro. E Danova detesta il teatro.

Ora le parla con naturalezza, come se si fossero lasciati il giorno prima, eppure mantiene un'estrema prudenza. Sa che basterebbe una frase sbagliata per allontanarla immediatamente. «Mi arriva sempre qualche notizia di te. Ti trovo bene. Come ti vanno le cose qui?» Di colpo Nina realizza che Danova, contro cui tanto aveva combattuto, e che tanto l'aveva irritata, con quel suo modo superbo e distaccato, le è mancato spesso negli ultimi anni. Le è mancato il suo punto di vista sulla realtà, un punto di vista avverso e rovesciato rispetto al proprio. Nel corso della loro relazione conflittuale, lui aveva svolto la funzione di contravveleno rispetto ai sogni puerili dell'artista onnipotente. Di questo almeno deve essergli grata.

Decidono che si vedranno con calma a cena. Danova non è a Berlino per Alessia Morace, è a Berlino per affari. C'è la fiera di Colonia da preparare e uno degli artisti che presenterà risiede a Berlino. È capitato in quel locale di Wedding quasi per caso, accompagnato da un conoscente. Ha trovato la performance della Morace «aria fritta» e non c'è nulla che lo abbia interessato in quella mostra. Nina sospira contenta.

## 27.

## *Un raduno sconclusionato*

La Sesto San Giovanni del 2013 non è purtroppo la Milano del movimento studentesco la Pantera né quella dei centri sociali aizzati dagli attacchi del sindaco leghista Formentini. Neanche Milano è più quella di una volta, ovviamente, essendo le energie di tutti, buoni e cattivi, stacanovisti o ribelli, convogliate nel progetto città levigata e aerodinamica. Sesto, d'altra parte, non è ancora instradata sulla via della brillantezza e dell'aggiornamento a tutto campo, soprattutto nelle zone che frequenta Tommaso, disseminate di capannoni tristi, grandi prati all'abbandono, rotatorie inutili, concessionarie auto, parcheggi deserti per la crescita delle erbacce, condomìni dall'aria balneare, con tende da sole a strisce bianche e gialle. Eppure, proprio a Sesto, di spazi indecisi, verdi o edificati, senza più destinazione e uso, ce ne sono ancora in abbondanza. Ma dormono tranquilli, senza suscitare nessuna velleità militante o artistica, in attesa di sagge decisioni comunali o proprietarie. Fossero stati tutti più giovani, più addentro nelle agitazioni e nei rivolgimenti generazionali, avrebbero impiantato «Cinema notturno» in qualche officina spopolata, ma non ancora decrepita. Questo è ciò di cui Tommaso ancora fantastica, sebbene la semplice proiezione notturna per quattro gatti in via Fratelli di Dio già si sia rivelata laboriosa. Ci sono state svariate defezioni. Quella di Guarini era prevedibile. «Cosa volete fare, una riedizione del *Grande freddo*?» Anche Sara si è rivelata ostile, seppure aveva l'alibi lavorativo, ossia quote di sonno da recuperare.

«Stavolta sono d'accordo con Guarini. Non siete vecchi ormai per queste cose?»

«È un modo solenne di festeggiare la nuova casa e trascinarli qui una prima volta. Altrimenti li conosco i milanesi, tra una storia e l'altra non si faranno mai vedere. Per loro dire Sesto San Giovanni o Sondrio è la stessa cosa».

«E hai chiamato anche Racco e il Coca?»

«Certo! Ai tempi non se ne sono mai persi uno!»

«Sì, ma Racco quando mai c'invita quando fa le sue feste in terrazza!?»

«Va be', lo sappiamo che Racco è diventato snob. Comunque era impossibile non coinvolgerlo per 'Cinema Notturno' e infatti viene. Quanto al Coca, lui è imprevedibile. In questo, non è cambiato per niente».

Molti della vecchia banda, pensa Tommaso, non reggerebbero più, anche con buona volontà, al cinema di sgomento. Alcuni sono passati con l'età e le famose complicazioni biografiche alla pratica della *rilassatezza* cerebrale, ossia tutto ciò che ingurgitano come prodotto culturale deve avere proprietà ansiolitiche. Altri, invece, sono mobilitati sul fronte opposto e hanno scaricato *Bright Days*, l'app per razionalizzare la visione delle serie televisive, delle prime cinematografiche, delle mostre importanti, con lo scopo estremo di *non perdersi niente*. Gli psichiatri hanno dato un nome a questa bulimia: *FOMO*, *Fear of Missing Out*, cioè la strizza di non poter vedere tutto quel che passa il convento, e rimanere indietro, spiazzati nelle conversazioni, tagliati fuori da qualche novità, con vergognose lacune riguardo alle merci culturali di tendenza. I più assillati fanno persino proiezioni accelerate di *Breaking Bad* o *The Big Bang Theory*, in modo da risparmiare su ogni episodio dai cinque ai dieci minuti di tempo e portarsi avanti per le produzioni a venire.

La proiezione comunque è fissata un sabato notte, dopo la tradizionale spaghettata. Per chi non se la sente di prendere la macchina sbronzo alle cinque di mattina, Tommaso ha garantito un posto letto, pensando in grande. Nel seminterrato, c'è un materasso gonfiabile a doppia piazza, in soggiorno un divano sufficiente ad accogliere una persona, la soffitta è disponibile a chi porti un sacco a pelo e infine vi è la camera di Camilla, che per l'occasione va a dormire con la madre. Nicola Racco è venuto con un suo amico collezionista, un giovane architetto che, negli ultimi tempi, lo segue dappertutto mansueto e allegro come un cagnolino. Racco ha proposto *Popotzi, la legge dell'acido*, un film tedesco su di un aspirante serial killer strafatto di LSD che, in un villaggio della Baviera, si accontenta di trucidare qualche oca o gallina, per via dell'enorme imperizia omicida provocata dal suo stato allucinatorio. Dado, che al solito non è venuto con la moglie, ma con una sua supplente erotica di quindici anni più giovane, tale Dorina, una tipa bella e musona con una treccia bionda che le arriva fino al culo, ha portato *El Topo* di Alejandro Jodorowsky, genere western metafisico e surrealista. Giorgia, una collega dell'Accademia, eternamente entusiasta, e per di più titolare di cattedra, è venuta con un amico che lavora in Giappone. Entrambi sono dei novizi di «Cinema notturno», lei molto motivata, per via delle storie gonfiate di turpitudini ed estasi che Tommaso le ha propinato, lui coinvolto per caso, ma curioso e sornione. Giorgia ha recuperato un Bill Viola d'annata, *I Do Not Know What*

*It Is I Am Like*, un video del 1986, di quelli girati nei posti più impensati, con lunghe riprese di mosche che ronzano su di una carcassa di bufalo. Il suo amico, che si è presentato bizzarramente rivelando solo il proprio cognome – «Salve a tutti, mi chiamo Martini» –, ha messo in programma un video su Youtube di un musicista giapponese che, casco e giaccone di amianto, suona in riva al mare su di un pianoforte in fiamme. Quanto a Tommaso, si è sbattuto per avere l'asso della nottata, un film di quasi tre ore del regista russo Aleksej German, *È difficile essere un dio*. Ha ottenuto un dvd pirata, versione originale con sottotitoli francesi, grazie a un amico che lavora per una casa di produzione parigina, intenta a realizzare un cofanetto dedicato al regista. Tommaso vuole assolutamente riuscire a imporlo, vista anche la lunghezza, prima che la gente diserti la proiezione per esaurimento mentale o torpore improvviso.

Nonostante la buona volontà di tutti, il raduno è stato particolarmente sconclusionato. Ma è forse questa la caratteristica principale di «Cinema notturno». È sempre stato un appuntamento settario, millenaristico, di artisti e intellettuali che si aspettano da uno scroscio d'immagini e suoni anomali una piccola, ma decisa mutazione caratteriale, uno sfondamento mirato di qualche cancellata psichica, verso un altrove più luminoso, libero, arieggiato. C'era un grande *oltre*, un magnifico *dopo*, che li attendeva quando trentenni giungevano stravolti alle sei di mattina. La montagna sacra dell'Arte era ancora davanti a loro, paziente, indomita, sussurrava promesse. Già ne avevano cominciato la salita, saggiandone sentieri, cunicoli, grotte, e sembrava loro che la scoperta di nuovi paesaggi non dovesse mai cessare. Ma quella vecchia maniera si è inceppata, e nonostante Dado abbia portato l'erba per associare, come ai bei tempi, alcol e psicotropi. Lo scombinamento non solletica più l'avvenire, come se si trattasse dell'anticipo frettoloso di una futura e più ampia elargizione spirituale; ora assomiglia soltanto a un'occasione mancata, a un ennesimo tentativo malriuscito.

Tommaso, nonostante abbia largheggiato in bevute e tiri di canna, è rimasto abbastanza sobrio per farsi tormentare da un ritornello malefico. Ha iniziato Racco a parlare di *compleanni*, dal momento che ormai Racco stesso, Guarini, Tommaso, tutti, giungevano al cinquantennio inesorabili, e lui sta già preparando una festa mastodontica, «perché il mezzo secolo non è banale Zappa! Bisogna affrontarlo a testate!» Poi Dado, che è di qualche anno più giovane degli altri, ha rigirato il coltello: «Anche per te Tom, sarà tempo di *bilanci*... È inevitabile!» Insomma, hanno universalmente congiurato per evocare l'ombra glaciale e desolata dei cinquant'anni, come se d'un tratto il familiare terreno dei quaranta, tutto sommato incruento, venisse d'improvviso tirato via da sotto i piedi, per rivelare un abisso turpe e spaventoso.

Ad aggravare le circostanze, vi si è messa Dorina, con i sorrisi che ha cominciato a rivolgergli dopo l'inizio della proiezione. Sono sorrisi strani, del tutto inaspettati. Continua a fare la scocciata con Dado, anche se hanno le gambe intrecciate e si lascia ogni tanto accarezzare la treccia, ma appena lui si alza per servirsi da bere o si mette a parlare con Martini, lei ne approfitta per guardare Tommaso e sorridergli. Tommaso è preso alla sprovvista, non si aspetta *più*, non in quel periodo della sua vita, un qualche stuzzicamento erotico. L'erotismo ce lo mette lui nei sorrisi di Dorina, sentendosi come rimescolato, con le gambe tagliate, e sbigottito da una profusione di fantasie che lo traversano a tradimento. Dorina gli sorride forse per manifestare una cordialità proforma, a lui padrone di casa, oppure sono sorrisi di bonario compatimento, per il modo insistente, disarmato, con il quale Tommaso la guarda di soppiatto senza neppure rendersene conto. Certo è che la presenza di Dorina, e di una Dorina verso di lui, seppure per arcani motivi, sorridente, lo tormenta, e in maniera adolescenziale.

Alle tre di notte, mentre sono sprofondati nella visione del film di German, si fa vivo il Coca «con amiche», per un'improvvisata delle sue, esagitata e vociante. Nel frattempo Racco si è addormentato, scivolando giù dal materasso gonfiabile. Il suo giovane collezionista, stravaccato in un angolo, non la smette di titillare il suo smartphone, e di gettare, di tanto in tanto, un'occhiata alle immagini o agli altri spettatori, in occasione di qualche scambio verbale. Dado e Dorina cincischiano, standosi un po' addosso un po' no, ma sempre castamente, e lei persevera con gli sguardi affabili nei confronti di Tommaso. Giorgia assiste alla proiezione con zelo e tenacia, facendo prova di massima intelligenza nei commenti e nelle domande. Martini, infine, formula qualche battuta a mezza voce, per poi alzarsi risoluto come per andarsene via, ma semplicemente tira fuori una sigaretta dalla tasca e se l'accende soprappensiero. Il film di German continua a scorrere come un fiume limaccioso, trascinando con sé figure e paesaggi di un alto medioevo distopico. Brutalità e ammazzamenti si susseguono senza capo né coda, governati da una follia incombente che impregna di sé ogni gesto e parola. L'autore ha allestito una sorta di corrispettivo onirico della macchina staliniana, disfunzionante e sanguinaria. Ne emerge una visione della storia come massacro viscerale, e le scene di panze aperte, d'animali o uomini, non si contano. Ma assieme alle trippe, al fango, al lavoro delle mazze e delle lance, protagonista del film è la vitalità di uomini e donne, una vitalità ottusa e demente che nessun orrore sembra in grado di sfiancare.

I nuovi arrivati hanno imposto un intervallo salutare. Il Coca si è trascinato dietro la segretaria della sua galleria e la cugina di questa, che da Lecce è venuta a Milano in cerca di lavoro. Sono simpatiche: più scoppiettante la segretaria, più scialba ma sboccata la cugina, che fa grandi battute a contenuto sessuale, promettendo scostumatezze che – già si capisce – non manterrà mai. «Tommaso, è passata una vita! Ma non fare il noioso, che ho un regalino per te, come ai tempi in cui 'Cinema notturno' lo facevamo in galleria». Il regalino del Coca è prevedibilmente un po' di sostanza omonima, che lui prepara con amore per i «festeggiati». Tommaso non può fare il noioso, il vecchio, il guastafeste, no di certo, anche se ormai incombono i cinquanta, come gli hanno spiegato in tutte le salse quella notte, quindi sniffa senza farsi pregare, contento, ma non convintissimo. È disabituato alla cocaina e persino al fumo: gli è rimasta ormai la sbronza alcolica, come unica forma di sovversione della quotidianità.

# 28.

## *Il fascino del borghese incassatore*

Dopo i successi di Milano, era Danova che l'aveva portata a New York. Era stato uno dei galleristi importanti a venire alla collettiva di *Countdown*. Si era subito innamorato del personaggio Nina e del suo lavoro. Gli era sembrata un'opportunità straordinaria: partire con un'artista giovanissima, stracolma di talento non ancora inquinato da calcolo e sete di successo. I suoi sodali l'interessavano molto meno: ancora troppo confusi o dimostrativi. Certo, c'era una vera energia in quella mostra, la cosiddetta *freschezza*, una specifica qualità che spesso solo i più giovani sanno incarnare. Si trattava di un'alchimia che Danova conosceva ormai bene: si trova nel gesto artistico del cominciamento, un misto d'irruenza, d'ignoranza e di contagiosa allegria. Non era questione di maggiore o minore consapevolezza, di disinvoltura o furbizia. L'arte matura è raramente allegra. Solo l'arte del cominciamento esprime autentica allegria, in quanto l'artista crede ancora, in quel momento, a tutte le promesse impossibili e contraddittorie della creazione: cambierò vita e troverò me stesso, diventerò ricco e farò la rivoluzione, tutti parleranno di me adesso e il mio gesto rimarrà nella storia. Ma Danova aveva visto Nina, l'aveva imboccata nella cabina, ne era stato attratto fisicamente, le aveva parlato in seguito e, a mente fredda, si era detto che quella era la persona su cui puntare. L'aveva corteggiata sapientemente per alcuni anni a Milano, facendola esporre nella sua galleria di via Conte Rosso in zona Lambrate. Si era sorbito anche gli incontri con gli artisti amici di Nina, in attesa che le si facesse un po' di vuoto intorno. E quando iniziarono a moltiplicarsi gli scazzi tra di loro, a emergere invidia e competitività, il tutto esasperato da storie di letto, coppie aperte riacciuffate da gelosie ataviche, Danova era lì pronto con un contratto in esclusiva per la sua galleria di New York.

Nina era affascinata da Danova, e nello stesso tempo doveva sormontare gli enormi pregiudizi che aveva nei confronti di quel trentenne ricco, un po' dandy, cresciuto negli Stati Uniti e già proprietario di due potenti gallerie a Milano e New York. Il padre di Danova era stato dirigente di un grande gruppo assicurativo e, a metà degli anni Settanta, da Torino si era stabilito a New York. Da sempre aveva frequentato artisti sia in Italia che negli Stati Uniti. Aveva cominciato molto giovane a collezionare opere di Pascali, Kounellis, Boetti, Pistoletto, e continuato a New York privilegiando postminimalisti come Richard Serra o Ree Morton. Di recente aveva fondato una sua società di consulenza per le *corporate collection*, quelle collezioni d'arte contemporanea costituite da aziende che predicano l'osmosi tra la bellezza e gli affari, tra i valori immateriali dell'arte e gli investimenti oculati. Il figlio, dopo aver ereditato parte della collezione paterna, ne fece una base solida per lanciare la sua carriera di gallerista internazionale, alternando retrospettive di autori consolidati con proposte nuove e più arrischiate.

Danova amava Milano con lo scetticismo che i torinesi conservano per una città considerata sguaiata, troppo facilmente entusiasmabile, sempre pronta a captare superficialmente le ultime tendenze europee o nordamericane. Inoltre, per Nina, egli incarnava il *borghese incassatore*, quello che è impossibile scandalizzare o prendere alla sprovvista. Lui guardava con distacco ironico gli atteggiamenti militanti di Nina, sempre in lotta con qualche nemico diabolico: il sindaco leghista Formentini, il proprietario della macchina mediatica Berlusconi, l'idiota guerrafondaio Bush. Ma Nina non si limitava ad andare con lui allo scontro sul terreno politico, cercava di farlo uscire dai gangheri in generale. Voleva sottrargli quella specie di tetragona sicurezza di sé che si portava dietro in ogni occasione; solo che Danova non era uno stupido: conosceva spesso in modo più dettagliato di lei le leggi spietate che, all'ombra delle chiacchiere politiche e giornalistiche, governano la realtà. Inoltre Danova non aveva bisogno di esibire una qualche superiorità ideologica o morale: sapeva ascoltare molto, e non era impaziente di snocciolare le sue verità. Nina, che cominciava le cene con lui con l'intento di trascinarlo in qualche polemica, si trovava alla fine esasperata dal suo imperturbabile buon umore e dalla sua riservatezza. Soprattutto in pubblico, Danova evitava le schermaglie anche perché – questo Nina lo aveva capito un po' tardi –, se si gettava in una vera discussione, doveva a quel punto vincerla trionfalmente. E questo significava smontare con secchezza ed efficacia gli argomenti dell'avversario. In tali casi Danova esibiva un'eloquenza che giungeva inaspettata e travolgente. Ma questo accadeva di rado, e nel periodo del lungo corteggiamento non accadde mai con Nina. In genere, la sua presenza attenta e sorniona era sufficiente a trasformare tutti quelli che dibattevano intorno a lui in chiassosi bambini, interessati soltanto a far conoscere il loro punto di vista sulle cose, come se ciò stesso, per magia, avesse qualche immediato e benefico effetto sulla turpe realtà. Una sera, dopo l'ennesimo attacco sferrato simultaneamente da Nina e dalla sua amica Monica, sedute con lui ai tavolini del bar Jamaica, Danova replicò secco, sostenendo che la distinzione tra un giovane arrabbiato e un adulto minimamente lucido non è tanto ravvisabile in una diversità di azioni concrete, quanto nel diverso clamore con cui i giudizi sul mondo vengono proferiti. «Più forte concionate, prima credete che il mondo ceda. Ma la maturità, nelle persone, molto spesso non è rinuncia a cambiare il mondo, ma ricerca attenta di un minimo di efficacia. I bar di tutto il pianeta grondano di predicozzi inutili fatti alle due del mattino». Se l'argomento di Danova era logoro, i parolai della rivoluzione, d'altra parte, erano logoranti, soprattutto quelli disposti in fin dei conti a camminare su cadaveri familiari pur di ottenere una fetta di muro in una mostra collettiva. Quella volta Nina provò una certa ammirazione per quel borghese incassatore e, quando Nina ammirava, anche voleva mettere la lingua in bocca, e celebrare a letto quell'ammirazione.

Fatto sta che nel 2003 Danova portò Nina a New York, e la piazzò come una principessa in uno studio-appartamento al 534 di Driggs Avenue nel quartiere di Williamsburg a Brooklyn, al terzo piano di un edificio in mattoni rossi, scale antincendio sulla facciata principale e incongruo cornicione michelangiolesco. Il collettivo di *Countdown* si era nel frattempo disgregato. Due dei quattro che avevano costituito il nucleo promotore dell'evento, Luisa Petrone e Felice Caglieri si erano coalizzati contro Nina e Renato Zuccaro. Adducevano ragioni di coerenza ideologica e di rigore concettuale. Avevano trovato anche loro un gallerista importante, ma rimanevano per il momento radicati in Italia, tra Milano e Roma. Zuccaro, fedele amico di lunga data di Nina, aveva smesso da un anno di lavorare, in seguito a una storia d'amore con una polacca che lo aveva – come ripeteva lui guardandosi le scarpe – «letteralmente fatto a pezzi». Nina, in ogni caso, era giunta al culmine del suo odio per l'Italia. A due anni dalle botte di Genova, ancora non si levava dalla mente le cariche, gli inseguimenti strada per strada, il pestaggio che lei stessa aveva subito in un cortile da parte di celerini scatenati. Ed era stata più fortunata di Giulia, l'amica bresciana, a cui avevano aperto la testa, picchiandola con il manico del manganello e trasformandole la faccia in una maschera di sangue.

# 29.

## *Il proprio regno per un piede di Dorina*

Non ha capito come, ma Tommaso si è trovato in giardino con Dorina. Si sono piazzati in fondo, contro il capanno degli attrezzi, allungati su due sdraio. Racco è salito in soffitta a dormire, il suo collezionista si è buttato sul divano del soggiorno, indeciso se maneggiare ancora il suo smartphone o abbandonarsi al sonno, Giorgia e Martini sono già andati via, e gli altri quattro, Dado, il Coca, e le giovinette, sono rimasti di sotto, chissà a vedere cosa. Tommaso si è lanciato in un racconto, di certo provocato da Dorina che lo guarda azzurramente, con gli zigomi sovietici sporgenti, con la pelle delle guance morbida e lattea, e stavolta non gli sorride soltanto, ma scoppia a ridere, agitandosi tutta sulla sdraio, e ogni risata è per Tommaso un colpo di frusta, una scarica di adrenalina che lo costringe a procedere nella narrazione in modo vigoroso. Si è concentrato sul sodalizio tra Nicola Racco e Mauro Mancini, lo scultore e il suo gallerista. Formano un binomio fortunato, di cui però Tommaso si presenta come l'eminenza grigia, il terzo uomo in ombra ma decisivo. La storia di tutta la brigata era iniziata in Accademia. Guarini era il più talentuoso, ma anche il più umorale e imprevedibile. Dado, pur sprizzando energia e ottimismo, si lasciava ogni volta trascinare in imprese lavorative più ovvie e sicure, ed era finito a disegnare siti web per le grandi aziende. Scarseggiava di vocazione, ma lo aveva accettato pacificamente. Mauro Mancini, invece, era un gallerista romano da vari anni residente in città. Si era fatto un certo nome a Roma, gestendo in modo aggressivo una galleria votata alle produzioni contemporanee. Di soldi ne possedeva, perché era figlio di un imprenditore edile ben piazzato nella capitale. Aveva però fatto qualche cazzata nel giro dello spaccio di coca, di cui era un generoso consumatore, per cui si era tolto di mezzo dall'oggi al domani. Aveva chiuso la galleria in Trastevere e si era trasferito a Milano, dove ne aprì una nuova qualche anno dopo, ma non più a suo nome; la battezzò Paradoxa. Si era portato dietro qualche artista, ma per il resto dovette ricominciare da zero. Era uno squinternato anche senza l'additivo coca, ma tremendamente a suo agio in società, soprattutto nei confronti di coloro che avevano soldi, organizzavano serate esclusive, si davano grandi arie e non capivano un cazzo di nulla.

Racco è stata una sua creatura, sua ma anche di Tommaso. Della banda dell'Accademia, Racco era decisamente il più sfigato, senza mai un soldo, incolto, maldestro nei gesti e nelle frasi, e per di più basso e grassottello. Ma si accodava con ostinazione, sopportava gli scherni, non demordeva pur di capire e imparare qualcosa dagli altri. Non aveva idee, ma lo aizzava l'ambizione, e quindi si dava un grande e confuso daffare. Una volta il Coca, dopo una chiassosa scorrazzata notturna per Corso Garibaldi e un inno alla virilità degli artisti dell'Arte Povera, prese da parte Racco e gli disse: «Sei troppo pacioccone, diventa cattivo, diventa prepotente. Nell'arte ci sono i delicati, i fantasiosi, gli intelligenti, gli energici, ma uno cattivo, uno che mette un po' di paura, manca. Non so, rasati il cranio!» Era una buona pista, che entrambi seguirono, con l'appoggio di Nardi e di Tommaso. Quest'ultimo svolgeva un duplice compito, in veste sia di *ghost writer* – si mise a scrivere bollettini di guerra contro «il sistema dell'arte contemporanea» che Racco diffondeva a suo nome in occasione di mostre e incontri pubblici – sia di critico delle opere dell'amico per *Campoarte*. Nell'arco di due anni, Nicola Racco aveva compiuto la metamorfosi. L'accanita frequentazione di palestre l'aveva fornito di muscoli, che poté ricoprire subito di tatuaggi. Si tagliava i capelli a spazzola, indossava solo giubbotti di pelle e soprattutto aveva preso il porto d'armi. All'inizio, anche su suggerimento del Coca, aveva abbracciato l'idea di prendere a fucilate grandi pannelli di metallo, in una rivisitazione dei concetti spaziali di Fontana in salsa western postmoderna. Tommaso, però, aveva avuto un'idea migliore. Emilio Mazzioli, un gallerista di Modena, che aveva portato in Italia Jean-Michel Basquiat quando era ancora poco noto, gli aveva di recente mostrato la fotografia di un frigorifero dipinto dall'artista americano. Tommaso s'innamorò dell'opera e suggerì a Racco di sparare a dei frigoriferi. Racco cominciò effettivamente a impallinare un grande frigorifero da bar che recuperò in una discarica, e poi continuò con diversi tipi di mobili ed elettrodomestici.

La cosa piacque anche perché Racco durante le inaugurazioni si aggirava con aria violenta, vestito come un ultras da stadio, ed era pronto a dare in escandescenze per un nonnulla. Questo lo rese irresistibile persino per i collezionisti più compassati. Il Coca aveva avuto fiuto: «Devi essere, per gallerie e musei, quello che Sgarbi è in televisione: edifica la tua arroganza sull'aggressività». Tutto ciò veniva fatto con spirito situazionista, e Tommaso per primo si era enormemente divertito a elaborare una filosofia vitalistica e radicale da mettere in bocca a Racco. Costui, d'altra parte, dimostrò di possedere un fondo autenticamente carognesco, che si era rafforzato nell'ombra a colpi di umiliazioni e insuccessi.

Tutto racconta Tommaso a Dorina, senza omissioni e pudori, e nello stesso tempo si sorprende a fissare le dita dei piedi di lei, adornate da uno smalto color cobalto, o la guarda quando, tormentandosi i capelli, svela il cavo ascellare liscio e morbido. A questo lavorio incontrollato dell'occhio corrisponde un flusso di pensieri silenzioso e parallelo rispetto a quello verbale. Più che pensieri veri e propri sono immagini stilizzate, di lui che si inginocchia a baciarle i piedi, di lei che si china su di lui per aprirgli i pantaloni, di entrambi che si rifugiano nel capanno e lo fanno in piedi. Tommaso è talmente conquistato da questo teatrino erotico e allucinatorio, che ha rallentato la loquela, e comincia a disseminare imbarazzati silenzi tra una frase e l'altra, in quanto già si chiede cosa accadrà dopo. Sarà un episodio di sesso senza futuro o il germe di qualcosa di progressivamente sconvolgente? Ma qualsiasi evenienza, anche quella di uno scoppio d'amore improvviso tra lui e Dorina, gli sembra frutto di un destino inevitabile, a cui si sente pronto a sacrificare il matrimonio, la serena relazione con sua figlia, la coabitazione nella casa nuova, insomma tutto può crollare sotto l'impatto deflagrante di un capezzolo di Dorina, che gli sia finalmente dato di succhiare. Dorina ora tace, e tace già da un pezzo. Ha smesso di ridere e di attorcigliarsi sulla sdraio, e il suo volto è occultato dall'ombra che il tetto del capanno proietta, rompendo il fascio di luce della lampada da giardino. Dorina dunque è consenziente, lo fissa senza dire nulla, ammirativa, approvandolo in tutto, sia per ciò che ha raccontato sia per quei silenzi che ha intromesso sempre più palesemente, e che manifestano la serietà implicita del desiderio, al quale lei pure sta rispondendo con identica serietà, riserbo, muta concentrazione, prima di lasciare libero corso ai gesti amorosi. Ma quando Tommaso, infischiandosene sia di Sara e Camilla, che dormono nella camera affacciata sul lato opposto dell'edificio, sia di Dado, che probabilmente chiacchiera ancora nel seminterrato con gli altri, avvicina la mano tremante al piede di Dorina, si rende conto che lei sta semplicemente dormendo. Fiaccata dall'erba e dal vino, giace con la testa abbandonata sullo schienale, di profilo, ed emette un ronfo sottile, buffo, insopportabile.

# 30.

## *Scopiamo, dunque siamo*

Dai sedici anni in poi Nina aveva vissuto un periodo di vera frenesia sessuale: era andata a letto con mezzo Parco Sempione, mezzo Leoncavallo, mezza Accademia di Brera. Giunta a New York aveva 24 anni e per la prima volta non ebbe nostalgia di quel 50% di scopate non realizzate che si lasciava alle spalle. Il trasferimento negli Stati Uniti segnò una nuova fase. Nina era più concentrata ora sulla ricerca artistica che sulla sua vita sessuale. La scelta di New York implicava anche un ricominciamento da zero, e la possibilità di non essere prigioniera del proprio personaggio. A Milano, si era portata dietro la fama della ninfomane, della «gran zoccola», come lei stessa diceva. Aveva usato quella fama come un ariete di sfondamento, per farsi spazio in tutti gli ambienti, militanti e artistici soprattutto. Non poteva fare altrimenti d'altra parte, il sesso le sembrava in quel momento della sua vita *l'unica cosa reale*, l'unico terreno incontaminato che le false promesse sociali non potevano inquinare. L'anno della maturità, il giudizio unanime delle compagne di classe più brillanti – come d'altra parte era stata lei stessa fino ad allora – sanciva l'incompatibilità tra una vita sessuale sfrenata e un serio interesse per gli studi. Questa stessa incompatibilità le fu confermata il primo anno anche dalle studentesse dell'Accademia. Un gran numero di sue coetanee sembrava credere fermamente che talento e impegno nell'attività artistica non potevano associarsi con la predisposizione a cambiare amante ogni settimana. Nina aveva comunque scelto di non rinunciare alla sensazione di potere che le forniva la sua illimitata disponibilità sessuale. E le etichette che ragazze o ragazzi le affibbiavano, invece di spaventarla, avevano finito per rafforzare il suo atteggiamento. Nina, *la ninfo*, era riuscita ad accedere a una forma di vita privilegiata che pochissimi avevano la fortuna di sperimentare, una forma di vita che non aveva bisogno di istituzioni a cui appoggiarsi, ma neppure di mode gregarie, e che soprattutto si sottraeva alle forme più tipiche di controllo sociale. Non che lei pensasse di aver raggiunto una sorta di autarchia affettiva, ma sentiva con sicurezza che i presupposti su cui si basavano le etichette insultanti sulla sua persona erano inconsistenti. E se non fosse passata *dalla parte del sesso*, probabilmente non ne avrebbe mai preso coscienza in modo così tangibile, anche perché, quei presupposti, erano in fondo comuni a una gran quantità di persone e non riguardavano soltanto l'ordinamento delle condotte sessuali. Certo, anche il ritornello della liberazione sessuale non aiutava granché. Alcuni amici e amiche l'avevano pescato dal repertorio degli anni Settanta e se ne servivano per rendere più vistoso e interessante il loro stile di vita. Ma lei non aveva dovuto fare nessuno sforzo, combattere nessun condizionamento: il sesso era lì, evidente e sempre disponibile quando due o più persone s'incontravano. Era un tesoro alla portata di tutti e, a vent'anni, inesauribile. Non si trattava che di servirsi, un eterno paese della Cuccagna. Non solo, ma tutti i malesseri adolescenziali e tardo adolescenziali che tormentavano i suoi coetanei, tutte le infinite manovre per assestarsi in qualche forma d'identità plausibile, venivano spazzati via quando le persone finivano a letto. Come ripeteva Fabio, uno dei suoi amanti preferiti, «Appena cala la mutanda, la para se ne va».

Nina si ricordava di una lezione al liceo sul dubbio iperbolico di Cartesio. A un certo punto il filosofo non riesce neppure più a capire se sta sognando o è sveglio, e i suoi contenuti mentali potrebbero essere manipolati da un demone maligno. Alla fine trova almeno una cosa di cui essere certo: *ci sono* dei contenuti mentali e questi contenuti mentali sono *suoi*. Nina aveva aggiornato e applicato a sé stessa quella riflessione vecchia di alcuni secoli. La società adulta mi racconta che prosperiamo in un tempo di pace, che i dirigenti sanno quello che fanno, che il nostro è un paese democratico dove i talenti sono giudicati in modo equanime, che avere un lavoro e diventare consumatori agguerriti ci renderà felici, che costituire una famiglia con figli è un'opzione infallibile per vincere la solitudine, che il modo in cui viviamo, nonostante qualche effetto collaterale disastroso sull'intero pianeta, rimane il più civile e raccomandabile... Insomma, mi riversano addosso una gran quantità di balle, ma su di una cosa non mi possono ingannare: *qui e adesso il mio godimento esiste*, e nessuno potrà contabilizzarlo, farne materia di scambio, metterlo al servizio della crescita economica, intervistarlo per il TG serale. Su questo materasso, o dietro questo cespuglio, o al buio di questo androne, abbiamo tutto quanto due esseri umani desiderano: corpi che si procurano vicendevolmente piacere.

Nelle fanzine anarchiche che aveva letto a quattordici anni, nella fase ormai conclamata di ribellione adolescenziale, si parlava ancora del *lavaggio di cervello* perpetrato da Stato, Chiesa e Famiglia su ogni nuova generazione. Era una visione nostalgica delle cose, oltre che ingenua. Nina, qualche anno più tardi, aveva scoperto che la vera specialità del mondo in cui viveva era l'*intasamento del cervello*. Ognuno finiva per essere abitato da una quantità d'immagini, ombre, chimere, tutta una legione di figure inconsistenti e inutili, che non solo non si potevano toccare, palpare, stringere, succhiare, ma che neppure rendevano più intenso il toccare e il farsi toccare. «Tu vivi fino in fondo tutte le tue fantasie», le aveva detto una volta un'amica di scorribande notturne, ma più moderata di lei nell'accumulare amanti. «Ah no – le aveva risposto Nina – le fantasie hanno pochissima presa su di me. Io ho delle voglie immediate, e cerco di realizzarle prima che svaniscano». Ogni volta che Nina apriva dei pantaloni, ogni volta che si faceva tirare via le mutande, non era solo questione di piacere, era anche una prova di realtà. Gli orgasmi erano eventi indiscutibili che lavavano il corpo, lo svuotavano dalle cattiverie accumulate, dall'inquinamento mentale. Bastava essere in due, intrecciati pelle contro pelle, per annullare le usuali distanze, sospendere i ruoli, sottrarsi ai normali pregiudizi della vita sociale ed entrare in un ritmo diverso del tempo. E nessuno aveva deciso o previsto questo per loro.

In realtà, uno degli aspetti che avevano caratterizzato quel periodo d'intenso libertinaggio, oltre all'assimilazione assidua di alcol e droghe, è che non solo nessuno aveva deciso per lei e il suo amante occasionale, ma *Nina neppure aveva veramente deciso*, e questo era il suo modo radicale di vivere la libertà a diciott'anni. Attirare a sé o seguire il primo venuto in una vicenda che cominciava nei bar, o con delle bottiglie comprate al supermercato, e finiva da qualche parte, dove si sarebbe scopato come per insopprimibile legge naturale, era un modo ogni volta uguale e diverso di non prendere decisioni. La facilità del sesso, era anche la sua fatalità. L'episodio cominciava a volte in manifestazione, a volte dopo un concerto, a volte durante una mostra, per finire immancabilmente lì, tra le sue gambe, senza che lei e il suo amante avessero avuto il tempo, o sentito l'esigenza, di sostare anche per un attimo nei sobri territori della deliberazione.

Quell'esperienza, però, dopo averle fornito uno slancio straordinario, una capacità di spiazzare per alcuni anni uomini e donne con cui veniva in contatto, aveva finito per assegnarle un ruolo fisso, una maschera monotona. Certo, gli uomini le correvano incontro. Certo, lei sperimentava con loro, nell'intimità, un'atmosfera di festa. Poco importa che ci fosse spesso, anche nei più apparentemente disinibiti, un'attitudine di rapina, di «prendi il tuo piacere e scappa». Questo lo considerava un peccato veniale, una sorta di cronica immaturità che affliggeva la vita sessuale dei maschi. Ma alla fine aveva compreso che cosa le risultasse insopportabile in quelle relazioni. Gli uomini avevano difficoltà ad accettare i loro desideri erotici, soprattutto quando trovavano una persona come lei che non solo non aveva remore a soddisfarli, ma godeva allegramente nel farlo. Questa incapacità di mantenere una certa coerenza tra quello che accade in un letto e quello che accade al di fuori di esso, si traduceva nel disprezzo che alla fine, irrimediabilmente, anche i suoi amanti più entusiasti finivano per manifestarle. Ci aveva messo del tempo a vederci chiaro. Era come se i conti non tornassero mai. Quando le capitava di fare l'amore con gente fidanzata o sposata, si aspettava le manovre di copertura, i silenzi, le bugie. Ma anche i tipi senza legami la confinavano in un cono d'ombra, come se in pubblico fosse raccomandabile conservare una grande riservatezza. La faccenda, in definitiva, era banale e squallida. Gli uomini non erano d'accordo con loro stessi, *avevano vergogna* della loro vita erotica, e di conseguenza schifavano le donne che, invece, si inoltravano con loro agio nei meandri delle loro fantasie. Quella che lei aveva scambiato per incostanza, per indifferenza, a volte per gratuita crudeltà, era semplice vergogna. Probabilmente tra soli maschi, chi aveva scopato con lei si vantava, ma se la incontrava in pubblico, soprattutto quando c'erano altre ragazze, faceva finta di niente e si comportava con freddezza, a volte rivolgendole appena la parola. Nina risolse alla fine il gran mistero. La prendevano davvero per una puttana, e la trattavano alla fine come tale. Manco la pagavano, alcuni diventavano persino ossessivi, avrebbero voluto capitarle in casa a tutte le ore per farsi prendere in mano l'uccello, eppure una volta finito tutto, usciti sul pianerottolo, si guardavano intorno furtivi come uomini sposati degli anni Cinquanta, che mettono piede fuori da un bordello.

# 31.

## *La cena, dove si parla di bilancieri da palestra e di pedofili*

Dopo la scorribanda degli amici, Sara ha imposto a Tommaso la grande cena familiare d'inaugurazione e ringraziamento fondi. «Tom, ormai non ci si scappa. È suonata l'ora di una bella tavolata con i suoceri. E dovrai invitare pure tuo fratello!» Anche quello è per lui un segno d'inequivocabile invecchiamento. Nei primi anni dopo il loro matrimonio, le cene o le domeniche con la famiglia al completo accadevano ancora per caso, come strani incidenti del calendario. Tra le altre mille cose da fare, saltava fuori un invito dei genitori di Sara, oppure di sua madre o del fratello. Ora invece si pianificano, sono appuntamenti regolari che scandiscono l'andamento della loro vita con Camilla.

I genitori di Sara in particolare vanno festeggiati, perché hanno contribuito al progetto proprietario, mettendoci in proprio una fetta di soldi, affinché, come amavano ripetere, «voi poveretti non siate strangolati da un mutuo infinito». E, durante tutta la cena, la di solito altezzosa Lara, madre di Tommaso, ha leccato il culo al signor Giovanni, semplice direttore vendite di una multinazionale di lavatrici, e alla signora Giorgia, semplice direttrice di un asilo nido privato, dal momento che, seppure non le consideri persone di «cultura» ma di «affari», come per altro il suo ex marito, hanno comunque scucito generosamente varie migliaia di euro al momento opportuno.

Quanto a Dario, è come al solito combattuto tra due atteggiamenti, quello paternalistico, consistente nel dare a Tommaso qualche buon consiglio di economia domestica e quello invidioso, orientato a individuare le pecche maggiori del nuovo acquisto immobiliare. Alla fine, armato di un metro a nastro, si è messo a prendere misure nel seminterrato, continuando a domandare al fratello: «Ma qui cosa ci vuoi fare? La tavernetta?» Di fronte alla risposte evasive di Tommaso, comincia a illustrargli la necessità di uno spazio attrezzato per la muscolatura e l'allenamento fisico.

«È venuto il momento Tom. Sara, per favore, diglielo anche tu. Ha già la panza, dopo i cinquanta non avrà scampo se non corre ai ripari adesso. C'è almeno uno sport che tu faccia, a parte ciabattare per i musei?»

Tommaso a quel punto s'inviperisce: «Guarda che, da quando son qui, mi son messo a correre. Almeno una volta alla settimana».

«Ma io parlo di tonicità. A guardarti, non è che sembri tanto in forma. Devi farti un po' di muscoli. Lo spazio ce l'hai. La panca con il bilanciere te la regalo io, e viene direttamente dalla palestra di un cliente, un modello professionale. I pesi te li puoi comprare tu, è una spesa abbordabile. O ti ci metti adesso, o dopo è troppo tardi».

Dario, all'alba degli anni Novanta, aveva capito una cosa cruciale, che era sfuggita anche ai più fieri avversari dell'edonismo entrante e dello spettacolo diffuso. La trasformazione operata dalla TV di Berlusconi non annunciava semplicemente l'epoca della spensieratezza più caciarona e volgare, la superiorità dell'intrattenimento sull'impegno, la stagione dell'apparenza e della sfilata ininterrotta dei corpi procaci e voluttuosi. Questa sterzata, che il grande timoniere di Arcore sembrava aver impresso con mano ferma all'orientamento di una buona parte della società italiana, ormai satura sia di contestazione sociale sia di riflusso, celebrava non solamente il cazzeggio euforico e irresponsabile, ma anche un'improvvisa pioggia di doveri, che riguardavano innanzitutto forme e modi del corpo. Le ricadute di ciò si erano viste inizialmente sulle donne, costrette sempre più giovani a lavorare sulla loro apparenza. Cominciavano infatti a diffondersi, dopo i centri di abbronzatura, anche quelli di bellezza. Presto, però, si disse Dario, anche gli uomini sarebbero stati messi al passo, partendo dagli adolescenti e risalendo fino ai cinquantenni che, se non avevano fatto gran soldi e carriere importanti, dovevano difendersi nell'arena della rivalità sessuale con mezzi più accessibili. Negli anni della festa ininterrotta, la gente sarebbe stata sempre più preoccupata del proprio corpo, e si sarebbe educata a modificarlo, a tallonarlo nelle sue evoluzioni, a tenerlo sotto controllo, dal punto di vista igienico e soprattutto estetico. Berlusconi per primo aveva mostrato la via, sottoponendosi, come certi artisti dell'arte performativa, a interventi e mutazioni somatiche senza sosta, a cominciare dai periodici trapianti di capelli. Il corpo era una materia su cui investire, su cui *tutti* potevano investire. Non era più una faccenda riservata alle sole donne. Dario, addentrandosi nella sua carriera di grossista di attrezzature, aveva visto giusto. Anche se qualche centro sportivo chiudeva, altri sempre ne aprivano, e la domanda di vogatori, panche, pectoral machine, cyclette, manubri e bilancieri, quella, non calava mai.

A parte le solite schermaglie tra primogenito e cadetto, la conversazione è comunque rimasta affabile. Un argomento ha davvero imperversato durante la cena: il cambiamento di scuola di Camilla. Le nonne hanno fatto a gara per sottoporre Tommaso e Sara a dettagliati questionari su pericoli e danni dello sradicamento infantile, della discontinuità pedagogica, dell'isolamento affettivo, delle scuole della turpe periferia, sovraffollate e sature di poveri figli di immigrati che non spiccicano una parola d'italiano e tirano la didattica verso il basso. Lara, poi, non ha resistito, da vera umanista e baluardo degli antichi valori, a elencare i pericoli di Facebook e di Internet, dal momento che il bullismo oggi passa per forza di lì, e anche il pedofilo, che avanza mascherato, quindi Tommaso e Sara non facciano gli struzzi, che la realtà tremenda bisogna saperla guardare in faccia e correre subito ai ripari. A suggellare la serata, quando ormai sono al giro di grappa, ci pensa comunque Sara, che evoca con benigna ironia la nottata dei reduci, con tanto di proiezione nel seminterrato. È un classico racconto sulle *stravaganze* di Tommaso e sul Circo Barnum dei suoi amici e colleghi. I genitori di Sara ne sono ghiotti, sebbene l'attrazione per il lato esotico del genero si accompagni ancora con un fondo di spavento. Quanto a Lara, gongola appena è possibile ricordare che suo figlio è dopotutto *un intellettuale*. Dario, invece, è l'unico che ascolta con fare annoiato, gettando di tanto in tanto occhiate al soffitto, come se gli propinassero da anni uno stesso aneddoto, che ha ormai imparato a memoria. A un tratto, però, Sara muta di registro, e comincia ad accanirsi seriamente su Dado, un «vecchio amico di Tommaso» che, pur essendo sposato con figli, si presenta ormai a cene e incontri mondani sempre con qualche nuova conquista di svariati anni più giovane. E nessuno ha mai nulla da ridire.

«Vero Tom?! Per voi è una cosa normale, magari addirittura divertente! Vi date di gomito tra vecchi amici! Io pensavo che col tempo si sarebbe calmato, e invece peggiora. La sera del loro raduno, ovviamente, è comparso qui con una giovane collega. E ti guarda con l'aria più innocente del mondo».

«Va be' Sara, ma noi che ne sappiamo?»

«Ecco, bravo! Che vi dicevo? Tipica omertà maschile. Tom lo vede anche un cieco che quella è una sua amante o è destinata a diventarlo. Quando fai il finto tonto così non ti sopporto».

Il finto tonto in questione guarda nel vuoto. Ha ancora scolpito in mente il piede di Dorina, i suoi seni che tiravano la stoffa dell'abito scollato, i cavi ascellari, la dentatura regolare e affilata, la lunga treccia con cui lui si sarebbe volentieri strangolato, crollandole in grembo. È vero, Dado non merita indulgenza e complicità. Che diritto ha di toccare il culo di Dorina? Di sciogliere la treccia, guardandole la schiena nuda? Per quale cosmica ragione tocca proprio a lui e non a Tom di scoparsela? Dado, inoltre, lo fa ormai per burocratica pulsione. Fra sei mesi, di Dorina, non gli fregherà più niente. Mentre Tommaso, lui, ha sentito qualcosa di diverso. Un richiamo potente, sacrificale! Ancora non se ne capacita. Non lo capisce fino in fondo. Ma sembrava davvero pronto a mandare tutto in malora, solo per introdurre il suo cazzo trasognato nel sesso di Dorina, la trentenne.

## 32.

## *Una banale lezione di crudeltà*

Vi era stato un episodio, poi, che l'aveva crudamente scossa. All'inizio, era riuscita a neutralizzarlo, a metterlo in sordina, come un effetto collaterale del suo stile di vita balordo o – come diceva sua madre con voce sconsolata – «votato agli eccessi». L'aveva considerato un incidente brutto, anzi odioso, ma legato a circostanze eccezionali che non si sarebbero ripetute. Ma non era così: l'evento si era introdotto in profondità come una lama affilata e, anche se adesso il ferro era fuoriuscito, il taglio continuava a bruciare per tutta la sua estensione. A procurare dolore, non era neppure il rifiuto della ferita di cicatrizzarsi, ma l'originaria vulnerabilità della carne, la facilità con la quale si era lasciata bucare a fondo. La sua baldanza erotica aveva trovato d'un tratto, grazie a una premurosa lezione maschile, il muro contro cui schiantarsi.

Era l'inizio di primavera, e a Milano cominciava a fare bel tempo, anche se l'aria rimaneva fredda soprattutto la sera. Nina aveva bevuto con Renato Zuccaro e altra gente, dopo essere stata all'inaugurazione di una mostra bidone in via Farini. Lei veniva da una giornata di litigate telefoniche: si era scazzata con la segreteria amministrativa dell'Accademia, con Dolomite, che era ancora passivamente ostile nei confronti della sua scelta di studi, con il proprietario del bar Bacco, dove lavorava due sere alla settimana, perché costui le aveva cambiato l'orario così, a tradimento, senza neppure interpellarla. Inoltre, era giunta alla seconda settimana di guerra con Claudia, la coinquilina di via Padova, con la quale divideva un bilocale con cucina e terrazzino. Claudia era una studentessa in architettura fricchettona, pontificante sui giardini spontanei della metropoli, sulla convivialità e gli effetti decondizionanti dell'erba (da fumare), sulla lentezza dei ritmi di vita. Sembrava che l'intesa abitativa tra le due non potesse che consolidarsi, al di là delle circostanze fortuite che le avevano riunite, ma dietro la figlia dei fiori di fine secolo covava una pestifera bacchettona che non tollerava la disinvoltura con la quale Nina portava sempre nuovi tizi in casa. Claudia di uomini ne aveva *uno* e non era una *consumatrice di rapporti*, anche perché con il suo tipo parlavano allo sfinimento, analizzando dalla zolletta di zucchero di canna alla quantità di ferraglia ruotante intorno al pianeta e, avendo quelle lunghe discussioni da portare a termine anche di notte, il tempo della becera fornicazione era alquanto ridotto. La guerra, ovviamente, Claudia non poteva scatenarla sul terreno dei liberi costumi sessuali, avendo lei un'indole profondamente democratica, quindi si concentrò in modo maniacale sulla manutenzione domestica, accusando Nina di svogliatezza, disordine patologico, luridume.

Facendosi fuori una bottiglia di merlot, Renato e Nina avevano sparlato di tutti gli artisti viventi sulla terra, quelli di successo ovviamente, ma anche degli sfigati del sottobosco milanese, ugualmente intollerabili. Poi entrambi si erano diretti al Leoncavallo per un concerto di rap metal. La capacità di sopportazione di Renato nei confronti del rap metal si mostrò limitatissima e quindi, dopo essersi rifugiato in cortile a scolarsi un paio di birre, se ne sparì senza riuscire a salutare Nina. Quest'ultima, invece, si era agitata abbondantemente sotto il palco, in modo tale da favorire l'espulsione di tutti i demoni della giornata. In realtà, non ne aveva avuto abbastanza né della calca di punkettoni, né delle urla rabbiose del cantante, che sembrava di colpo incazzarsi a morte con il mondo per un'umiliazione subita in un lontano passato. Si era sì incamminata verso il magnifico intorpidimento della sbronza perfetta, ma le mancavano ancora un certo numero di bicchieri e di canne per raggiungerlo. A concerto finito, percepiva ancora come un vuoto sgradevole che andava foderato in qualche modo.

Nel cortile del Leoncavallo continuò a bere e a intessere conversazioni sempre più strampalate con gli altri bevitori. Si trovò circondata da un gruppetto scombinato di tipi. Il primo che le aveva rivolto la parola lo conosceva di vista, avendolo già incrociato in piazze di fumo e durante qualche concerto. Era uno sballato, ma dall'aria «pulita», impermeabile beige, maglioncino di cotone rosso e Hogan ai piedi. I tre che lo accompagnavano sembravano c'entrare poco con lui, ma nessuno in realtà si abbinava a nessun altro. C'era un tipo magro e dal collo lungo, capelli aguzzi, felpa e pantaloni a strisce della tuta, che parlava in modo frenetico, intercalando risatine a ogni frase. Suo destinatario privilegiato, un occhialuto con barbetta rada e maglione troppo largo, che era il classico ragioniere dello sballo, sempre in movimento per sovraintendere alla circolazione efficiente di sigarette, cartine, filtri e fumo. Ma quello che aveva attirato l'attenzione di Nina era alto più o meno come lei, gambe muscolose nei jeans attillati, un giubbotto scuro con la lampo, i cappelli neri appena crespi e lunghe ciglia che gli infondevano un aspetto dolce e sognante. Era anche il più silenzioso, e mentre annuiva in continuazione, quasi a scandire il ritmo delle battute degli altri, gettava sguardi apparentemente distratti a Nina. Si accordarono tutti e cinque per passare alla vodka, e Giuseppe, il tipo in impermeabile, pagò un paio di giri, scatenando una gara in generosità alcolica. Nina, in quanto donna, poteva astenersi dal pagare, ed era stata proclamata ospite d'onore del gruppo di amici.

Quando Nina decise di tornarsene a casa, il Leoncavallo era già quasi deserto ed era troppo tardi per la metro. A piedi ci avrebbe messo tre quarti d'ora, ma quella sera era sbronza marcia, e non le andava d'intraprendere una lunga e titubante camminata per la città. Giuseppe e gli altri proposero di accompagnarla con l'auto. Non era un problema per loro, anzi ne avrebbero approfittato per fumarsi tutti assieme un'ultima canna. Nina era felice, si sarebbe trovata senza grande sforzo sotto casa, a portata di letto. Le nottate finivano spesso così: con l'obiettivo del letto da raggiungere nel modo meno laborioso possibile. Fino alle due o tre del mattino, Nina sembrava indaffarata a ovattare per strati alcolici successivi la coscienza, e guadagnava una progressiva contentezza in questo itinerario verso lo stato di sommo attutimento, senonché, una volta che lo aveva raggiunto, nasceva il problema spinoso di trovare nel modo più rapido e incruento possibile la via verso il letto di casa, o verso un altro altrettanto accogliente.

In auto, finì seduta sul sedile di dietro tra il ragazzo dalle ciglia lunghe e la portiera. Era una situazione fortunata. Non doveva camminare da sola per strada, concentrandosi sugli attraversamenti, le direzioni da prendere, i possibili ostacoli. Le bastava abbandonarsi sul sedile. Aveva accanto un corpo di cui assaporava la pressione e il calore, ne respirava l'odore. Non aveva nemmeno bisogno di impegnarsi in simpatiche conversazioni, ora che le voci degli altri, di colpo eccitate, esplodevano nell'abitacolo. Aveva ormai gli occhi semichiusi; non era importante vederlo in faccia.

Si era ritrovata per terra, sull'erba di un parchetto vicino al cimitero di Greco, le calze strappate, i capelli sciolti che le ricadevano sugli occhi. I figli di puttana l'avevano sloggiata dalla macchina. Si erano ampiamente serviti tutti, tranne forse il tipo alla guida, il ragioniere del fumo. L'avevano scopata, e come gesto di gratitudine l'avevano lasciata sul bordo della strada in mezzo al nulla. Orrende teste di cazzo. Nina non riusciva a crederci. Si sentiva sfatta e dolorante, come se un trattore le fosse passato sopra. La cosa era cominciata bene, questo ancora lo ricordava. Ma non c'era una sequenza, un filo degli avvenimenti, una vera e propria storia. Si baciavano con il tipo dalle ciglia lunghe, che di colpo era diventato intraprendente e le aveva messo le mani dappertutto. Così d'altra parte voleva Nina, ma non era facile stare dietro a quello che accadeva. Era come se lei si perdesse in automatismi, incapace di essere presente a sé stessa. Cercava di assaporarlo quel contatto, ma lo sentiva in modo intermittente, confuso, mentre altre cose intorno si erano messe in moto secondo traiettorie incontrollate. Nina voleva fare l'amore con il tipo, ma non capiva come, erano troppo infoiati entrambi, e non c'erano né tempo né spazio. Erano chiusi in un abitacolo con altre tre persone. Poi ci fu un attimo di calma. Lei poteva stendere le gambe, e sdraiarsi sul sedile senza urtare degli ostacoli. Non sapeva dove fossero finiti gli altri. Lui le era venuto sopra, ma era inutile ormai. Non sentiva quasi nulla. Lo accoglieva, perché era inevitabile, perché da solo lui non ci riusciva e la guardava incredulo. L'automobile era ferma, questo era certo. Qualcuno schiamazzava. Venne poi il tipo magro, come se le dovesse confidare un segreto. Mormorava delle preghiere, faceva una voce mielosa, ma la tirava con scatti violenti verso di sé. Nina non voleva quello, non capiva neppure perché stesse succedendo. Invece stava succedendo di tutto. Si era trasformata in una specie di pacco, che dei tipi si erano messi a manipolare convulsamente: tiravano, spostavano, infierivano. Sentiva le loro voci a tratti squillanti, ma erano soprattutto sibili e versi, non c'erano parole. Anche lei ci aveva provato, a dire qualcosa, ma che uscisse o meno la sua voce, che fosse abbastanza forte oppure soffocata dalla sbronza, aveva la netta sensazione che nessuno era in grado di ascoltarla. Non parlavano più la stessa lingua: quelli si erano proclamati gli addetti al pacco, e tra loro, seppure furiosamente, comunicavano, ma lei che era il pacco non poteva che emettere rumori, ossia suoni aleatori, inintelligibili, anche perché nessuno aveva intenzione di prestarvi orecchio.

Lì sull'erba, il culo umido, fissando gli strappi sulle calze, aveva inizialmente pensato a uno scherzo bastardo. Cercava l'automobile con gli occhi. Li immaginava lì accanto, ormai occupati a fare altro, a rollarsi una canna. Ma non c'era più nessuno. Se n'erano andati via per davvero, lasciandola sfatta in mezzo a un giardinetto. Non era uno scherzo e non era ancora finito. Il ritorno a casa diventò un incubo. Non conosceva il quartiere, infilava strade sbagliate, si fermava. Si buttava su una panchina, rimanendo assorta in uno stato imprecisato tra la veglia e il sonno. A un certo punto ebbe molta paura. Ebbe paura che tutto potesse ricominciare: i tipi sarebbero tornati e non più soli stavolta, ma assieme a dei loro amici, con due o più macchine, magari già la stavano cercando, e sarebbero stati definitivamente ostili, sfrenati, disposti a farla a pezzi. Oppure ci avrebbero pensato altri, dei completi sconosciuti. Una delle auto, che vedeva ancora sfrecciare per i viali deserti, si sarebbe fermata di colpo, avrebbe fatto inversione, e l'avrebbe accostata. Tutti i maschi circolanti in città quella notte erano in grado di capire *quello che le era successo*, come se ce l'avesse stampato addosso, e si sarebbero fatti avanti per riscuotere la loro parte. Si era lasciata prendere, tre o quattro su di lei, quindi era normale, la porta era spalancata per tutti, ormai non avrebbe più potuto tirarsi indietro, dire di no.

Cercando di aggrapparsi all'ultimo barlume di sobrietà, si ripeteva: «Cosa me frega, io sono selvaggia». Per Nina *selvaggia* era sinonimo di artista, e artista era sinonimo di inoffuscabile splendore individuale, forza non addomesticabile, capacità di ingurgitare dolore, e di volgerlo in furia vitale. Potevano certo tentare di demolirla. Dolomite ci aveva tentato. Questi stronzi ci avevano tentato. Ma lei era una selvaggia, ed era ben più selvaggia di loro. L'avevano mollata in mezzo ai giardinetti come una tossica che ha concluso un pompino a pagamento. Si credevano dei duri. Avevano voluto fare il branco. Oppure si erano concessi una bella esperienza omoerotica di gruppo, grazie al pretesto di fare un'ammucchiata improvvisa con lei.

Solo dopo un certo tempo, e attraverso un penoso rimuginamento, Nina riuscì a definire quell'evento come uno «stupro». Ma la violenza di cui era stata vittima, seppure in uno stato di coscienza annebbiato, le era più tollerabile, nel ricordo, che la consapevolezza di aver subito passivamente, irrimediabilmente, un'offesa da coglioni qualsiasi, che da soli – ne era sicura – non avrebbero mai avuto il fegato di agire.

«Il maschio è inadatto persino a fare lo stallone. Anche ammesso che abbia raggiunto l'efficienza tecnica, il che accade di rado, è, in primo luogo, del tutto incapace di godersi una bella scopata sensuale; è roso dai sensi di colpa, da insicurezza, da vergogna e paura, sentimenti radicati nella natura maschile». Non era lei a teorizzarlo, ma Valerie Solanas, scrittrice e femminista «impresentabile», che a ventotto anni, ai primi di giugno del 1968, aveva preso a pistolettate Andy Warhol e altre due persone nei locali della Factory a New York. Nina aveva appeso in camera questo passo dello *SCUM Manifesto*, scritto e inizialmente pubblicato a proprie spese dalla Solanas nel 1967. Non c'era altro da dire: osservazione scientifica, non satira ed esagerazione. Nina si era alla fine stancata di fare la selvaggia in mezzo ai vigliacchi.

# 33.

## *Almeno su Facebook bisogna essere felici*

«Adesso te le faccio vedere. Non ti dico niente, ma guardati le foto che ha postato Marta. Poi sentiamo che ne pensi, magari è una fissa mia. Ma per me qualcosa non va». Sara solletica metodicamente il suo smartphone con il dito indice, in un modo così tipico, così compiaciuto, che secondo Tommaso dovrebbe appartenere solo a gesti atavici, selezionati nel bagaglio antropologico da secoli di interazioni uomo-strumento e strumento-mondo; invece oggi, nell'arco di pochi anni, vedi installarsi di punto in bianco gestualità nuove e già da subito ben tornite in milioni, probabilmente miliardi di persone, come se un demiurgo cosmico avesse agito sulla popolazione mondiale attraverso una sola ed efficacissima sessione di riprogrammazione corporea. Tommaso ha ribattezzato quel gesto «sditalinare» e spesso, quando vede Sara assorta davanti al piatto appena servito che meccanicamente fa scorrere le immagini del piccolo schermo con il colpetto dell'indice, le dice: «Stai ancora sditalinando?», e questo basta per irritarla e farle deporre in luogo lontano il suo principale strumento di lavoro. Ma ora non si tratta di quello, e poi Sara ha regole ferree, che invece Tommaso non rispetta. Salvo nelle settimane degli allestimenti, lei non legge mail né risponde a messaggi lavorativi dopo le 19; i suoi colleghi e capi lo sanno, è un accordo esplicito, e generalmente rispettato. Durante gli allestimenti, ogni regola di sensata e umana condotta è invece sospesa. Tommaso sa che, in bocca a Sara, la parola *allestimento* è un eufemismo, un termine di copertura, dietro cui si cela il suo pignolo, vigoroso, emergenziale lavoro per portare a termine l'organizzazione di un evento promozionale, commissionatole dall'agenzia di pubblicità *People in Brand* per cui lavora ormai da un decennio. Eppure, anche nelle fasi di vita normale, dove ad esempio non si debbono impiantare al Museo della Permanente le *Boules Hermès*, ossia un percorso espositivo delle note borsette all'interno di sfere luminescenti e sonore, lo smartphone, nelle ore serali, tende a rimanere centrale, ben presente in mano a Sara per motivi di svago, di cazzeggio telematico, di piacere del pettegolezzo. Infatti Sara non legge mai, a differenza di Tommaso, un giornale di carta. Spilucca senza sosta informazioni qua e là dai quotidiani in rete, dalle notizie circolanti sui social, e dai talk show televisivi che si sorbisce con pazienza incomprensibile. Mentre Tommaso divide in modo quasi rigoroso il suo utilizzo dei media in due tronconi – agitazione autopromozionale, soprattutto in rete e sui social, da un lato, e virtuosa e disinteressata raccolta d'informazioni, al fine di rafforzare la consapevolezza del cittadino progressista, dall'altro –, Sara mescola vergognosamente ogni sorta di curiosità, saltando di continuo tra privato e pubblico, tra planetario e di quartiere, tra beghe di famiglia e negoziati mondiali sulle tariffe del petrolio, perdendosi a volte nella lettura dei più retrivi commenti di qualche articolo apparso sul «Corriere della Sera» o sulla pagina Facebook di Forza Italia. Perché abbia bisogno di guastarsi l'umore in quel modo, non è chiaro a nessuno, anche se lei risponde: «Non voglio rimanere nella mia zona di conforto. È importante sapere cosa pensano questi». Tommaso è un deduttivo, ha bisogno di un diagramma ideologico che gli permetta di leggere in quel groviglio insensato e crudele che viene denominato realtà almeno un'ombra di ossatura, di sistema calcificato e rigido, tale da non suggerire la spaventosa idea di un ininterrotto sfaldamento. Sara, invece, è un'induttiva. Naviga a vista in quel mare indistinto che riunisce nello stesso segmento visivo, sullo schermo del suo smartphone, la cittadina sepolta dal fango nel Bangladesh, il primo robot in grado di fare il solletico, il gol effettuato da un cinghiale sbucato in un campo da calcio in Corsica.

In ogni caso, questa volta non si tratta di velenose polemiche tra influencer su Instagram, in lotta a colpi di atti comunicativi degni di un neandertaliano per l'ampliamento delle *community*. Sono faccende, quelle, che Sara per altro conosce, e guarda con assoluto distacco e ironia, anche perché con gli influencer lei ci lavora; sono un ingrediente quasi fisso degli eventi pubblicitari, assieme alle *celebrities*, ovvero a gente che ha compiuto qualche glorioso passaggio televisivo in trasmissioni come *Uomini e donne* o nei *reality show*. Tommaso, da tutto quel mondo, è semplicemente terrorizzato. Né Debord né Jeff Koons sembrano venirgli in aiuto. Lo osserva con la serietà e l'apprensione che proverebbe un prete lefebvriano o un evangelista del settimo giorno di fronte a uno spettacolo di lap-dance.

Ma Sara parla di tutt'altro ora, della sua amica Marta, non di un tronista che ha fatto *coming out* e si dibatte pubblicamente sotto una valanga d'insulti e minacce. Alla fine Tommaso guarda le foto postate su Facebook, tipiche foto di vacanza-al-mare-in-luogo-unico, che ogni turista estivo deve far circolare per convincere la cerchia di amici che non ha passato i pomeriggi di agosto incagliato a Milano, tra le compere al

Virgin Megastore e le gioie dell'Acquaworld di Concorezzo. Marta mostra spiagge di isole sarde, con acque turchine, ombrelloni eleganti, piscine d'acqua salata a pochi metri dalla riva, e tavole imbandite di ristoranti all'aperto, con le due figlie e il marito affondati dentro divani da giardino mentre impugnano bicchieroni intasati di foglie, cucchiaini da cocktail, cubetti di ghiaccio, cannucce, scorze di frutta trafitte da stuzzicadenti a ombrellino. Tutto normale, dice Tommaso a Sara. Un'esibizione in piena regola, per comunicare al mondo che si stanno divertendo per davvero e la vacanza al mare è stata diligentemente espletata.

«Sì, ma non vedi le pose che hanno preso? Non vedi che facce tirate, soprattutto lei e lui? Sembra un servizio pubblicitario sulla sua famiglia. Lo sai che lui ha avuto per sei mesi un'amante, e che si sono presi a botte di fronte alle ragazze?! Lei sta ancora male. Lui la tratta come una stronza, perché da un bel po' di tempo non si fa più toccare. Proprio non ci riesce, anche se continua ad amarlo. E ora si fa le foto pubblicitarie per rassicurare gli amici, e soprattutto sé stessa, che tutto va bene? Che sono assieme, belli e felici, in Sardegna?»

Quel che Tommaso ha notato è il tipico fenomeno delle figlie degli amici. Te le sei tenute ancora poco fa sulle gambe, e le ritrovi due anni dopo in fase bomba erotica, con i vestiti lunghi e scollati, seni e culo abbaglianti, e non puoi fare nulla quando ti vengono a sbaciucchiare come un nonno in punto di morte, senza alcun timore di piantarti le tette contro il costato. E tu, che non sei il nonno in punto di morte, devi fare buon viso a cattivo gioco, prolungare una familiarità che è ormai solo rituale, ma che, a tratti, per una sorta di momentaneo smollarsi della corazza inibitoria, può diventare straziante, quando l'occhio finisce sul capezzolo che affiora dal cotone o all'interno della bocca, dove guizza una lingua tumida tra denti perfetti. La più grande delle ragazze, in particolar modo, ormai diciannovenne, è stata immortalata un paio di volte in bikini sul materassino gonfiabile, tutta imperlata di acqua marina, la schiena rivolta all'obiettivo, con le gambe leggermente divaricate, e le mezzelune dei glutei che sgusciano dal costume. Non sono riflessioni, queste, che Tommaso vuole a tutti i costi condividere con Sara, quindi la segue piuttosto sul terreno dell'analisi psicologica di Marta.

«Ma perché ti preoccupi tutt'a un tratto del sorriso forzato di Marta? Sai bene che, in questi casi, non puoi fare nulla. E poi nemmeno ti ascolta». Sara ha ragione su Marta, ed è triste vedere quelle foto, sapendo quel che ci sta dietro e da anni ormai: incomprensioni, colpi bassi, litigi violenti. Eppure Tommaso sente che la preoccupazione di Sara per l'amica è anche sintomo di una fase, per lei stessa, particolarmente difficile. Così accade quando Sara è angosciata, in genere per questioni di lavoro. Non riesce a esprimerlo direttamente, e diventa assillante sulle vite degli altri, delle amiche e dei genitori in particolare. E ne continua a parlare, della relazione tra Federica e la madre pazza, o tra Chiara e il nuovo fidanzato, anch'egli pericolosamente poco empatico come i precedenti, o tra Margherita e il figlio sedicenne, che non la smette più di combinare casini a scuola. Dove c'è una relazione malandata nei paraggi, Sara si butta a pesce e la prende impetuosamente in carico, sia rimuginandoci da sola, sia discutendone con Tommaso, sia tentando interventi sul campo, attraverso consigli mirati durante cene terapeutiche. Dopo un certo tempo, però, ne esce esasperata. Nulla si è aggiustato nelle vite altrui, e in compenso la dose di angoscia personale è lievitata.

# 34.

## *Tanto per cominciare, mai mescolare amore e lavoro*

I quattro anni a New York avevano assunto per Nina la plasticità e la vaghezza dei sogni, e soprattutto costituivano una fetta di vita che era rimasta incontaminata da tutte le altre vicende: c'era stata una Nina a New York, e questa era in fondo soltanto una parente della Nina che prima aveva vissuto a Milano e dopo a Berlino. Il ricordo aveva tolto spessore sia agli scorci esotici dei grattacieli art déco di Manhattan sia alle anguste lavanderie coreane di Brooklyn. I luoghi fisici avevano perso spigolosità e asprezze eventuali, e tutto acquistava il fascino delle cose e delle situazioni senza contorno. Gli interni dei locali più diversi, caffè o ristoranti, finivano per amalgamarsi, creando un arredo unico e fluido, una medesima atmosfera. Persino le gallerie finivano per assomigliarsi tutte, così come le opere che vi erano esposte, le conversazioni che animavano le inaugurazioni, gli appartamenti dove erano organizzate cene o aperitivi mondani, anche perché più quegli incontri volevano essere «informali», più la gente ripeteva le stesse frasi nella stessa successione, come ricalcando un rituale rigidissimo, ma sempre con quell'aria interessata e allo stesso tempo disinvolta che ogni newyorkese novello o di lungo corso aveva finito per assumere in permanenza.

In realtà Nina li aveva amati. I newyorkesi erano come dei milanesi *riusciti*. Avevano le stesse pretese dei milanesi, ma in più erano davvero efficaci, ci credevano fino in fondo e, probabilmente, il segreto della loro efficacia era proprio la fede implacabile che essi mettevano in ogni fase della vita, anche se poi, e questo era un grande merito, il loro dogmatismo stagno, inattaccabile, si riconfigurava completamente ogni due o tre anni. Un europeo deve terminare un intero ciclo di studi universitari, conoscere le prime morti accidentali di amici o parenti stretti, trasferirsi in un altro paese, essere costretto a una laboriosa e crudele svolta professionale, diventare genitore, ammalarsi gravemente, essere tradito dal coniuge in maniera pubblica e irrimediabile, per procedere a queste riconfigurazioni radicali delle credenze e delle abitudini. Gli italiani, poi, tanto più sono agnostici, pragmatici con sospetto, realisti con scetticismo, e portati alla perpetua diffidenza ideologica, quanto più sprofondano in stili di vita rinunciatari, prudenti, evasivi, giungendo a forme di inerzia spaventosa. Ogni tre anni, i newyorkesi rinnovano il parco amicizie, decretano infrequentabili i locali dove si sono sbronzati con più fedeltà, e considerano come una vergognosa forma di sentimentalismo qualsiasi propensione a cenare con un ex fidanzato. Questo era l'aspetto che Nina aveva amato subito: in ognuno di loro si annidava un apostata. Proprio mentre sciorinavano il loro credo del giorno con la più soave delle espressioni facciali e verbali, stavano già scavando, inconsapevoli, la fossa al loro stile di vita e alle verità radiose che lo puntellavano. Nina, l'eretica permanente, tra gli apostati sarebbe stata bene.

Quello che Nina non aveva previsto, e neppure Danova aveva probabilmente previsto, era la loro *storia*, dapprima di amanti quasi casuali, finiti a letto per sbaglio, e poi di coppia alla fine ufficiale. A Milano non era mai successo nulla tra loro. Danova era fuori dallo spettro degli incontri e dei partner possibili, anche se qualcosa di lui le piaceva e l'aveva persino eccitata. Danova rappresentava il lavoro, il garante della carriera, ossia della possibilità di espandere le proprie esperienze artistiche, e governava quindi, in pieno territorio nemico, la mediazione tra la sua arte e il denaro dei collezionisti, delle fondazioni private, dei musei. Dopo l'arrivo a New York, qualcosa ruppe quel patto di neutralità erotica e sentimentale, che era valso fino ad allora anche per lo stesso Danova.

La situazione precipitò in seguito a una sbronza comune al Galapagos Art Space di Williamsburg. Era il locale preferito di Nina, catalizzatore di tutte le produzioni artistiche e musicali più eclettiche, improbabili e disturbate che circolassero ancora a New York, nell'epoca giudiziosa e morigerata del dopo 11 settembre. Avevano assistito a un sorta di cabaret-dadaista, capeggiato da un paio di pestifere *haitian-americans* quasi completamente nude, che mescolavano lo spirito del voodoo a quello del rock psichedelico. Ne erano usciti con i freni inibitori annientati e in una condizione alcolica estrema. Danova era rimasto a dormire da Nina, e la chimica sessuale aveva funzionato a dovere. A lei piaceva enormemente il corpo di lui, con i muscoli ben scolpiti come quelli dei giovani neri, la pelle ambrata da un'abbronzatura lieve e naturale, il volto inespressivo che nascondeva una centralina sofisticata e potente di elaborazione dati, perché Nina gli riconosceva questa straordinaria qualità: discernere gli esseri umani, cosa che a lei riusciva con una certa fatica. A Danova bastava osservare un'andatura, una manciata di gesti, il modo di far evolvere una conversazione seppure stereotipata, per capire molto di una persona, vedendone in trasparenza subito tare e punti di forza. Era successo anche con la moglie americana da cui stava divorziando. Aveva fin da subito compreso quello che gli piaceva e quello che non tollerava in lei, ma poi lo aveva dimenticato, quasi volontariamente – lo confessò a Nina quella prima notte.

«A un certo punto, hai bisogno di illuderti, ma non è nemmeno questo. Hai semplicemente bisogno di godere di quell'aspetto che ami in una persona, e fai di tutto per tenerlo vivo e sollecitarlo. Ti rendi talmente abile a eludere l'aspetto spiacevole, deleterio del carattere altrui, che finisci per dimenticarlo, per renderlo invisibile. Forse è così per tutti, anche se abbiamo bisogno, a posteriori, di riscrivere la storia, di fare del revisionismo radicale: troviamo all'inizio il partner irresistibile e zeppo di virtù, salvo poi ridurlo a vicenda conclusa a un essere ignobile per metamorfosi magica. Ma l'insensibilità che mia moglie mi rimprovera oggi, è la stessa che aveva già visto, così come io ero consapevole della sua grettezza intellettuale, ma volevo godermi la sua facilità di vivere, la sua allegria mondana, il suo talento nel catalizzare le attenzioni benevole della gente».

«In ogni caso, su questo voi americani siete proprio come nei film – *voi americani* era una formula appositamente provocatoria nei confronti di Danova –, se non avete qualche divorzio alle spalle, la vita non vi sembra degna di essere vissuta. Ma dimmi, allora, signor preveggente... che probabilità abbiamo di tornare alla ferrea regola della neutralità professionale?»

Sul momento non vi fu risposta, ma Nina e Danova cominciarono da quel giorno ad amarsi, e se lo dissero subito, senza reticenza e paure. Nessuno volle elucubrare su quel che stava accadendo, cercare segnali solenni, appesantire il presente con favoleggiamenti sul futuro: volevano stare insieme come una *normale* coppia, e non ne fecero segreto pubblicamente. Per Danova si trattava non solo di sancire l'avvenuta rottura con la moglie, ma una nuova fase, dove si violavano anche certi tabù professionali: la relazione sentimentale con un'artista della propria galleria. Per Nina, era un'esperienza ben più esotica. Per la prima volta, dopo la fase di libertinaggio milanese, accettava convinta l'idea di vivere una relazione stabile ed esclusiva. Non che Danova avesse posto condizioni o lei fatto promesse, ma aveva sentito fin dall'inizio che nel rapporto con lui si giocava la possibilità di sperimentare cosa fosse una vita di coppia non a partire da un valore socialmente imposto, come la fedeltà, ma da un desiderio autonomo e da un limite che lei stessa aveva voglia di porsi. Forse anche *i selvaggi* potevano trovare interesse e magari felicità nella vita di coppia, almeno per un certo periodo di tempo. Paradossalmente, ciò che rassicurava Nina era l'idea che una tale relazione non poteva che essere a termine. Sebbene Danova non fosse un geloso né palese né dissimulato, e soprattutto – cosa rara in un maschio più vecchio di lei – non si comportasse in modo paternalistico nei suoi confronti, tuttavia qualcosa della sua personalità e della sua fisionomia sociale continuava a irritare Nina, e questo rendeva ancora più intensa e sorprendente la loro vita erotica. Tanto si sentiva a suo agio facendo l'amore con lui, tanto le loro discussioni finivano spesso per esasperarla. Naturalmente Danova, lui, non si esasperava mai: poteva, a seconda dei casi, o decidere di tacere o proseguire a oltranza, imperturbabile, a difendere il proprio punto di vista.

## 35.

## *Un'assunzione tormentata*

Sara non ha chiesto niente a nessuno, sono venuti gli altri a cercarla grazie al passaparola professionale. Lei se ne stava tranquilla alla *People in Brand*, quindici dipendenti, una situazione ormai rodata, una posizione su Milano solida, un tipo di lavoro sempre stressante, ma almeno familiare nei suoi contorni più generali. Di punto in bianco era spuntata l'offerta di *Dalos*, un'agenzia veronese di comunicazione, tra le prime in Italia a integrare campagne promozionali sulla stampa e sui media digitali. La *Dalos*, narra la leggenda, era nata a Verona con una decina di dipendenti e, dopo alcuni anni di promettente crescita, aveva subito nel giro di soli diciotto mesi un'esplosione. Gli iniziali dieci erano divenuti più di novanta, senza contare il fiume di collaborazioni occasionali. Il suo presidente e amministratore delegato, Giacomo Modiglia, aveva avuto tempestivamente, ossia prima della crisi economica del 2008, un'idea semplice e profetica. Dopo il Duemila, al sistema delle vecchie agenzie che gestivano l'intero processo pubblicitario era subentrato un frazionamento dei servizi e una competizione tra miriadi di piccole realtà specializzate nel marketing in rete. Modiglia, allora, propose di «unire le forze», smettendo di giocare al ribasso con i prezzi per conquistarsi i clienti e facendo invece fronte comune contro i colossi statunitensi della pubblicità, che nel frattempo si divoravano tutto. Molti non lo capirono, ma altri sì, accettarono la scommessa, e questo contribuì alla crescita impetuosa di *Dalos*, tanto più che Modiglia e il suo direttore creativo selezionarono con cura le squadre con cui associarsi. Nel frattempo da Verona erano marciati su Milano, aprendo una seconda sede in via Moscova, e poi sul mondo, installandosi in un loft di 200 $m^2$ a Parigi. Attualmente la *Dalos* è persino corteggiata da *Publicis*, il gigante europeo della pubblicità, a cui ha per altro scippato alcuni clienti importanti. E dalla sede milanese della *Dalos* è giunta una proposta di lavoro per Sara.

Tecnicamente, si tratta di una promozione, con tanto di notevole aumento salariale, almeno nel migliore dei mondi possibili. In realtà, è un salto nel buio, ma Sara non è una pusillanime. Come organizzatrice di eventi, nella *People in Brand*, non ha più nulla da imparare, inoltre non potrebbe «crescere» di più, come si usa dire, in quanto davanti a sé, sopra di sé, c'è una capa, per altro brava, per altro non pensionabile, che lei non potrà mai magicamente spazzar via. La *Dalos* invece è la *Dalos*, un miracolo italiano che funziona ormai a pieno regime. Quindi lei si è presentata, anche se i candidati dovevano essere un centinaio. Un primo e un secondo colloquio, poi un terzo, quindi un quarto e un quinto. Ora Sara non capisce più. Le hanno telefonato, stavolta, per un sesto colloquio.

«Cosa posso inventarmi Tommaso? Cosa posso dirgli di più? Quale nuove *skill* s'immaginano di scoprire? Per di più con la stessa tipa della volta scorsa».

«Vogliono essere sicuri che oltre a gestire un budget da Pentagono, persuadere Brad Pitt a ballare nudo la macarena, sei tu stessa in grado di ingoiare spade su cavalli al galoppo!»

Il sesto doveva essere il colloquio definitivo, ultimissimo e apocalittico. Ma non è andata così. L'hanno poi chiamata per il settimo, ma stavolta a Verona, nella sede centrale di villa Sgargioni, con il viale cadenzato da statue di Atteone sbranato dai cani, di Diana pizzicata dal Satiro, di Ercole alle prese con l'Idra, e con qualche installazione contemporanea dispersa nel giardino di olmi e tassi, tra cui un'opera di Giovanni Anselmo costituita da blocchi di granito sovrapposti. Ad attenderla non ci sono i vari tenenti e luogotenenti in gonnella dell'ufficio personale, ma l'amministratore delegato in carne e ossa, Giacomo Modiglia, «supremo capo megagalattico, gran massone farabutto, croce uncinata al valore, e cavaliere dell'Ordine delle Merdone d'Italia», come lo definisce ogni volta Tommaso, simulando la voce grave di Fantozzi. In realtà, chi doveva decidere dell'assunzione di Sara era semplicemente lui, e doveva farlo nel suo ufficio al piano nobile della villa veronese, ovvero nella sala degli arazzi, sontuosa d'opere rinascimentali e minimalista nell'arredo moderno. Dopo una discussione rilassata, punteggiata di digressioni esistenziali, con lui in attitudine seduttiva, gli occhioni celesti che incutono nondimeno spavento, Sara è stata persino capace di negoziare il proprio salario, con le gambe tremanti, portandolo da duemilacinque a tremila. Tommaso l'ha motivata, spinta, esaltata, ma anche rassicurata e coccolata lungo l'intero calvario dei colloqui, cominciati quasi per scherzo, e diventati, già dopo il quarto, fonte di angosce giornaliere e di elucubrazioni notturne. Lui, in realtà, già al terzo colloquio si sarebbe ritirato in una grotta come un san Gerolamo del Bellini a sgranocchiare locuste avvolto in un lenzuolo. Il lavoro che fa Sara – organizzare eventi promozionali, con gestione dell'intero budget e contrattazione con i fornitori, oltreché supervisione finale della corretta e sfavillante realizzazione del tutto – costituisce per Tommaso una tipica attività superomistica, che lui non potrebbe assumersi, neanche in un'innocua simulazione teatrale. Ma Sara ce l'ha fatta persino con *Dalos*, e lui gioisce per quel successo, gioisce certo per Sara, che sprizza allegria da tutti i pori, nonostante qualche improvviso momento di sgomento, ma gioisce anche per sé, in modo vicario, vigliacco, e i tremila da lei strappati alle grinfie del Gran Mascalzone Decorato sono quelli che lui mai sarebbe stato in grado di strappare neppure a un Nardi di peluche, seppure Nardi li avesse davvero avuti da spendere.

Tommaso probabilmente dovrà occuparsi più di Camilla se Sara comincia a saettare in giro per l'Europa, organizzando eventi *corporate* o fantasmagorie simili, ma i nonni ci sono, e disponibili. Quindi, alla fine, viene confermato persino il suo sogno di una vita meno frenetica, meno vanamente autopromozionale, meno dedita ad attività semigratuite e più rivolta a qualche ricerca solitaria e di vasto respiro. Il progetto sull'iconoclastia novecentesca è già stato avviato, un po' in sordina, un po' a sprazzi, e d'altro canto la guerra delle immagini, scatenatasi a Bisanzio nel settimo secolo, richiede per essere compresa appieno ampie esplorazioni storico-archeologiche, con abbondante letteratura sull'iconografia delle monete di Leonzio, Tiberio III, Filippico. È, per Tommaso, una materia ostica e arida, ma bisogna passarci, per mettere in evidenza il filo conduttore nascosto che lega Mondrian, Yves Klein, Donald Judd, Piero Manzoni, Daniel Buren, e altri ancora, all'orrore per la rappresentazione pittorica. C'è questo scavo da fare, una bella genealogia che dall'Alto Medioevo salga al Millenovecento, anzi no, è forse più corretto parlare di un'archeologia estetica, in senso ben inteso figurato, perché gli studi propriamente archeologici sulle dispute teologali dell'impero bizantino, quelli sono molto empirici e molto scassapalle. Ma non gli corre dietro nessuno stavolta, può *prendersi il suo tempo*. Chiamerà l'agenzia editoriale

Aldo Manuzio, e all'indirizzo della segretaria dalla voce nasale e scocciata dirà che no, che grazie, che adesso basta, né per Giusti né per Loescher, l'epoca degli archivi iconografici è finita, buon lavoro a tutti, e magari pure un po' di buon sesso, che certamente non avrebbe fatto male, in particolare a lei, la tizia al telefono che lo ascoltava sempre con immenso ed esibito fastidio.

Certo, qualcuno comincerà a lavorarlo ai fianchi: «Ah! Quindi il pane lo porta a casa tua moglie?!» Il fratello ovviamente. Ma ci si metterà anche Lara, la madre. E poi tutti quanti, a poco a poco, cena dopo cena, o durante gli aperitivi, o anche incontrati per strada a caso, persino i semplici conoscenti di cui si era scordato nome e cognome. L'orchestrina sociale ci darà dentro, anche se siamo nel secolo Ventuno, anche se le donne, oggi lo sanno anche i muri, sono uguali agli uomini... E allora perché mai venire a insinuare, a sottolineare, a sventolargli sotto il naso che lei tremila al mese e lui milleotto? Cosa comporta questo scarto, in perfetta controtendenza con la società che paga meno le donne spesso e volentieri? Cosa significa? L'unico che non vedrà macchie morali o falle del carattere in tale situazione sarà senza dubbio Dado. Per lui, una donna che porta a casa più soldi dell'uomo è piuttosto un situazione ideale e può persino essere migliorata in certi casi, quando cioè la donna porta a casa *tutti* i soldi necessari, affinché l'uomo non lavori bestialmente e inutilmente, avendo cose più importanti da fare, cose non per forza pagate, come opere d'arte senza mercato, o viaggi d'ispirazione per realizzare le suddette opere.

«Non cantiamo vittoria troppo presto – ripete scaramantica Sara – ricordati che sono nei sei mesi di prova, e tutto può succedere in sei mesi». Camilla stessa è particolarmente esaltata dalla novità. Ben collegata com'è con gli umori dei genitori, le loro scariche di adrenalina, i temi di discussione mattinali davanti a caffè e tartine, vuole di colpo mettere becco dappertutto, li interrompe, elargisce consigli strampalati o di buon senso universale, s'immagina situazioni fiabesche, in cui lei e il padre inseguono, per alberghi e ristoranti sfarzosi, la mamma nelle sue attività di reperimento location.

# 36.

## *I trader non sanno quello che fanno, ma lo fanno bene*

Una domenica pomeriggio, dopo aver fatto l'amore nell'appartamento di Danova nell'Est Village in quella maniera urgente e fuori programma dell'epoca d'oro, Nina lo aveva preso in giro, perché anche nella scelta dei preservativi lui doveva distinguersi: «Se esistessero di seta, compreresti quelli di seta». Della loro relazione milanese, era rimasta la propensione di Nina a provocarlo. Lui le rispose, lisciandosi con la mano il torace: «Lo sai che hai appena scopato con uno degli ultimi borghesi in circolazione? Dei tuoi odiati borghesi, fra poco, sarà vuoto il mondo». La guardava con un'aria seria, prendendo in contropiede le sue punzecchiature. Danova aveva un'idea ben precisa di cosa fosse un borghese, in quanto egli per primo si definiva tale e non mancava di mostrarsene fiero. «Un borghese è uno che si prende la responsabilità di dirigere il mondo, di dare forma al mondo» le aveva detto. «Un borghese è uno che decide anche per gli altri. Sa di poterlo fare, di avere abbastanza vantaggi e privilegi sociali per farlo, ma soprattutto sente che ne ha le capacità e le competenze, dal momento che gli altri farebbero peggio. I piccolo borghesi hanno sempre covato deliri di grandezza, e pur d'imporre le loro idee astratte sono disposti a mettere a ferro e fuoco la società. Quanto alle gente del popolo, è troppo intrisa di risentimento per essere in grado di realizzare i propri interessi. È il borghese che tiene in piedi il mondo così com'è, con le sue storture e le sue bellezze».

«Ti sei solo dimenticato delle donne, dei neri, di tutti quelli che non hanno la faccia e il pisello da borghesi bianchi».

«È questione di tempo, Nina. Ci sono sempre più donne che dirigono e, anche se ti sembra strano, in questo paese c'è una vera borghesia afroamericana. Il punto è un altro. Il borghese sa che bisogna tirare avanti la baracca, ma non la propria, la baracca di tutti. Sa che bisogna fare le leggi, che bisogna governare gli Stati, che bisogna occuparsi del denaro, di farlo circolare e di farlo fruttare. Mentre voi radicali sognate soprattutto di bloccare il mondo, di non farlo funzionare, pensando che questo provochi di per sé chissà quali grossi mutamenti positivi».

Danova, pur esponendo sue autentiche convinzioni, stava calcando la mano, perché di tanto in tanto i ruoli si rovesciavano, e piaceva a lui fare l'avvocato del diavolo e scandalizzare Nina. Lei ora lo guardava incredula. I loro corpi erano ancora parzialmente intricati con le carni sature di dolcezza e quiete, ma le semplici parole di Danova riuscivano a produrre distanze mentali cosmiche. Quel volto familiare sembrava subire una sinistra metamorfosi, come se da zone profonde del carattere affiorasse un'ostilità diffusa, in grado di renderlo estraneo ed enigmatico. «Non è un caso che la cultura borghese sia basata sul senso di colpa: solo chi decide del bene e del male, può essere invischiato nel senso di colpa. I rivoluzionari possono commettere le peggiori atrocità, perché tanto essi non agiscono, ma reagiscono alla turpe società borghese, sono costretti alla violenza dalla violenza del mondo, alla bruttura dalla bruttura del mondo. Gli errori e i rimpianti, non sono affari loro. Ma oggi la vera sciagura non sono né i borghesi in via di estinzione, né i rivoluzionari già estinti; oggi vi è una nuova categoria di persone che stanno soppiantando il vecchio borghese: sono i maestri dell'economia e gli artisti della finanza. Il borghese, in realtà, era molto più prossimo all'anarchico di quanto si pensasse: *ni dieu ni maître*. E in effetti nessuno stava al di sopra di lui, ma questo gli sottraeva anche ogni alibi. Oggi, al di sopra di colui che decide, ci sono la scienza dei numeri e le leggi impersonali del mercato. Hanno creato un magnifico sistema di scaricabarile: azionisti che si mettono nella mani di amministratori delegati, che si mettono nelle mani di trader, che si mettono nelle mani di economisti, che si mettono nelle mani di modelli matematici. E a supervisionare il tutto, gli analisti finanziari che dovrebbero fare le pulci a imprese di cui sono, in altre vesti, clienti o partner economici di prim'ordine. Se qualcosa va storto, chi ha sbagliato di questa pingue e spensierata famiglia?»

«Raffaele, stai parlando di colpo come un altermondialista? Vuoi per caso dirmi che il capitalismo non fa la felicità di tutti?»

«Il capitalismo non fa la felicità di tutti, perché nulla al mondo può fare la felicità di tutti, tranne Gesù Cristo, che non vive più in terra da qualche migliaio di anni».

«Ma allora cosa c'è che non va? La marea di trentenni installati a Wall Street, uno più spietato e adrenalinico dell'altro, non rappresenta oggi per l'America e tutto il mondo una casta di chirurghi che operano ogni giorno sul corpo dell'economia mondiale, e che meritano per questo devozione assoluta? Non sono, quindi, la prova che il capitalismo è in una botte di ferro e, nonostante tutti i malanni, votato ancora a sussulti di vigorosa giovinezza, almeno se vediamo le cose da qui, da Manhattan?»

«In fondo anche tu dai loro credito. Tu pensi che questi sappiano quello che fanno e siano i fidi servitori del grande Capitale, che come un moloch onnipotente persegue i suoi fini secondo piani precisi».

«Io penso che la gente li ammiri solo perché fanno una valanga di soldi, e oggi chi fa una valanga di soldi ha sempre ragione, e chi non c'ha una lira ha sempre torto».

«Be', è proprio così. Il capitalismo non è mai stato solo una questione di rapporti di forza. È una cosa che i marxisti non hanno capito. Non è che i ricchi picchino più duro, è che convincono di più. I ricchi sono più convincenti dei poveri. E questi nuovi personaggi si avvalgono di un doppio credito: quello dei soldi e quello delle formule matematiche. La scienza è dalla loro parte. Vengono presentati come gli eroi del nuovo capitalismo, ma sono dei pazzi pericolosi. Oggi più che mai il sistema è una questione di fede. Tutti ci vogliono credere. Anche il più sfigato risparmiatore di Detroit o la pensionata della Louisiana. Questi fanno quello che vogliono con i soldi degli altri, perché tutti, appunto, *gli danno credito*. Io li ho visti da vicino, Nina, so di cosa parlo».

Era accaduto tre anni prima, nel mese di settembre, e proprio il settembre dell'*undici* settembre, una decina di giorni dopo il crollo delle torri, con il World Trade Center che ancora bruciava, con le squadre che estraevano pezzi di corpi dalle macerie per farli catalogare e identificare. Un trader era comparso a Chelsea per *fare compere*. All'inizio si era appoggiato a una consulente, una ragazza in gamba che aveva lavorato per gallerie importanti, ma poi era entrato in competizione con lei, insoddisfatto delle lungaggini delle trattative, e aveva deciso di fare di testa propria. In altri tempi gli sarebbe bastato realizzare qualche grosso acquisto in maniera anonima da Sotheby's o Christie's, ma con il traffico aereo bloccato per giorni e le perdite della borsa di New York anche le case d'asta erano ferme. Cominciò ad aggirarsi in fregola per le gallerie, con l'intento di gestire direttamente i contatti. Gli indirizzi giusti li aveva e anche qualche nome d'artista su cui puntare. Non era certo il primo che da Wall Street saliva a Chelsea. Venivano gonfi delle loro commissioni e dei loro bonus per diversificare gli investimenti e spalmarsi, nel contempo, una patina di spirito *liberal*. Stavolta, però, era un caso eccezionale. Il tipo era saltato fuori dal nulla, voleva imporsi di persona, scavalcando la sua consulente, e tutto ciò in una città ancora traumatizzata dalla catastrofe. Tutti si spaventarono, pensando a uno sciacallo che puntava sul crollo dei prezzi. Le gallerie più importanti lo misero subito alla porta, passandosi la voce. Gli yuppies di Wall Street erano stati una manna per il mercato dell'arte, contribuendo a far salire i prezzi alla fine degli anni Novanta, ma il loro terreno restavano le case d'asta non i galleristi, che preferivano costruire legami di lunga durata con collezionisti fedeli.

Danova venne poi a sapere che il trader non era mosso da qualche mira speculativa legata al crollo delle Torri Gemelle. Egli era preoccupato da tutt'altro crollo: lavorava come manager di fondi speculativi per la Enron, il colosso multinazionale dell'energia impiantato in Texas. La Enron all'inizio del XXI secolo era la settima società americana per capitalizzazione di Borsa, aveva interessi in una ventina di paesi nel mondo, veniva incoronata dalle agenzie di rating e celebrata sulle pagine di *Fortune*. Meno evidenti erano le nozze tra la Enron e la famiglia Bush, che duravano da un decennio e che contribuirono a lanciare l'improbabile carriera politica di Bush Junior, ritrovatosi presidente nel gennaio del 2001. Ma la favola di Enron, che aveva alleato trionfalmente l'arcaica energia del suolo (il gas) con le nuove tecnologie elettroniche della finanza virtuale, era destinata a trasformarsi in un film d'orrore, proprio mentre a Houston completavano un secondo grattacielo di vetro, molto simile a quello che, poco distante, aveva ospitato la sede dell'azienda durante gli anni Novanta.

Nel mese di agosto di quello stesso 2001, il «Wall Street Journal» aveva sollevato dubbi sulla salute di Enron, denunciando la gestione opaca dei suoi conti. Le torri gemelle della Enron non crollarono materialmente, ma in dicembre la società dichiarò bancarotta, dopo aver bruciato in borsa titoli per miliardi, provocato migliaia di licenziamenti e azzerato i risparmi di decine di migliaia di piccoli azionisti. In tempo utile, il «collezionista improvvisato» era stato probabilmente messo in guardia da qualche pesce grosso della dirigenza. Si mise a vendere in blocco le sue azioni per ritrovarsi a settembre con una liquidità eccessiva, da smaltire in qualche affare lucroso, riservato, e in un settore il più possibile lontano dal mercato azionario. Nonostante il prevedibile ostracismo delle grandi gallerie, con qualche milione di dollari nelle tasche qualcosa doveva essere riuscito a combinare, appena prima che la Enron e la sua chiaroveggente dirigenza entrassero nella bufera delle inchieste parlamentari e dei vani tentativi di salvataggio. Per Danova, un compratore di tal sorta era la personificazione del male. Il male che il nuovo capitalismo stava iniettando nel mondo dell'arte contemporanea.

«Qui in America, Nina, hanno realizzato quello che l'Unione Sovietica non è stata capace di fare: hanno trasformato ogni lavoratore in un consumatore. Prima i lavoratori, soprattutto i più poveri, non avevano che un obiettivo: risparmio e sacrificio per la generazione successiva. L'America ha permesso loro di realizzare il vero sogno materialistico: lavora per consumare, per godere *oggi* del sudore della tua fronte».

«Con quali costi mondiali, però, Raffaele? Quali risorse non americane hanno permesso il grande sogno del consumo?»

«Tu la butti sulla geopolitica. Io ti faccio un discorso su un modello di civiltà, che alla fine è quello che avete cominciato a rimpiangere anche voi in Europa. In ogni caso, il consumismo è stato la cosa più vicina al paradiso in terra che i lavoratori delle classi popolari abbiano mai conosciuto. Dagli anni Novanta, però, è sorta una nuova utopia, e questa è davvero pericolosa. L'America ha venduto a sé stessa e sta vendendo al mondo l'idea che un lavoratore qualsiasi non solo possa diventare un consumatore, ma anche un *investitore*, uno che può far lievitare i propri risparmi come un autentico capitalista. Tutti sono oggi convinti di avere un futuro nel magico mondo della finanza, diventando azionisti di qualcosa di lontano e imprecisato. Sempre più gente mette in mano i propri soldi a questi geni della scommessa, ed è così che qualche migliaio di furbacchioni in giro per il paese, tra commissioni, premi e salari, sono ormai sommersi da montagne di soldi che non sanno più dove ficcare. E alcuni di loro hanno iniziato a prendere di mira il mercato dell'arte contemporanea».

Danova parlava *pro domo sua*, Nina lo aveva capito. Ma difendendo il paziente lavoro dei galleristi contro lo strapotere delle case d'asta, difendeva anche la possibilità che esistesse un panorama artistico ampio e variegato. I miliardari della *new economy* avevano cominciato a far lievitare enormemente i prezzi anche delle opere d'arte contemporanea, non più solo dei Cézanne o dei Picasso, ma in questo modo rendevano rilevante solo quella rosa ristretta di artisti, le cui opere potevano funzionare in un tale gioco al rialzo. Inoltre, a differenza degli autentici collezionisti, questi compratori trattavano le opere come pacchetti azionari, da cui si dovevano trarre grandi profitti in tempi brevi.

«Fra poco l'arte non sarà più un lusso per gente estremamente ricca, ma un ulteriore strumento di arricchimento per i vari speculatori del pianeta. Ci si metteranno anche i petrolieri del Qatar, i magnati russi, i vertici delle aziende statali cinesi. E questi, le opere che compreranno, non vorranno neanche appendersele in casa, neppure vederle, gli basterà piazzarle nella camera blindata di qualche paradiso fiscale, in attesa di rivenderle dopo qualche anno a gente della loro risma».

# 37.

## *Ci son cose più importanti al mondo, come il nuovo espositore di borsette*

Persino Sara, che ne ha viste tante, è rimasta impressionata dalla potenza di fuoco di *Dalos*. Alla testa dell'agenzia vi è un duumvirato. Modiglia, il presidente, è un «maschio alfa», grezzo ma con un notevole talento imprenditoriale e una lunga esperienza di affatturamento clienti. Sa affascinare gli alleati, terrorizzare i concorrenti, e attirare gli investitori. Pietro Bravermann, presente anche lui fin dall'inizio, è il direttore creativo. Audace e fanatico, è considerato, e non solo dai suoi, «l'Oliviero Toscani del nuovo millennio». Ha permesso alla *Dalos* di vincere svariati premi ed è fresco di un successo inaspettato. Ha curato una campagna per la casa di moda Givenchy del gruppo Vuitton. I francesi dovevano lanciare la collezione *Rasor*: giacche di cuoio, giubbotti con cappuccio, borse e scarpe, all'insegna del nero, delle cerniere multiple e del maledettismo, per gente ovviamente dai conti in banca benedetti. Bravermann ha piazzato testimonial con facce di tagliagole in un'atmosfera apocalittica e morbosa, a cavallo tra il bianco e nero del fumettista Frank Miller e i colori saturi del fotografo David LaChapelle. Hanno risposto all'appello rapper americani, attrici del cinema d'autore francese, influencer giapponesi sulle loro pagine Instagram. La campagna pubblicitaria ha colpito alto ma anche largo. Nessuno ha ancora capito, in realtà, se Bravermann calcoli le sue mosse o rischi ogni volta il tutto per tutto. Per ora funziona ed è adorato universalmente, anche se c'è chi, come lo stesso Modiglia, non smette d'incrociare in segreto le dita.

Tutte queste sono dicerie che Sara ha raccolto, in versioni non sempre concordanti per altro, perché così è dei capi, essi sono sempre avvolti in un mistero, che è innanzitutto il mistero della loro fortuna, e dei soldi che realmente hanno in cassa. Quando il nostro destino salariale dipende non dalle norme di un'istituzione, eventualmente fredda e mastodontica, ma dal capriccio di una persona specifica, questa subito acquista ai nostri occhi un potere anomalo, una fisionomia poco terrestre, e quindi finisce per affondare i piedi su un terreno diverso da quello che calchiamo noi ogni giorno, umanità da impiego, diretta da altri qua e là a fare una cosa o il suo contrario. Loro, i capi, i direttori e amministratori e presidenti, loro, i padroni, camminano su sentieri incogniti, remoti, dove confluiscono i denari abbondantemente, perché in qualche modo hanno ricevuto quel dono sovrumano, di fare soldi con il lavoro altrui, soldi che crescono e chiamano ulteriore lavoro, e per questa generosità d'impiego sono anche elogiati e amati, fino al giorno, almeno, della delocalizzazione o del risanamento con falciatura di personale.

Sara è stata accolta alla *Dalos*, perché mancava un reparto eventi sufficientemente sperimentato e l'agenzia si era già impegnata nella preparazione di un importante appuntamento a Parigi per i clienti della marca di lusso francese. Tocca a lei entrare in corso d'opera e condurre a buon fine l'operazione. Naturalmente, come ha spiegato a Tommaso, diverse persone lavorano su quello stesso evento polimorfo della durata di tre giorni; lei supervisiona solo la parte serale: cocktail, cena e spettacolo. Sara gli parla di fogli Excel mai visti, infiniti, a tre dimensioni, con una valanga di cifre che la fanno rabbrividire. «Io a questi budget non ero abituata. Mi sento la piccola fiammiferaia. Andiamo alle riunioni, mai meno di dieci persone, e subito una reclama centomila euro in più. Mancano ancora centomila, dice con aria serena. Ma se me ne avete chiesti già cinquantamila martedì, risponde il gran capo. E io come faccio a giustificarli?! Tu dici: mo' s'incazza. E infatti sgrana gli occhi, si succhia le labbra come avesse ingoiato un limone, fa il broncio da bambino offeso, ma poi alla fine, dopo una telefonata, dà il benestare come niente fosse. L'antifona, in realtà, l'ho capita alla prima riunione. Scusate, dico, ma io qui leggo 110 hostess... Ma servono tutte? Silenzio intorno. Ok, sono *tutte* indispensabili».

Tommaso ascolta senza capire. Centinaia di persone venute dall'Europa e dal Medio Oriente, soprattutto gestori di negozi, che s'infilano per tre giorni in magnifici hotel, con sauna, palestra e piscina, per farsi fare un lavaggio del cervello sulle nuove collezioni, per venir motivati alla vendita, per sentirsi parte di una prodigiosa avventura commerciale. «Poveri, li tengono chiusi tutta la mattina e tutto il pomeriggio dentro queste grandi sale da conferenza. La cosa più estrema è stata il seminario intorno al nuovo espositore di borsette. Dalle dieci all'una, con filmati, diagrammi, testimonianze dirette, analisi retrospettive e previsioni». A Tommaso piacerebbe vivere *alcune ore della sua vita* in quell'ambiente, ossia nello stregato universo della *business intelligence*, del *conversion marketing* e dell'implementazione onnicanale, qualsiasi cosa ciò significhi, in modo tale da poter inventariare e assorbire quella massa di idee, di formule, di riti, di cui è costituita una fetta della realtà. Questo soggiorno nei paradisi avanzati del commercio e della comunicazione dovrebbe svolgersi naturalmente *dal di fuori*, con distacco, straniamento, disinteresse entomologico, ma a quanto pare, considerando l'esperienza di Sara, che è comunque una portatrice sana di quei valori, non è possibile considerare con mera curiosità scientifica, senza profondo struggimento passionale, il nuovo espositore di borsette che rivoluzionerà abitudini cognitive di generazioni di commessi e compratori.

In ogni caso, viene anche per Tommaso, del tutto imprevista, la chiamata.

«Tu sai che io non ho molte occasioni d'incontrare Bravermann. Lui non si occupa degli eventi. Ho contatti diretti soprattutto con Modiglia, anche perché quello, seppure di lusso non ci capisce un cacchio, vuole dire la sua su tutto. Comunque, con Bravermann avevo già parlato a lungo una volta poco dopo l'assunzione, e ieri, mentre era di passaggio a Milano, ha voluto pranzare con me».

«Ti ha fatto delle *avances*?»

«Macché, mi ha chiesto della mia tesi su Fabro, poi siamo finiti a parlare di te e adesso vuole conoscerti. In realtà è un appassionato di arte contemporanea, e mi sembra che ne capisca pure. Gli ho detto che scrivi per *Campoarte*, e dice che ti leggerà».

«Ma che tipo è?»

«È sicuramente un pazzo, ma non saprei dirti di che tipologia. Lui vede, ma non te, non il piatto dentro cui mangia, no, lui vede lontano, vede altrove, *vede altrimenti*. Tutto ciò che semplicemente esiste in fondo non lo interessa, anzi gli fa un certo schifo. Per lui, in qualsiasi ambito, l'importante è ampliare, sfondare, spostare, andare da un'altra parte. Dev'essere una tortura vivere nella sua testa. Ogni volta che si guarda attorno, il mondo deve sembrargli un ammasso di zombi e di scarti, una vasta landa smorta e insalubre, che andrebbe subito bonificata e rinnovata da capo a piedi».

«Be', mi sta simpatico. Ma non ho capito quello che vuole da me».

«Tranquillo, non l'ho capito neanch'io. Ma vacci, incontralo. Ne può venire solo del buono, secondo me».

# 38.

## *Un'innocua cenetta berlinese*

L'ha avuta vinta Nina. Danova, per festeggiare il loro incontro berlinese, ha proposto un ristorante *serio* nella zona dei musei, vicino all'Archivio Bauhaus, ma lei ha insistito perché si spostasse lui nel suo quartiere, dove c'era un vietnamita molto buono. Danova vuole fare Danova, invitandola in un ristorante con marmi, specchiere, vini francesi e italiani, e cucina sia tedesca sia mediterranea, rivisitata creativamente. Nina ha fatto Nina, imponendogli l'etnico di Kreuzberg, a un quarto del prezzo del ristorante serio, con le luci rossastre, le piccole mongolfiere pendenti di carta di riso, le birre asiatiche. Di questo almeno lei vuole essere sicura, che Danova abbia davvero voglia di vederla, e che sia quindi disposto a fare un sacrificio, a buttare via l'occasione di cenare in un posto che gli è stato raccomandato da conoscitori berlinesi. È anche una questione di banali rapporti di forza economici. Nina lascerà Danova pagarle la cena al vietnamita, dal momento che se la potrebbe pagare anche da sola. Nell'altro ristorante, con Danova a manovrare la carta dei vini, il conto sarebbe esploso e lei non vuole concedergli nessun vantaggio, neppure quello di essere generoso.

«Avanti, è da un po' che ci stai girando attorno. Chiedimi perché sono venuta a seppellirmi a Berlino».

«Ah, questo lo dici tu. Poi non so che cosa ti aspetti da Berlino. All'inizio pensavo che ti saresti ristabilita in Italia».

«Ci sono stata, ma molto poco».

«Berlino è ancora una sorta di parco giochi. Immagino ci si viva bene, ma lo sai pure tu, per quanto riguarda l'arte non accade granché. Le gallerie importanti sono altrove. Ma immagino che a te questo non interessi più».

«Quello che a me interessa è innanzitutto poter *fare* l'arte. Ti sembrerà strano, ma è sempre stato così. Io sto bene e sono felice quando posso realizzare i miei progetti e Berlino è una città che lo permette. Non sei sempre lì, come a New York, con la pistola puntata alla tempia per avere più successo, per guadagnare più soldi. Qui non sei costretto ad ammazzarti di lavoro per campare o a vivere nel terrore di non vendere la tua arte».

«Sempre di meno, Nina. Attenta che fra poco arrivano. Google, e tanti altri... Oggi Berlino è un boccone prelibato per le aziende, e non solo quelle europee».

«Lo so bene Raffaele. Partecipo a un collettivo di quartiere che si batte contro l'aumento degli affitti. È una politica immobiliare che stanno favorendo attraverso le ristrutturazioni...»

«Non ti sto parlando di questo. Non parlo di affitti che si alzeranno nei quartieri popolari. Le grandi imprese hanno deciso di venire a Berlino, e non solo per comprare ciò che già esiste, ma anche per costruire. E questo cambia tutto. Vogliono impiantarci un nuovo polo commerciale».

Danova la sa sempre lunga, ma è poi vero? Parla come se fosse lui a dirigere il piano urbanistico, come se proprio a lui Google abbia commissionato il suo nuovo campus, sulle rive della Sprea, al confine orientale di Kreuzberg. Forse bluffa semplicemente. Pigia a fondo sul pedale distopico, per prendere in contropiede Nina.

«Da anni diciamo che le cose cambieranno, ed è vero, *sono cambiate*, ma io posso continuare a vivere a Kreuzberg con un affitto ancora basso. E la gente non è ancora pronta a calarsi le braghe».

«Vivi da sola?»

«Mi stai chiedendo se sono una *single* inviperita con gli uomini, oppure una donna felicemente sposata con prole?»

«No, Nina. Ti sto solo chiedendo se abiti da sola».

«Sì. A essere precisi ancora qualche mese fa abitavo con un uomo, che poi ha deciso di ritirarsi a vivere nella Foresta Nera e di tagliare i ponti con l'orrendo mondo dell'elettrificazione».

«Coraggioso... E tu?»

«Fanatico, vorrai dire. Io, niente. Ritengo che tra i piaceri alla portata dei poveri cristi come me ci sia la doccia calda. Quindi per ora rimango in contatto con gli impianti elettrici».

«E hai uno studio? Un luogo in cui lavorare?»

«Faccio parte di un collettivo di artiste, e ci dividiamo l'affitto di un grande spazio in un ex magazzino. Abbiamo materiale per le riprese, una postazione per il montaggio audio-video, e persino una camera oscura. Ancora tre anni fa non pagavo niente, avevo uno studio tutto per me in una casa occupata dalle parti di Görlitzer Park, una zona magnifica a Kreuzberg, dove ci sono i canali».

Danova la sta facendo parlare di sé. È anche quello che lei vuole, vuole mostrargli che la sua vita a Berlino non significa «fallimento artistico», come di sicuro lui ama pensare. Vuole innanzitutto raccontargli di *Nomenclature* e del fatto che sia stata inclusa in un documentario destinato ad Arte. Ma Danova sta illuminando il lato meno favorevole della sua vita. Lui non solo non crede nei collettivi artistici, ma gli sembra impensabile che un'artista, passati i trent'anni, si trovi ancora a dividere il proprio studio con altre persone. Non è una situazione «professionale».

Raffaele alla fine si è messo a parlare della galleria e delle difficoltà avute dopo la crisi finanziaria del 2008. Conosce una bella fetta di colletti bianchi, le cui carriere sono state brutalmente troncate. Anche i Danova hanno sofferto. (Poverini!, pensa Nina, che avrebbe voluto le si leggesse in faccia quel pensiero. I ricchi non perdono mai un'occasione per lamentarsi, i ricchi hanno sempre delle enormi complicazioni, dei guai grossi, derivanti ovviamente dalla loro ricchezza, e amano esibire di fronte agli altri i loro affanni. I poveri, invece, come dei coglioni passano la vita a far buon viso a cattivo gioco. Sono dei millantatori cronici, perché devono gonfiare tutto quanto va minimamente bene nelle loro vite. I poveri si vergognano dei loro guai). Danova padre aveva lasciato per tempo la multinazionale delle assicurazioni per aprire la sua agenzia di consulenze e, tra i suoi clienti, le aziende nel settore del lusso furono le uniche, dopo la crisi, a non disarmare. Si dedicarono anzi a comprare opere d'arte quotate con maggiore determinazione, profittando del gelo momentaneo dei prezzi. Quanto a Raffaele, aveva dovuto mettere tra parentesi la promozione dei nuovi talenti, e vivere sull'interesse che i pezzi della collezione ereditata dal padre garantivano.

Ora parlano come persone che sono semplicemente contente di trovarsi assieme. La conversazione, cauta e circospetta in partenza, si è finalmente distesa. Danova è passato agli aneddoti sulla vita newyorkese, con cui è sicuro di divertire Nina.

«Immagino che tu abbia Facebook... Anche se è lo strumento del demonio».

«È più che altro un ufficio stampa sulla propria vita intima, a cui ognuno dedica un bel po' di ore di lavoro non remunerato».

«Be', io non ho un profilo, ma la galleria ovviamente sì. In ogni caso, da un paio di mesi è nata proprio a Manhattan una moda, che presto conquisterà tutto il paese e finirà coll'arrivare anche in Europa. La gente ha cominciato a postare dei *selfie* che si scatta appena sveglia, mentre è ancora letto. Tu mi dirai: e allora? È che sono ammattiti tutti con questa storia. E non solo i giovani. L'hanno lanciata persone che hanno trenta, quarant'anni. Lo chiamano il *selfie del risveglio*, e ha come filosofia l'idea che l'unico momento in cui siamo davvero naturali e spontanei, l'unico momento in cui siamo noi stessi, senza subire tutti i condizionamenti legati al mondo dei social e dell'immagine, è quello del risveglio, quando apriamo le palpebre dopo una notte di sonno. Siccome su Instagram e Facebook non facciamo altro che mascherare noi stessi attraverso continue pose, selezionando e trafficando le foto, il selfie del primo mattino è l'unico che cattura la nostra vera identità. Bisogna però farselo *davvero* appena svegli. Il selfie del risveglio implica una deontologia ben precisa. Non bisogna alzarsi dal letto, ad esempio. Non bisogna guardare la propria immagine riflessa prima di scattare la foto. Non bisogna fare più scatti, e scegliere quello venuto meglio. Di colpo, ogni mattina Facebook rigurgita di visi cisposi e rincoglioniti. Donne e uomini, impiegati, liberi professionisti, manager, e le star, che si sono subito accodate. I giornali hanno cominciato a scriverne, come di un'importante rivoluzione dei costumi, che sta imprimendo una svolta critica e consapevole alla società dell'immagine».

Mentre parla, Danova cerca lo sguardo di Nina. Lei ricambia. Si guardano entrambi abbondantemente negli occhi, ma è come se Danova non fosse sazio. In realtà non cerca tanto lo sguardo di Nina, ma una specifica forma di assenso. Solo che Nina non l'ha ancora concesso. Si diverte, scoppia a ridere, e butta la testa all'indietro, aggrappandosi alla seggiolina del ristorante vietnamita.

# 39.

## *Bravermann la sa lunga*

«Guardi, qui fanno terra e mare. Se vuole mare, sono anche arditi, e le consiglio il carpaccio di capesante con nocciole, limone e topinambur; se vuole terra, lei che è milanese, non può perdersi l'osso buco, che è il migliore in città. E non mi consideri un forestiero, io a Milano ci vivo da trent'anni». Bravermann è elegantemente stempiato, con una folta massa di capelli grigi spessi come saggina, e ha uno sguardo zampillante, come fosse sempre sul punto di scoppiare a ridere o di fare una sfuriata. È, senza sorprese, un monologante, ma imperfetto. Di tanto in tanto si arresta bruscamente, perché c'è qualcosa di molto preciso che deve estrarre dal suo interlocutore, e in quel caso è capace d'incitare l'altro alla parola con silenzi prolungati, istiganti, da confessore professionista. Non ha tergiversato, e prima ancora di concentrarsi sulle ordinazioni, gli ha già detto che lui si considera un collezionista mediocre, ossia non compulsivo, e che comunque, sia ben chiaro fin dall'inizio, non è un artista mancato come invece certi stilisti o pubblicitari. «Io non faccio altro che intrecciare e dosare i talenti altrui». A differenza della sua amica Miuccia, ad esempio, non ha alcuna soggezione nei confronti degli artisti, che ha sempre considerato dei farabutti intellettuali, e non da Jeff Koons o Damien Hirst. Lo sono stati tutti, Beuys, Duchamp, Picasso, Gauguin, per non parlare degli antichi maestri, ossia i pittori al servizio dei papi, la banda più disonesta e vanitosa. Ma l'arte è qualcosa che continua a divertirlo, come nessun altro prodotto culturale.

Questi sono semplici convenevoli, capisce Tommaso. Dopo l'ordinazione, infatti, Bravermann ha cominciato ad andarci giù duro. «Zappa, lei sa meglio di me che oggi il critico d'arte è uno zombi, e compie vecchi rituali, non solo insignificanti ma anche inefficaci, come accade al reduce con le braccia mozzate che s'immagina di aprire un barattolo di senape. Voi vi mettete di buzzo buono, chini sui vostri computer, e fate analisi brillanti, inventate perfino concetti, date rilievo a una quantità di cose che scivolerebbero ai margini delle nostra comprensione, ma tutto questo non è più socialmente utile, anche se non lo si è ancora detto con coraggio. Attenzione, non sto dicendo che la buona e autentica critica d'arte è finita, perché nel nuovo secolo siam tutti piccini e miseri. Detesto più di ogni altra cosa i tromboni che vengono a dirci che non c'è più l'arte di una volta, di quando cioè a loro ancora gli si rizzava, o la critica di una volta, o qualsiasi altra cosa di una volta, fosse pure il pane croccante o il pomodoro gustoso. Ho letto il suo saggio su *Cremaster* di Barney, e procurarmelo non è stato facile, ma mi sarei meravigliato del contrario, ossia che uno scritto così buono, e direi chiaroveggente, finisse con facilità nelle mani di lettori poco o anche solo mediamente interessati. Questo prova che i talenti ci sono, ma non è quello il punto. Di santi possono esisterne ancora, persino di profeti, ma è l'ecclesia che manca, il corpo mistico della comunità dei credenti. E una volta che quello si è dissolto non si torna indietro». A

Tommaso sembra di essere sulle montagne russe e, a seconda della frase scandita da Bravermann, si sente buttato a calci in una pozza di melma o sollevato verso un cielo terso e luminoso.

«La faccenda riguarda tutti, Zappa. Non solo lei, che continua a ostinarsi a scrivere per *Campoarte*, anche se per qualsiasi altra rivista sarebbe lo stesso. Pensi ai galleristi, agli stessi musei. L'atto di morte l'ha firmato l'impareggiabile Hirst un certo giorno del 2008, quando ha deciso di passare sopra le teste del signor Gagosian, il suo gallerista di New York, e del signor Jopling, il suo gallerista di Londra, per piazzare più di 200 opere direttamente da Sotheby's, per una delle aste serali».

«Lei ha ragione, ma quello è un colpaccio che si fa una volta sola, non può funzionare sempre. A Hirst è andata bene: ha venduto tutto, e a prezzi esorbitanti».

Tommaso lottava per piazzare qualche frase opportuna e far deviare anche di poco l'argomentazione di Bravermann, che continuava invece a scorrere impetuosa per il suo verso, travolgendo ogni obiezione o rettifica. «Certo, certo, tutti si sono affrettati a dire esattamente quello che mi sta dicendo lei. *Una tantum*, una geniale mossa di marketing... che non è in grado, però, di compromettere il vecchio sistema artista-gallerista-collezionista. E io invece le dico che il virus ormai è stato inoculato, e farà la sua strada, scombussolando alla fine l'intero organismo. Secondo lei le case d'asta, per fare i loro lussuosi e inutili cataloghi, hanno bisogno di un vero critico d'arte, con tutte le scempiaggini che ci devono scrivere? Ma lo si era già capito con i pop americani, ossia con la prima generazione di artisti, diciamo d'avanguardia, che non ha conosciuto scarti temporali tra produzione e riconoscimento. La *bohème* era giunta al capolinea e con essa il periodo eroico della critica, quando questa ancora sfidava il gusto dominante di pubblico, istituzioni e collezionisti. Ormai si poteva, anzi si doveva – come ripeteva Warhol – essere artisti trasgressivi, ma di successo e ricchi, *subito*».

Bravermann non sta dicendo nulla di sensazionale, ma lo dice in un modo – con un tono della voce definitivo, una convinzione a prova di obice – che Tommaso mai riuscirebbe ad adottare, e questo cambia tutto, ma non a tavola, in un'amena discussione, bensì nel lavoro, nella vita. Gente come Bravermann non ha forse più intelligenza di altri, ma nella loro bocca frasi quasi banali prendono fuoco, concetti risaputi scintillano di luce nuova e accecante. Sono in grado di spingere avanti qualsiasi cosa: idee, denaro, uomini e donne in carne e ossa. Mentre a volte Tommaso fa persino fatica a spingere avanti sé stesso, a buttare con sufficiente convinzione lontano la gamba, per poter avanzare passo dopo passo, vincendo il tremendo attrito, l'invincibile inerzia, che su di lui sembrano agire con particolare efficacia.

Poi, a bruciapelo, arriva la domanda, che non si capisce se mirata oppure no, se retorica o ironica. «Lei, si considera una persona di successo?»

Bravermann ora tace, e lo guarda serissimo. Tommaso fa una specie di sorriso.

«In un certo senso...» dice prendendo tempo, per non trovarsi a rispondere un no secco e pietoso.

«In quale senso, allora, Zappa, Lei considera di aver avuto successo nella vita?» Tommaso ritenta qualcosa di simile a un sorriso: «Dopo anni di giornalismo culturale come precario, oggi sono un redattore ASSUNTO di *Campoarte*, e sono passato pure per le forche caudine dell'esame di idoneità a Roma. Faccio il giornalista, e sono finalmente pagato per quello che faccio».

Il tono vuole essere ironico, ma non necessariamente. All'interlocutore la scelta.

«Per uno come Lei, e per la qualità di ciò che scrive, io penso che questa sia semplice decenza. Ma io non parlavo di successi sindacali, Zappa. Non bisogna essere timidi riguardo a una questione simile. E glielo dice uno che, senza falsa modestia, ha avuto sempre un notevole successo in quello che ha fatto, ma anche fortuna ovviamente. Il successo migliore, quello più eclatante, non esiste senza fortuna, senza gli incontri buoni».

Bravermann attacca ora un pezzo classico, per uno di quasi sessant'anni come lui, a cui non resta che limare la mitografia personale. A vent'anni, era finito sotto l'ala protettrice di Gianni Sassi. «Ai tempi in cui era impegnato con il gruppo Area e la Cramps Records. Sassi era formidabile: poca e disordinata cultura, ma un fiuto sicuro. Lui le possibilità le odorava. Già, gli incontri. Ma non basta il caso, Zappa! Gli incontri importanti sono come grandi scossoni. Bisogna aver voglia di farsi buttare gambe all'aria. All'inizio degli anni Ottanta avevo cominciato a lavorare regolarmente per un'agenzia pubblicitaria importante, guadagnavo bene e mi sentivo realizzato. Incontro Ettore Sottsass da amici. Aveva appena lanciato il gruppo Memphis. Io gli faccio tutta una sbrodolata sui lavori fotografici degli anni Settanta, che mi piacevano davvero. Lui mi lascia parlare, osservandomi con un'aria sorniona e divertita. Dopo un po', avendo preso coraggio, gli comincio a raccontare anche della mia attività. A questo punto lui mi ferma, posandomi entrambe le mani sulle spalle, e dice: 'Ma lo conosce il mondo? E non mi dica Parigi, Londra, New York. È mai stato nei Balcani, in Messico? Ha mai sentito parlare dei monasteri del lago Tana o delle chiese ortodosse di Lalibela in Etiopia? Ha messo piede nel tempio di Shiva a Munneswaram, sull'isola di Ceylon?' Ecco, mi sentii un coglione. E a giugno di quell'anno lasciai città e lavoro per farmi un giro del mondo di sei mesi con i soldi che avevo da parte. Non sono tornato com'ero partito, questo glielo posso assicurare, Zappa».

Certo, pensa Tommaso, se incontri Gianni Sassi, se incontri Ettore Sottsass, va tutto liscio, gli scossoni sono belli e buoni, ma quali grandi vecchi si sono interessati a lui sul serio, anche per dargli solo una spintarella? I Celant, i Bonito Oliva? Forse si sono prodigati per qualche giovane, ma lui è arrivato comunque tardi, dalla porta di servizio, senza quelle belle presentazioni a cene romane o milanesi. Quindi se incontri solo Nardi, il Coca, Nicola Racco, Dado, che ti aspetti? Si capisce poi come vanno a finire le cose. Dado ti dice quante volte gli si rizza quando scopa con una donna, perché lui lo fa anche quattro volte di fila, e ancora un po' ti spiega esattamente quanti grammi di sperma spara fuori, visto che abbonda anche in questo. Nardi ti regala confusione a palate, che tu però devi mettergli puntigliosamente in ordine, affinché lui possa convincersi di partorire idee chiare e distinte. Il Coca è condannato alle imprevedibili accensioni e spegnimenti che l'assunzione della sostanza prediletta produce nel suo cervello, di modo che, in determinati momenti, anche il gesto o discorso più insulso acquisisce per lui una patina sublime, di sovrumana rilevanza e perspicacia. Quanto a Racco, è diventato più stronzo del personaggio stronzo che cercava all'inizio d'interpretare. Oggi celebra provocatoriamente l'estetica di Al Qaida, presentando il terrorismo islamico come la punta più avanzata della logica spettacolare dell'Occidente. Debord appena riscaldato. Ma d'altra parte, chi legge più Debord? In tale compagnia, Zappa ha poco da sperare. Al massimo c'è la soluzione Guarini: sparire dalla circolazione, facendo l'elogio dell'assenza, per ammantarsi di profondità e mistero.

## 40.

## *Il presente è una superstizione*

Non vogliono separarsi, anche perché qualcosa deve ancora accadere. Non è immaginabile che tra loro due, dopo gli anni trascorsi, dopo quanto è successo, tutto si esaurisca in una cenetta cordiale. Certo, neppure la cordialità è scontata, ma non è abbastanza. Quindi, all'uscita dal vietnamita, Danova la guarda impaziente e preoccupato alla ricerca di un'iniziativa ulteriore. Nina gli propone di concludere la serata in un posto particolare, un bar dove servono solo rum. Danova non è un bevitore di rum, ma Nina lo ha preso per mano. La segue imbambolato, spinto da una miscela di risentimento, desiderio e curiosità per quell'enigma umano che, nonostante la sua notevole chiaroveggenza, non è stato in grado di penetrare fino in fondo. Dribblano compagnie di berlinesi ubriachi, mentre le vecchie Mercedes dei turchi di Kreuzberg sfrecciano sul viale a doppia corsia della Gneisenaustraße. Cambiano qualche marciapiede, percorrono una vietta completamente buia e, alla fine, giungono in un piccolo locale, dal cui soffitto pendono decine di vasi con piante ricadenti.

Nel paradiso del rum le luci sono viola e azzurrine, ostacolate dalla coltre verde che piove sulla testa degli avventori. I tavolini piccoli facilitano la prossimità fisica. Dopo il primo giro di rum cubano, Nina ha cominciato un gioco di calci distratti sotto il tavolino e sventagliate di mani. È probabilmente un via libera, pensa Danova. Vuol dire che il vecchio yo-yo si è messo in moto: quel ritmo di attrazione fisica e di frizione intellettuale che ha caratterizzato per quattro anni la loro storia. Anche lei sente questa possibilità, mentre gli guarda le mani arenate sul tavolino, indecise, con le dita nodose che le sono familiari; mani che all'epoca amava guidare su di sé come due estensioni amiche, sfregandosele sui seni o sul bacino. Ma ricorda bene anche l'altra faccia della medaglia. Tutta la facilità di avere Raffaele dentro di sé, di averlo contro, di carezzarlo e baciarlo, si tramutava poi nella difficoltà di sopportare i suoi discorsi, perché le sue parole funzionavano immancabilmente come sostanze urticanti su di lei.

Alla fine Raffaele torna alla carica. L'alcol lo ha reso imprudente. «Tu avresti potuto divenire la Sarah Lucas italiana! Non ti mancava niente, avevi la sfrontatezza e il talento». Certo, se fossi stata docile – pensa Nina – se fossi stata *come tu mi volevi*. Perché la frase va tradotta in questo modo: «*Io avrei potuto farti diventare* la Sarah Lucas italiana!» Era tutto pronto, secondo lui. Negli Stati Uniti e in Francia si stava riscoprendo Carla Lonzi; nel 2003 Carol Rama otteneva il Leone d'Oro alla carriera alla Biennale di Venezia; due anni dopo la stessa Biennale era per la prima volta diretta da due donne, che invitarono a esporre un folto numero di artiste; insomma *era il momento buono per Nina Dumo*. Lui gallerista maschio, con la sua solita lungimiranza, investiva sulla giovane artista donna, puntando sul risveglio di una nuova arte femminista. A New York, d'altra parte, i galleristi più audaci cercavano di diversificare l'offerta. Andavano alla ricerca di artisti che potessero sventolare nuove tematiche sociali: donne, afroamericani, cinesi dissidenti. E Raffaele Danova ci credeva, ma era Nina che non ci aveva creduto.

Il conflitto che cominciò a instaurarsi tra i due era di tipo spazio-temporale: per Raffaele il centro della vita di Nina era situato a Manhattan, tra Chelsea e il MOMA, in un raggio di alcuni chilometri, e lì dentro, grazie a un sapiente accompagnamento mondano di cui lui custodiva il segreto, Nina avrebbe ottenuto il suo successo artistico. Ciò significava per Raffaele una situazione ben precisa: impegni, collaborazioni, progetti, *grants*, tutto quanto si precipitasse massivamente sull'artista e lo costringesse a mostrare le sue doti lavorative, e la sua capacità di creare sempre più opere e in contesti sempre più prestigiosi, sofisticati e ricchi di risorse. Nina, in effetti, si era resa conto che artisti, critici, conservatori museali, curatori di mostre, collezionisti la avvicinavano per il semplice fatto che incarnava un marchio, il marchio della galleria Danova, e questa segnaletica elementare – sono un'artista della galleria X – facilitava enormemente le relazioni tra lei e il mondo dell'arte. Non doveva più convincere nessuno, inventarsi discorsi interessanti, esibire con tempestività i propri trofei. Aveva oltrepassato quella condizione che trasforma, per ogni artista non ancora celebre, ogni occasione mondana in un dissimulato colloquio di lavoro a tutto campo. Nina oramai doveva semplicemente *dire di sì*, essere disposta a saltare su tutte le occasioni che le si presentavano. Poi, certo, doveva produrre ogni giorno, in modo tale che qualsiasi richiesta la trovasse sempre pronta, con oggetti da esibire, e che raccontassero la sua storia, la sua evoluzione, perché Nina doveva avere *una storia*, non più il semplice curriculum, la sfilza di titoli, ma una vicenda personale e artistica, di sensibilità e idee; tutto questo andava coltivato e amalgamato con la massima cura. Anche l'artista, alla fine, se aveva davvero sfondato, poteva assurgere alla dignità del marchio.

Danova l'aveva calata in questa dimensione di perfetta attualità, l'aveva fatta sbarcare sul pianeta *carriera*, aveva fissato in anticipo l'arco dei suoi spostamenti – si lavora a Brooklyn, ma si socializza a Manhattan – e aveva orientato risolutamente lo sguardo di Nina verso la New York presente e futura: «Lavora bene qualche anno, e piazziamo un primo pezzo al MOMA». Il problema nacque quando Nina si rese conto di essere attratta dagli spettri di quella città ancor più che dai suoi abitanti in carne e ossa. Invece di sintonizzarsi con l'evoluzione presente della metropoli, lei pretendeva di risalire il tempo come contaminata da una strana nostalgia tipica di alcuni europei per la New York perduta, quella sull'orlo della bancarotta, zeppa di buche e selvaggia degli anni Settanta, e quella ancora disordinata e dissipatrice degli anni Ottanta. Inoltre, al posto della *carriera*, concetto che le era profondamente estraneo, Nina si considerava dedita soprattutto alla *sperimentazione*, concetto senz'altro vago, ma denso di promesse. E per finire, il luogo in cui qualcosa della vecchia New York circolava in ambito artistico, qualcosa di non ancora troppo prevedibile e pulito, lo si trovava ormai a Brooklyn.

Manhattan non poteva permettersi memoria. La vetrina di New York era dedita a un'ininterrotta messa in scena della modernità, una modernità eterna, senza attrito storico, senza ripensamenti, e non tollerava nostalgia. La nostalgia è un sentimento che le è sconosciuto, anzi precluso, considerato come patologico, perché tutti sono protesi a bruciare quanto assomigli a una vecchia abitudine o a un ricordo troppo vivido. Tutti hanno lasciato dietro di sé una qualche cittadina lontana, una famiglia mediocre, un'adolescenza da dimenticare, per accedere finalmente a un presente senza ritardi, alla punta occidentale del movimento storico, laddove convergono fiumi di denaro e attrezzature stupefacenti. Nina si comportava invece come una di quelle navicelle spaziali ostinatamente occupate a trovare un buco spazio-temporale che la portasse dai noiosi e affaristici anni Duemila ai prodigiosi e sporchi anni Ottanta. Appena giunta a New York, da bastian contrario quale era, l'aveva percorsa *a rovescio*, raccogliendo tracce e narrazioni del ventennio precedente, stabilendo amicizie che la legassero a un pantheon di figure e luoghi mitici. Nina faceva parte di quelle persone che vivono in un conflitto perpetuo con la propria epoca, e provava come un sentimento di vergogna per essere arrivata in ritardo, per aver mancato tutta una serie di esperienze.

Danova considerava quello sguardo rivolto all'indietro, scettico e sospettoso nei confronti del presente, del tutto deleterio per un artista. Quel tipo di fascinazione per le stagioni concluse dell'arte doveva essere lasciato ai reduci, con trent'anni più di lei, o agli studiosi d'arte, agli archivisti. «Pensavo fossi matura, Nina, ma invece non lo sei!» sentenziò durante una delle loro discussioni, «il tuo è un bovarismo sterile». Per Danova tutto si era svolto fino a un certo punto secondo ragione o meglio caso e ragione avevano deciso di allearsi. Lui aveva scoperto Nina, e in lei aveva subito indovinato una dose di anticonformismo non comune, un'energia brada che non le veniva certo dalla frequentazione dei corsi e degli studenti dell'Accademia. L'aver portato Nina a New York era stata la sua prima vittoria, perché Danova era sicuro di poter aiutare quell'energia a prendere la forma più appropriata al mondo dell'arte. Lui sarebbe stato il timone che avrebbe indirizzato nel porto sicuro del collezionismo newyorkese, e quindi mondiale, quel vascello pirata. Poi si erano messi assieme, formando un binomio potente, in grado di spiazzare le attese di tutti e di trasgredire le norme della prudenza professionale. Non si era solo verificata l'alleanza rara tra il caso e la ragione, ma anche tra la vita professionale e quella sentimentale. La storia con Nina sembrava mostrare a Danova quanto egli fosse davvero un eletto. Grazie a Nina, dopo l'incontro con Nina, egli non era più solo una persona socialmente rispettata, un gallerista capace, un imprenditore intelligente, ma faceva ormai parte delle persone «speciali», coloro che avevano realizzato abbastanza presto nella vita i più arditi desideri.

Ma proprio a quel punto Nina Dumo cominciò a sfuggirgli dal lato dei morti, dei morti e dei vecchi. «Se non ci fossero i morti, saremmo incatenati al mondo presente Raffaele. L'unico che tu conosci. Ma il presente è una superstizione. È il pacchetto di leggi che un uomo politico vuole vendere ai suoi elettori, è un'avara selezione di eventi che il giornalista vuole vendere al suo pubblico. Il presente è un campo di battaglia, nel quale i morti hanno sempre torto. Ma io sto con loro».

# 41.

## *L'unica poesia che esiste è nei versi dei poeti*

Bravermann è paonazzo e, tremendamente concentrato, cerca di proseguire senza sussulti il suo monologo, dandoci ugualmente dentro con l'ossobuco, da cui estrae minuzioso piccole dosi di midollo con il coltello, per spalmarle sul pane tostato, e dirigere tutto in bocca durante un intervallo di silenzio. Tommaso, stordito dalle parole dell'interlocutore e dai pensieri disordinati che gli suscitano, ha mangiato il carpaccio di capesante in modo meccanico, senza neppure assaporarlo, e spia la bottiglia di vino bianco, posata troppo vicino a Bravermann, perché lui si serva con la frequenza desiderata. Ha mangiato troppo velocemente, ma non beve, purtroppo, altrettanto velocemente. «Vede quello che sto mangiando?» dice Bravermann, cambiando di colpo discorso, «e vede questo?» – e qui solleva in alto il calice di vino semipieno, come volesse brindare, ma subito lo posa per afferrare la saliera, anch'essa prontamente innalzata. «Veleno! Tutto ciò mi sarebbe proibito. O meglio, dovrei andarci col contagocce. Non è che voglio fare il gradasso, ma mia madre è morta a 89 anni, in spregio ai nazifascisti che non hanno potuto acciuffarla, dal momento che lei era di nazionalità svizzera, e in Canton Ticino ritornò trascinandosi dietro mio padre già nel Trentotto. Diceva sempre: se non m'hanno ammazzato i tedeschi, non mi ammazzeranno le Muratti. E così è stato: è morta con un pacchetto di Muratti appena iniziato nel comodino. Di tumore e infarto, sono morte prima tutte le sue sorelle non fumatrici. Comunque, scusi, non gliel'ho neppure chiesto. Le è piaciuto il pesce?»

Sara direbbe che è il suo karma ad avergli messo tra i piedi Bravermann, che bisogna guardare queste cose in faccia, anche se spiacevoli, anche se deprimenti. Voleva vivere nascosto, coltivare l'orticello, mettere i piedi a terra e smorzare il luccichio delle vite altrui? Che si sciroppasse l'uragano Bravermann, che intanto s'ostina sulla faccenda del successo, girando il coltello nella piaga. Dice che non c'entrano i soldi, e neppure l'amore degli altri. Certo, tutti vogliono essere amati, e il succedaneo migliore è qualcuno che ti guarda con ammirazione o pieno di paura. Ma è soprattutto un aggiramento della morte. La vera chiave sta, come al solito, nel dire comune: «farsi un nome». «Non abbiamo nome, Zappa. Ce lo danno alla nascita, ce lo ripetono, lo impariamo, ce ne serviamo poi sempre, ma è insufficiente, non sappiamo mai a cosa corrisponda, è sempre il solito abisso, appena ci si affaccia, non è vero?! E non siamo mica tutti filosofi. Abbiamo altro da fare, che scrivere un bel trattato sul mistero dell'identità, sull'insondabile pasticcio che ogni persona è. La nostra storia, quale che sia, non vale niente. Passiamo la vita a mettere a posto cose, a fare progetti, a correggere i nostri gesti più semplici, a perfezionarli, e poi? Quanti anni ci restano, anche se è andato tutto bene, anche se non siamo dei catorci malandati o inveleniti dalle sconfitte? Tutto pronto per essere spazzato via. Certo, vogliamo tutti salvarci, peccato che manchi proprio la salvezza. Ma se gli altri si convincono di sapere chi siamo, è un grande vantaggio. Questo è il successo: gente che crede di conoscerti, che crede di sapere chi sei. E il tuo nome diventa come un bel monumento. Bravermann qui e Bravermann là, il grande pubblicitario, e così via. Non è magnifico? Posso delegare a una gran quantità di gente il compito di tenere alta la mia insegna personale contro piogge e venti. Non c'è bisogno che io creda in me, mi basta credere in loro».

Tommaso ha visto uno spiraglio, e interviene con prontezza: tira in ballo la sua svolta epicurea, il pericolo della vita affannata, della vuotezza del fare, la droga del lavoro, le volpi che lui ha visto nel terreno incolto di fronte a casa, l'incanto delle ghiandaie o delle cinciallegre sorprese di mattina sul prato, la poesia delle cose semplici, assaporate quando si è davvero presenti a sé stessi. Ma questi argomenti non impressionano Bravermann. «Non è questione di ritiro, Zappa, parlo ovviamente per quel che mi riguarda. Vede, oggi, appena uno dà le spalle al mondo, si becca minimo una coltellata tra le scapole. Certo, lentezza, attenzione alle cose minime, ne vorremmo tutti a secchiate. Ma qualcuno ha già pronto l'ologramma da venderle, e funziona molto meglio del suo giardinetto, che è poi noioso da accudire, c'è sempre la pianta che muore, qualche parassita, il troppo freddo o il troppo caldo, le foglie secche da raccogliere. Non si può con ingenuità abbassare la guardia. Lei mi ha parlato di poesia, e non so se ne legge, anche perché l'unica poesia che io abbia mai visto nella vita è quella che scrivono i poeti, inventandosela di sana pianta, facendola scaturire magicamente dalle loro vite di merda. Fuori dalle pagine, dal verso tornito e dall'artificio verbale, c'è solo un bel mucchio d'immondizie o massacri. Ma le voglio parlare di un poeta straordinario che ho scoperto da poco, Charles Reznikoff. Lo ha mai sentito nominare? Di New York, nato da una famiglia di ebrei russi. È morto negli anni Settanta. Ebbene, questo signore è probabilmente uno dei poeti più importanti degli Stati Uniti nel Ventesimo secolo, assieme a Pound e Carlos Williams, e la sua vita si è svolta perfettamente nell'ombra. Reznikoff può ben dire di aver 'vissuto nascosto', e non per scelta filosofica, ma per necessità di portare a termine un'opera che nessuno voleva e capiva. Questo è un vero mistero per noi, che veniamo dopo Warhol. Che qualcuno possa lavorare per anni senza un'istituzione intorno, senza gli ordini di un capo, senza un editore che t'incoraggia e sorveglia, senza il pubblico che t'incorona, avanzando nel deserto a tastoni e nemmeno lo straccio di un segno di predestinazione... E, nonostante questo, trovare comunque la forza di continuare un'opera che il mondo sovranamente ignora, senza morire alcolizzato o finire appeso a un gancio nel soffitto. Non ne esistono più oggi di artisti così, bisogna andare a pescarli nelle lande periferiche della poesia. Ma, ecco, proprio uno come Reznikoff mostra che vi è qualcosa d'inattaccabile nel lavoro artistico, quando è portato avanti con mitezza giacobina, ossia con la calma radicalità di chi non teme più nulla, e non potrà essere condizionato o corrotto in alcun modo, e tutto questo senza lacrime e lamenti, senza gesticolazioni sacrificali».

Bravermann, dopo l'impennata lirica, ha raspato via anche l'ultimo grammo di midollo dal suo osso, e guarda beato il piatto come un narciso la sua immagine nell'acqua. Tommaso Zappa sente la fregatura venire, sente che dopo il peana rivolto all'ennesimo ebreo newyorkese, di cui il paradiso dei geni sembra pullulare, Bravermann si prepara a chiedergli qualche favore, ossia un bel lavoretto gratuito e che, nonostante le rassicurazioni di Sara, lui dovrà accettare, perché *Dalos* è come la camorra, quindi meglio non fare sgarri ai capi, se si vuole vivere tranquilli. Ma la richiesta non viene. Bravermann sembra inesauribile, gli ricorda il Coca quando è bello fatto, ma, a differenza di quest'ultimo, il cervello del pubblicitario non produce entusiaste e confuse tirate sul caleidoscopio di emozioni di cui è fatta la vita. Sforna sentenze a vasto raggio, senza dubbio, ma basate su una notevole conoscenza del mondo e dell'arte, una conoscenza laica, che ha preventivamente fatto piazza pulita di ogni altarino.

Bravermann vuole concludere sul poeta, senza privarsi di una grappa, che tenta di far bere anche a Tommaso. Il Reznikoff, per buona parte della sua carriera di autore, pubblicò libri a proprie spese. Aveva studiato come avvocato, per passare poi la vita a correggere bozze per un'enciclopedia giuridica, senza quasi mai mettere piede fuori da New York. Il suo capolavoro s'intitola *Testimonianza*, un'opera di 600 pagine, a cui aveva lavorato dall'età di trent'anni fino alla morte, ottantenne. Un libro di versi interamente basato sulla parola altrui, ossia sulle migliaia di pagine tratte da processi, che si erano svolti in diverse parti degli Stati Uniti tra il 1885 e il 1915. Reznikoff non era interessato alle sentenze, ma alle storie che, vittime o colpevoli presunti, raccontavano in aula. Dalle testimonianze toglieva tutto quanto riguardasse l'opinione o il sentimento personale, alla ricerca del puro fatto, dell'azione descritta in modo asciutto e oggettivo. Un'enciclopedia del crimine, ma anche della ferocia del caso che si abbatte più facilmente sui disgraziati. Assassini, stupri, linciaggi, incidenti sul lavoro, questi gli ingredienti principali. Reznikoff aveva edificato con pazienza un monumento austero e disadorno alle vittime che la modernità americana lasciava dietro di sé. Dei quattro volumi in cui il testo era suddiviso, l'autore riuscì a pubblicare in vita solo i primi due e senza alcun successo. Due anni dopo la sua morte, però, una casa editrice californiana fece finalmente uscire l'intera opera.

«Capisce Zappa?! Questo Reznikoff, con una tranquillità maniacale da burocrate, ha approntato un ordigno a esplosione lenta, progressiva, che ha già cominciato con lo sfigurare la storia della poesia statunitense del Ventesimo secolo e finirà con il minare le basi stesse della storia nazionale, mostrando il lato oscuro della sua epica produttiva e affaristica. Ora soltanto cominciano veramente a studiarlo nelle università, e a comprendere la portata della sua opera. E chi ha ancora voglia di costruirsi armi intellettuali efficaci per il futuro, finirà per passare di lì, metterà il naso in quel libro».

Tommaso ha giurato di procurarsi una copia del capolavoro, dopo aver rassicurato Bravermann di essere a suo agio con l'inglese. E a quel punto, pochi istanti prima che si lascino, Bravermann sparendo in un taxi, e Tommaso incamminandosi verso il metrò, il monologante imperfetto dice: «Ho un lavoro da affidarle Zappa. Sono sicuro che lei è la persona che mi può aiutare. Ma gliene parlerò con calma, per telefono. Ora devo scappare. Niente di misterioso. Ho bisogno di una consulenza per un evento che voglio organizzare al di fuori di *Dalos*. Insomma, non voglio Modiglia e i soliti clienti tra i piedi. E abbiamo budget, quindi sarà pagato bene. Mi ha fatto molto piacere incontrarla, Zappa. Ma venga allo scoperto! Guardi, io stesso, con questo nuovo progetto, verrò allo scoperto, e ho bisogno di gente seria come lei. Tranquilla, meticolosa, ma dinamitarda».

## 42.

## *Il pericoloso influsso degli esuli rumeni*

I «vecchi», di cui si era innamorata Nina dopo averli incontrati a Brooklyn, erano Rita Danilov e Cosmin Florescu, due fuoriusciti rumeni che nel 1978 erano sbarcati a New York non ancora trentenni, e si erano tuffati con passione nell'ambiente dell'avanguardia, partecipando a svariati collettivi artistici e politici operanti tra l'Est e il West Village. Cosmin era gay e impegnato sul fronte della liberazione omossessuale, Rita era femminista e impegnata sul fronte della liberazione femminile, ma nello stesso tempo erano *anche* antirazzisti, pacifisti, anarchici, ed entrambi entusiasti di aver trasformato la loro vita in un'interrotta marcia di protesta. Cosmin veniva dalla danza, Rita dal teatro, e a New York praticarono ogni disciplina artistica possibile e sempre da perfetti autodidatti, dalla scultura di strada alla Red Grooms al teatro con trampoli e marionette giganti del Bread and Puppet Theater, di cui Cosmin aveva fatto parte per alcuni anni. Avevano avuto un'abbondante vita sessuale, ma scamparono miracolosamente al contagio dell'AIDS. Non erano mai diventati davvero famosi, né avevano vissuto più di tanto appoggiandosi alle istituzioni. «It's easier to get a job than a grant» («È più facile trovarsi un lavoro, che ottenere una borsa»), era lo slogan di Rita, e di lavori, grazie alle molteplici esperienze e alla vasta rete di amicizie, ne trovavano sempre. Negli ultimi anni campavano dirigendo seminari per attori, ballerini, artisti visivi, che cercavano di liberarsi dai «condizionamenti ideologici» ricevuti nelle prestigiose scuole della città. La loro attività artistica si era concentrata, invece, nel Collective Conscious Theater, un collettivo teatrale fondato alla fine degli anni Ottanta con Jack Taylor, scrittore e performer americano. Jack aveva detto una volta a Nina: «Rita e Cosmin sono stati probabilmente gli effetti collaterali più terrificanti della dittatura di Ceaușescu. Le autorità americane pensavano di coltivarsi due giovani artisti europei chiassosamente anticomunisti, e si ritrovarono tra i piedi due rompipalle cronici, che presero subito parte alle manifestazioni contro la politica *law and order* di Ed Koch, il nuovo sindaco di New York».

Rita diceva a Nina che avevano sbagliato su tutto, che avevano perso tutte le battaglie, sia sul piano politico che artistico, che erano stati traditi da moltissimi amici, ma che loro stessi avevano, senza esserne del tutto consapevoli, tradito. «Non abbiamo mai capito nulla, dico capito per davvero, fino in fondo. Eravamo troppo occupati a buttarci nella lotta, a inventare qualcosa di diverso, per riuscire a stabilire una certa distanza dalle cose. D'altra parte non avremmo potuto fare diversamente. Non saremmo stati di certo più felici, se fossimo stati consapevoli dei rischi che correvamo o delle cose insensate che abbiamo fatto».

Nina li adorava, e adorava il modo in cui tutte le persone della compagnia si impegnavano *esistenzialmente* nel progetto artistico del Collective Conscious Theater. Tutti loro condividevano l'intenzione di abbattere gli scomparti di una vita ben regolata: lavoro, amore, amicizia, famiglia, doveri, cittadinanza. Nessuno aveva chiaro quale sarebbe stato l'esito di un tale sforzo, ma erano convinti che dovesse portarli più vicino alla felicità, e anche se non v'erano più dottrine morali o politiche in grado di giustificare tali scelte, rimaneva incrollabile una sorta di sesto senso terapeutico: solo quella spregiudicata confusione avrebbe limitato i danni della società profondamente ammalata in cui vivevano. In Rita e Cosmin, Nina ritrovava il solito, imperturbabile pragmatismo nordamericano, ma emendato da tutti i buoni propositi che gli artisti del Chelsea *district* infilavano nei loro discorsi. Loro erano davvero *selvaggi*. Non avevano risposte, e nonostante ciò non si erano limitati a curare l'assenza di nitrati e pesticidi nella loro spesa o a perfezionare i loro esercizi di meditazione. Nello stesso tempo, le sembrava assurdo che persone con la loro esperienza riscuotessero nell'ambiente artistico ufficiale così poco interesse.

L'affetto di Nina era largamente ricambiato, in special modo da Rita. L'interesse che un'artista italiana mostrava nei loro confronti, un'artista molto giovane e già ben piazzata in una galleria nota, produceva in Rita un effetto tonificante. Mille volte Rita spergiurava che se ne voleva andare da New York, che tutto era ormai morto e sepolto, che gli yuppies avevano stravinto, ma poi riconosceva che questo non era possibile, che l'energia circolante nella città era troppo intensa, e che tutti erano incollati a quel grande catalizzatore di forze, di speranze, di cieco volontarismo come minuscoli chiodi a un'immensa calamita. Inoltre, se per Nina la via di fuga era costituita da persone come Rita, Cosmin, Jack, e i loro racconti popolati di amici morti, per Rita lei costituiva un interlocutore privilegiato in grado di sollecitare il lato europeo del proprio carattere, quello che rimaneva eccessivamente critico e prediligeva non l'ironia incruenta dei newyorkesi ma lo humor tetro e stralunato della Romania natale.

Danova aveva sentito vagamente parlare del Collective Conscious, li aveva poi conosciuti personalmente grazie a Nina, e si era fatto un'idea ben precisa di quello che rappresentavano per la sua amante e artista: un serio pericolo. Stavano a Nina come il gatto e la volpe stavano a Pinocchio. Costituivano un grande fattore distraente. Essi incarnavano tutto ciò che Danova detestava in arte: una radicalità fine a sé stessa, incapace di produrre un'opera dalla fisionomia chiara e leggibile. A ciò andava aggiunta l'aggravante ideologica. Dal momento che c'era la guerra in Iraq, il loro spettacolo *doveva* diventare una requisitoria prevedibile contro l'amministrazione Bush; dal momento che c'era stato la scandalo delle torture inflitte dai soldati americani ai prigionieri iracheni nella prigione di Abu Ghraib, loro *dovevano* organizzare un happening che mettesse in scena quelle torture. «È semplice underground newyorkese, Nina, come questa città ne ha prodotto a tonnellate, sempre uguale a sé stesso, e soprattutto destinato a una circolazione esclusivamente locale. Non capisco cosa tu possa trovare in gente come loro, a cui potresti dare lezioni sul piano dell'invenzione artistica». Nina aveva trovato almeno qualcosa che faceva uscire dai gangheri Danova.

## 43.

## *Non bisogna vendere alla gente un prodotto, ma la vita stessa*

Dov'è il radicamento? Quell'insieme di gesti fuori dallo schermo, lontani dallo schermo, che ci tengono in contatto quotidiano con il mondo circostante? Non riprodotti, non replicati, non messi in scena, di cui noi soli siamo attori, testimoni, interpreti? Noi e pochissimi altri, nel nostro raggio d'azione? Tommaso si chiede se sia ancora possibile esistere con convincimento in quell'angusta porzione di spazio geografico, lavorativo, affettivo, che è stato assegnato a ognuno di noi, e che appare ogni istante irrisorio di fronte alla quantità di vite disponibili, vite propagandate e filmate, sia nel trionfo e nell'eccesso, sia nel disastro e nell'esclusione. Ogni angolo di mondo pubblicizza con perentorietà sé stesso, si esibisce rabbiosamente, cerca, in forma di fantasma, d'infiltrarsi ovunque, di contaminare ogni altro angolo, in modo che nessuno sia certo del proprio segmento di terra calpestata, e si cammini su passerelle sempre pericolanti, assillati da ogni lato dall'altrove, dall'altrimenti, da tutto quanto ha una fisionomia, un colore, un ritmo diverso rispetto a quello che si sperimenta di solito. La calma che Tommaso ha cercato? La prossimità con le piccole frasi di Camilla, con le sue smorfie appena sveglia, quando scende le scale ancora tutta stropicciata dal sonno? Dove sono le sorprese e le iniziative, che potrebbero movimentare la sua vita con Sara, invece di affidarla ai vecchi automatismi, alle serate sempre uguali, ai week-end improvvisati stancamente e all'ultimo momento? Ed è rimasto fedele alla camminata calma nel giardinetto, con la tazza di caffè in mano, per ispezionare la situazione delle dalie, delle felci, del tronco di rosa, recuperato dal terreno incolto di fronte a casa e ripiantato a fianco dell'oleandro? Durante la giornata tutto sdrucciola, e Tommaso affronta ogni cosa con impazienza, come per togliersela di torno, per scavalcarla, diretto a un compito più importante, decisivo. Ma questo compito svanisce con l'avanzare della sera, non ne restano più tracce al momento d'infilarsi a letto. E una volta sdraiato, con le luci spente, Tommaso pensa alla sua vita.

Succede a tutti di sperimentare il proprio letto, imbacuccati sotto le coperte prima del sonno, come macchina di pensieri, come moviola della propria non solo giornata, ma intera esistenza. Molto spesso, si pensa soltanto all'eventualità di farcela, di tenere testa a tutto, e uno si chiede, evocando a uno a uno gli impegni, le difficoltà, i conflitti, le fratture, le minacce, si chiede se ce la farà, si chiede insomma se la sua vita potrà continuare senza incepparsi di colpo, senza che lui stesso ne rimanga stritolato sotto, senza che avvenga qualcosa di non ben definito, ma che superi in bruttezza e dolore tutto quanto ha già conosciuto. Ma è un'altra circostanza ancora, che turba Tommaso. Prima di addormentarsi, vede la sua vita, ma non come un concatenamento più o meno persecutorio di difficoltà e incidenti da superare, bensì come una serie di episodi imprecisi, tenuti assieme blandamente, senza una qualche profondità prospettica in grado di organizzarli. Si tratta certo di cose accadute, e accadute proprio a lui, ma non sono cose abbastanza vere, come se invece di penetrare a fondo nei suoi tessuti carnali, o nelle sue pieghe caratteriali, gli fossero scivolate semplicemente addosso.

Eppure c'è stato il contratto a tempo determinato, l'eredità e l'acquisto della casa. L'entrata a *Dalos* di Sara. Nuovi progetti personali, più ambiziosi. Finalmente ha ottenuto una stabilità, o forse non l'ha neppure richiesta, gli è arrivata tra capo e collo come un regalo inaspettato. In ogni caso può ora alzarsi la mattina e addormentarsi la sera senza chiedersi: «Ce la farò?» Ma proprio adesso il mondo gli è parso tremendamente piccolo, e al suo centro non sono rimasti che lui, Sara e Camilla. Tommaso vorrebbe lasciarsi colmare dalla loro presenza, eppure, nonostante lo sappia per istinto animale, nonostante senta che senza Sara e Camilla sarebbe ributtato verso una deriva spaventosa e buia, percepisce queste figure vicine come sfuggenti contorni di fantasma, sagome vacue che uno attraversa con l'avambraccio, cercando di afferrarle. E di questo non può parlare a Sara. È il suo stupidissimo segreto. E soprattutto come catalogarlo: è un disagio d'origine somatica, un inghippo psicologico, un rovello vintage e metafisico, una menata per illudersi di avere, lui solo tra tutti, una coscienza del nulla? «Ora potrai tirare il fiato», gli aveva detto sua madre, vedendo come si erano messe le cose negli ultimi anni. Dunque, appena uno tira il fiato, si sente in bocca quel bel sapore di fiele?

A distrarlo, ci pensa lo stamburante Bravermann. «Sa cosa vuole dire *Dalos*, Zappa? Torcia, in greco antico! Tizzone, folgore, ma qui ormai viviamo al buio, tutti hanno paura di bruciarsi le mani, Modiglia per primo. Forse è perché faccio questo lavoro da troppo tempo, ma io ormai mi scoccio. Modiglia ha avuto un'idea eccezionale, ma una sola, capisce? E ora, come tanti, vuol vivere di rendita, con prudenza e calcolo. Io le cose le dico come le penso. Modiglia è stato geniale quando ha federato tutte le piccole agenzie che smanettavano sul web e cianciavano di commercio digitale, senza avere alcuna esperienza pubblicitaria. E *Dalos* è diventata una forza. Ma io mi sto scocciando e devo inventarmi uno spazio di lavoro nuovo, più libero. Oggi uno si addormenta in un mondo, e otto ore dopo si risveglia in un altro, completamente diverso. Come si può pensare di avere delle ricette? È una superstizione. Comunque di progetti ne ho, e mi serve uno come lei».

Bravermann è tornato all'attacco. Gli si era presentata la figlia di un'industriale emiliano, un tipo ricchissimo, che produceva piastrelle con cui stavano tappezzando le metropolitane di Chicago, Città del Messico, Shanghai. Lei era una svitata, ma con idee molto buone; voleva lanciare una collezione di lusso, una cosa assolutamente *made in Italy* e innovativa. Aveva già trovato dei fasonisti in Abruzzo, le ditte che avrebbero confezionato i capi che lei disegnava nel suo studio milanese. L'intera campagna l'avrebbe seguita Bravermann, ma questo era un incarico fuori da *Dalos*. «Partiremo sul web, certo, ma io voglio anche un evento, e con degli artisti, Zappa, ma veri! E faremo meglio, al nostro livello, di quanto han fatto Vuitton e Takashi Murakami a Los Angeles! A parte decorare borse e costruire enormi boutique, cosa avevano da proporre? La fusione dell'arte e della moda è già vecchia! Faceva paura vent'anni fa; gli artisti temevano di perdere l'anima e di rovinarsi il mercato, l'accesso ai musei, la considerazione della critica. Ora sta diventando un sistema integrato, e un artista che non espone alle Gallerie Lafayette di Parigi e non ha mai lavorato per uno dei giganti del lusso è uno sfigato. Certo, anche noi partiremo da lì, perché mi hanno dato budget illimitato. Ma per andare molto più lontano. E poi sono stufo di questa mania di misurare tutto. Oggi, nella pubblicità, gli uffici di marketing del cliente, o i tuoi propri, ti stanno con il fiato sul collo. Questi credono davvero che pagando un qualche laureato in neuroscienze e un bel programma di analisi del traffico si possano fare campagne vincenti. Ma in confronto a quanto accade nel mondo anglosassone, sono dei bonaccioni. Là lavorano mano nella mano con Facebook, si succhiano tutti i dati del mondo, fanno profili psicometrici agghiaccianti per precisione ed efficacia, ma mica si accontentano di misurare l'andamento di una campagna pubblicitaria... Quelli vogliono intervenire nei processi politici, vogliono dare strumenti di condizionamento ai partiti nelle campagne elettorali. Sono scenari da farsela nei pantaloni. Ma qui in Italia son tutti beati, si credono all'avanguardia solo perché s'ingozzano di vocabolario inglese e modelli di marketing. E le assicuro, a lungo andare, oltre a essere una perdita di tempo, sono strumenti che istupidiscono, atrofizzano ogni vera energia creativa, azzerano l'intuizione».

Il chiodo fisso di Bravermann è quello di *destabilizzare* il consumatore, invece di accarezzarlo, di lisciargli il pelo, d'inseguirlo nelle sue effimere identità e stili. Quello che l'arte ha saputo fare in alcuni casi, ma entro contesti molto piccini e salvaguardati, la pubblicità può farlo ad ampio raggio, con un impatto ben maggiore. Le campagne intorno a un prodotto specifico vanno dimenticate. Bisogna invertire la rotta, compiere una svolta radicale, e pubblicizzare *la vita stessa*. L'approccio dev'essere *olistico*. Tommaso ha rinunciato a capire tutto della filosofia di Bravermann, ma una cosa gli è chiara: questa volta *verrà pagato*, e generosamente. Lui dovrà contattare gli artisti, elaborare le cornici narrative dell'evento, individuare un tema specifico. L'obiettivo di Bravermann è trovare un modo per intrecciare sfilata di moda e performance artistiche senza soluzione di continuità. E poi la cena, la festa. «Ma scelga bene, Zappa! Voglio qualcosa di tonico, esuberante, estremo, alla Matthew Barney. Non le robe asfittiche alla Vanessa Beecroft! E soprattutto niente denunce a buon mercato, niente epitaffi sull'arte, non abbiamo bisogno di passioni tristi». Sara, essendo impegnata con *Dalos*, non è stata coinvolta. Bravermann si è rivolto a una giovane e combattiva agenzia di comunicazione, per seguire la logistica dell'evento. «La location sarà l'Isola Bella, sul lago Maggiore; ci prenderemo l'intero giardino barocco e il palazzo. I Borromeo ci hanno dato l'accordo. Della gestione delle isole, si occupa ormai il figlio Vitaliano, ed è entusiasta. Anche lui ha capito che moda, turismo e arte devono lavorare assieme, ma in modi sorprendenti, spregiudicati».

# 44.

## *Una performance riuscita è una performance che finisce male*

Danova vuole farle prendere atto dell'enormità del suo errore, anche se sono trascorsi ormai sette anni. Tutto quello che lei ha ottenuto o sta ottenendo a Berlino non è nulla, se confrontato con quanto avrebbe potuto avere con lui, a New York. È quanto le sta dicendo ora, tormentando bicchierini già varie volte vuotati: «Puoi dirmelo ormai Nina, cerca di farmi capire, perché davvero io non l'ho capito, neanche adesso». Sembra quasi di sentire Dolomite: ti ascolto, ma non ti capisco, sento quello che dici, ma non ne colgo il senso. «Che cosa volevi? Anzi, che cosa non andava? Appena uno decide di fare l'artista, lo scopre subito che il talento non basta. Non deve aver letto Machiavelli per capire che una carriera seria si fa associando *virtù e fortuna*. E tu, a New York, all'età di ventiquattro anni avevi talento da vendere ed eri nelle migliori circostanze per venderlo!» L'occasione che si ha una sola volta nella vita. Quella che *i più fortunati* hanno una sola volta nella vita. Bruciata, gettata nel cesso. Molti, e anche cari amici, le hanno già fatto quel rimprovero, e lei stessa, a un certo punto, ha finito per farselo.

È in grado di toccare quasi con mano *la vita che avrebbe potuto fare*, una vita che, a detta di tutti, era senza ombra di dubbio migliore della sua attuale, dell'unica vita che alla fine lei stesse vivendo, a trentaquattro anni, a Berlino. Glielo può leggere in faccia, in quanto di rado Raffaele presenta un'espressione così ottusa, d'intelligenza che ha trovato un ostacolo imprevisto e insormontabile. Può sentire dietro le sue parole l'articolazione di un discorso implicito, anzi di una domanda rabbiosa: perché tanta ingratitudine nei miei confronti, perché fare lo sgambetto a chi ti portava convinto verso il successo?

Nina, però, non l'ha vissuta così la rottura tra loro, che è stata poi la ragione della sua partenza da New York nel 2007. Innanzitutto era stato Raffaele, il suo *amante*, che aveva tradito lei, dandola in pasto al Danova, suo *gallerista*, e dal primo si sarebbe aspettata una complicità, o almeno una clemenza, che il secondo proverbialmente non aveva. La professione era per lei, a quell'epoca, un non-problema. L'arte le sembrava vasta come il mondo e la vita una lavagna che si può scarabocchiare e ripulire. Il bilancio non era stato meno penoso: amare Raffaele si era rivelata un'idiozia, perché questo l'aveva disarmata di fronte al gallerista, l'aveva resa cieca di fronte alla sua volontà di controllo. Danova non aveva mai preteso fedeltà erotica, si accontentava di una completa fedeltà mentale. Nina produceva l'opera e Danova produceva Nina. Ben installato nell'intimità di lei, nella sua vita di tutti i giorni, si era convinto che il compito fosse più facile. E a un tratto le aveva imposto un ultimatum: «Meno performance e più pezzi, Nina! I musei vogliono pezzi, vogliono oggetti da esibire, mettitelo in testa! E tieni alla larga il tuo lavoro dal Collective Conscious Theater! Non mescolare la tua storia con la loro». La risposta di Nina era stata all'altezza del grado di esasperazione di Danova.

In occasione di una collettiva importante, che raccoglieva giovani autori statunitensi e italiani, Nina promise a Danova una serie di «pezzi» nuovi, ma ottenne la possibilità di realizzare una performance il giorno dell'inaugurazione. Lui era convinto della sua nuova produzione, una serie di quadri dal titolo *Pissing Women*, ognuno dei quali affiancava un disegno a una fotografia. Nonostante lei non si muovesse dal suo solito terreno di ragazza pestifera, il risultato estetico era notevole.

All'inizio Danova l'aveva presa in giro: «Guarda che la pioggia dorata è una gran specialità dei contabili con la calvizie precoce».

«No, no, caro, è tutta un'altra faccenda. Qui le donne pisciano in piedi, guardando fisso l'obiettivo, e sono vestite in modo reale, con le loro tenute da lavoro. Naturalmente, ho fatto loro dei corsi di pisciata in piedi».

Aveva scattato una serie di foto a donne che pisciavano in luoghi diversi, in genere all'aperto, di notte o di giorno, a volte scostando appena le mutande, ma tutte ritte sulle due gambe e guardando apertamente l'obiettivo. Alcune erano riuscite persino ad avere dei passanti come sfondo. Nei disegni associati a ogni scatto, Nina riprendeva in primo piano il sesso e il getto d'urina, esaltandone lo zampillio e variando ogni volta la disposizione delle gocce. «Sono due espressività diverse» diceva Nina, «quella del volto e del corpo, e quella della figa e del suo zampillo. Meritano entrambe la pazienza del nostro occhio. Me lo ha insegnato un uomo, in un notevole quadro che vidi a diciott'anni a Parigi: *La Pisseuse*. È un Picasso tardo, del 1965, con una donna in spiaggia, nuda e possente, il mare alle spalle, che piscia di fronte allo spettatore».

Anche l'azione che avrebbe realizzato il giorno dell'inaugurazione c'entrava con l'urina, e voleva essere – su questo aveva insistito Danova – una citazione delle celebri scatolette di merda d'artista realizzate nel 1961 da Piero Manzoni. Nelle scatolette di Manzoni c'era probabilmente tonno ormai essiccato, e il lavoro si era limitato, con la tipica economia di mezzi dell'arte concettuale, alla pura sostituzione di etichette. Nina, invece, avrebbe pisciato per davvero, e in pubblico, e poi avrebbe operato, come una barista esperta, una diluizione da 10 a 1000, nello champagne. Dieci millilitri di piscio d'artista in un litro di ottimo champagne Charles Heidsieck, dentro bottiglie appositamente etichettate, che sarebbero state servite in tavola durante il banchetto da lei stessa presieduto.

La performance si svolgeva in tre tempi. Nella prima fase, una celebre agenzia di catering di Chelsea imbandiva con grande cura una tavola per dieci commensali, di fronte alla parete occupata dai quadri sulle pisciatrici. Nel frattempo, in un angolo della medesima stanza e sempre sotto gli occhi del pubblico, Nina si preparava altrettanto minuziosamente alla sua cena, vestendosi, truccandosi, ingioiellandosi. Da un lato, allestiva la tavola per una cena da sei portate e dieci coperti, e ogni coperto includeva dodici pezzi tra posate, piatti e bicchieri; dall'altro si assisteva a tutta la trafila a cui si sottopone la donna per essere non meno scintillante e bardata della tavola. Nella seconda fase, Nina si sarebbe dedicata, con l'armamentario apposito, all'operazione di diluizione e imbottigliamento, dopo aver diligentemente pisciato in un prezioso orinale di vetro soffiato, scovato in un antiquario della Dodicesima strada. La bellezza dell'oggetto, con il suo corpo oblungo, l'imboccatura a forma di mandorla e i risvolti arrotondati e sensuali, valeva di per sé la performance. Nella terza fase, si sarebbe svolto il banchetto vero e proprio con il servizio a tavola. A ogni nuova portata, Nina avrebbe invitato nove diverse persone del pubblico a condividere con lei il pasto, sollecitandole a fare un brindisi con lo champagne trafficato all'urina.

Questo era il copione previsto con Danova. Ma Nina fece andare le cose in modo diverso. Aveva organizzato una variante selvaggia e collettiva, che mandasse a puttane ogni riferimento al nonno Piero Manzoni e alla nobilitante arte concettuale. Alla fine della prima fase, irruppero in sala nove tizie molto agitate. C'era Rita, con alcune partecipanti del Colletive Conscious Theater, un paio di amiche di Nina allegramente esibizioniste, già immortalate nelle foto delle pisciate in piedi, e tre afroamericane, che erano danzatrici-contorsioniste, specializzate nelle competizioni di *dancehall* in Giamaica. Avevano corporature, età, tratti somatici, tipologie d'abiti quanto mai disparate, ma l'atteggiamento comune era schiamazzante e carnevalesco. Imbastirono un gran casino intorno alla tavola, come in certe pazze coreografie di Pina Bausch, dove ognuno sembra scaraventarsi nello spazio senza un piano preciso né attenzione alcuna per ciò che gli accade intorno. Ce n'erano due infilate sotto la tavola che facevano esercizi ginnici, altre che si inseguivano tirandosi a vicenda per i capelli, una piccolina in groppa ad un'altra robusta che avanzava a carponi, ma le più impressionanti erano le nere, che si gettavano sul pavimento con le gambe divaricate a spaccata, o si piegavano in due, puntando le natiche verso l'alto, per farle vibrare come colpite da scossa elettrica. Poi, aiutandosi a vicenda, salirono tutte in piedi sulla tavola. Avevano delle zeppe spaventosamente alte e l'operazione di per sé provocò un naturale sconquasso di piatti e cristalleria. Nina balzò sopra per ultima e diede il segnale. Dieci carismatiche donne di spettacolo, strafottenti ed esaltate, si trasformarono in altrettante pisciatrici, tutte maschilmente in piedi e dirigendo il getto con maestria, perpendicolare o a parabola. A innaffiata finita si sedettero comodamente a tavola, sciacquarono piatti e bicchieri utilizzando le celebri bottiglie di Heidsieck e Nina si rivolse ai camerieri, perché cominciassero il servizio di portate come previsto. Nel corso del banchetto, ognuna di loro invitava qualcuno del pubblico a parteciparvi, a patto però di sedersi sulle sue gambe e di farsi imboccare.

Anche se qualche temerario spettatore, sia tra gli uomini che tra le donne, si fece avanti, un buon numero di signore tagliarono la corda furibonde. Gli uomini, in generale, restarono padroni della situazione, ma alcuni fischiarono o espressero ad alta voce il loro disappunto. Danova assunse un'espressione concentrata e un colorito talpa pallido. Parecchie persone, seppure smaliziate di fronte alle mostre d'arte contemporanea, si posero la fatidica domanda: «Questa roba è arte?» Gli iniziati ebbero la netta impressione di un *bad joke*. La pisciata di gruppo sulla tavola imbandita era troppo: la situazione cessava di essere *interessante* per divenire semplicemente sporca e grottesca. La critica del *Village Voice* s'irrigidì pensierosa, cercando una formula profonda, in grado di neutralizzare la sua immediata repulsione. Alcuni spettatori, però, seppure non osarono accettare l'invito delle barbare commensali, rimasero come ipnotizzati, e anche a banchetto finito non si allontanarono dalla stanza, continuando a fissare le chiazze sul pavimento. Per Nina si era trattato di una dichiarazione di guerra, affinché lui la smettesse di programmare la sua ricerca artistica; per Danova era stata la conclusione di ogni conflitto. L'amante aveva incassato con la solita freddezza, ma era il gallerista che ne prendeva atto, annullando ogni accordo professionale tra di loro. «Non ti butto in strada, Nina, ma non è più possibile lavorare assieme. Cercati una nuova galleria, cercati un posto in cui vivere. Per adesso puoi restare in Driggs Avenue, pagandomi un affitto ridotto, ma non a tempo indeterminato». Le aveva anche sciorinato tutto un discorso sull'impossibilità, in quelle circostanze, di proseguire la loro storia di coppia, ma lei aveva già smesso di ascoltarlo. Era già pronta per andare altrove. Non aveva programmato la rottura, ma adesso che Danova l'aveva sancita, le appariva come un dato ovvio, una conclusione salutare e inevitabile.

## 45.

# *Un nuovo Zappa passeggia sull'isola*

Appena si è sparsa la voce che Tommaso Zappa stava curando un evento diverso dalla solita mostra nella galleria Paradoxa o in qualche spazio espositivo del comune di Milano, un evento, insomma, dove venivano invitati artisti italiani e stranieri di fama internazionale, si è assistito, tra gli addetti ai lavori, a una reazione scettica. Che cosa mai avrebbe potuto organizzare di tanto eccezionale uno come lui? In seguito, però, fonti affidabili hanno risolto il rompicapo: il progetto di Zappa era sostenuto da lautissimi finanziamenti privati, e si sarebbe avvalso di una campagna pubblicitaria di grande efficacia. Dall'oggi al domani, il rapporto che il mondo circostante aveva instaurato nei suoi confronti, per lo più improntato a freddezza e mancanza di curiosità, si è trasformato radicalmente.

Vecchi amici da tempo scomparsi così come recentissime e superficiali conoscenze hanno cominciato a tempestarlo di telefonate, per avere sue notizie innanzitutto, preoccupati del suo benessere, del suo grado attuale di felicità, e lo sollecitano poi a nuove produzioni critiche, lo incitano affinché torni agli affondi teorici di cui è stato maestro e, alla fine, per inciso, chiedono notizie del nuovo progetto di cui è curatore. Vogliono conoscerne il tema, la problematica, il filo rosso, quasi certi, per istinto di creatori, di avere la proposta adeguata al caso, l'opera che calza a pennello, l'idea capitata a fagiolo, e persino tipi, celebri o meno, che lo hanno snobbato anche di recente, convinti che Zappa non fosse più un critico da coltivare, di quelli davvero influenti e *à la page*, proprio questi gli piombano addosso con il furore dei convertiti e, tra un elogio e l'altro, promuovono la loro candidatura. I più astuti e calcolatori girano in modo forsennato per bar, vernissage, musei, case di amici, nella speranza d'incontrarlo *casualmente* di persona, convinti che il vecchio metodo del faccia a faccia sia preferibile, quanto a persuasività, rispetto alle moine virtuali via Messenger. D'un tratto, c'è anche gente che manifesta l'urgenza di fargli regali, di commentare in lunghe mail il suo ultimo intervento su *Campoarte* e persino certe artiste sussiegose dai corpi slanciati, che fanno performance con le tette di fuori e collant senza sotto le mutandine, lo invitano con ardore a baldorie di gruppo, dove sarebbe stato l'unico maschio in un simposio di femministe goliardiche: «Tu sì che hai capito l'importanza del lavoro di Natalia LL, di Carolee Schneemann, di Ana Mendieta! Ti vogliamo ospite speciale delle nostre cene di sorellanza». Ha guadagnato nell'arco di un paio di settimane quasi duecento richieste d'amicizia su Facebook, mentre il numero di pollicini dritti si gonfiava ogni giorno, anche sotto link nauseanti, come quello a un balordo pezzo musicale dei Borbetomagus, gruppo *noise* che si accaniva a devastare il jazz, soffiando in due sax baritoni con le campane incollate assieme.

È come se il mondo tutto gli volesse bene, proprio a lui, al quasi cinquantenne Tommaso Zappa, nonostante i ciuffi di capelli grigi e la pancia. Non che lui ci sia cascato come uno sprovveduto, anzi ne parla divertito con Sara, di questa sua subitanea popolarità, eppure alla fine ci crede: le telefonate, i like, le smancerie, tutto questo ha un evidente effetto farmacologico, lo tira su di giri, lo rende mentalmente solido, soddisfatto di sé, bello a vedersi nello specchio, scattante su e giù dai mezzi pubblici, vulcanico e originale nelle proposte, perspicace nell'analisi, come se un raggio d'intelligenza sgorgasse ormai dai suoi occhi in modo ininterrotto, vagliando al suo passaggio ogni elemento umano, artistico, sociale, geopolitico. È difficile capire se si senta un tipo speciale perché è pagato bene, o se è semplicemente destino di tutti i tipi speciali di essere pagati bene. Bravermann, in ogni caso, non incombe sulle sue scelte con ansia e sospetto; ha davvero fiducia in lui; è curioso e incoraggiante. E Tommaso si è sentito all'altezza, anche se, prima di buttarsi, tutto gli è sembrato una gran pagliacciata e nemmeno di facile gestione. All'inizio, temeva persino di uscirne sputtanato, perché di sicuro lo aspettavano al varco, proprio lui, il rigoroso, l'appartato. Fino ad allora coerenza e severità di giudizio, pur incontrando di rado i favori di un vasto pubblico, gli avevano garantito una certa reputazione. A braccetto con un tipo spregiudicato come Bravermann, rischiava di bruciarsi anche quella.

Si era sbagliato su tutta la linea. L'evento olistico firmato da lui, da Bravermann e da Marinella Maccaferri, la giovane stilista d'avanguardia, ha stregato tutti, dentro e fuori il mondo dell'arte. Lo scintillio è stato tale che ha vinto di slancio le possibili resistenze invidiose: la gente ha ceduto all'ammirazione, anche se sapeva poco, e capiva ancora meno, rispetto alle tematiche e ai modi dell'evento. Gli artisti presenti in qualità di spettatori si sono mostrati entusiasti e già prodighi di proposte per un eventuale secondo evento; quanto ai mondani, ai giornalisti, agli imprenditori, ai galleristi, e a tutto il vario esercito della moda e del lusso, hanno fatto carte false per ottenere un invito. Non si è trattato né di un banale evento promozionale, tutto buffet e dj assillanti, né di un tentativo di rendere più esotico un défilé con ingredienti presi a prestito dall'arte contemporanea. Tommaso lo spiega nel testo di presentazione di *Cerimonie*, il titolo che ha dato all'evento con il benestare di Bravermann e della Maccaferri: «Una sfilata di moda, una processione religiosa, un'azione artistica condividono qualcosa che la società digitale non può dissolvere né liquidare, *un corpo che viene alla presenza*, seguendo o rompendo un programma, prendendo spazio e continuamente lasciandolo». Il tema non vuole essere pretestuoso e s'interessa al corpo non come solito nodo di pulsioni, ultima frontiera dell'autenticità emozionale e affettiva, ma come materiale messo in forma, addestrato, scandito nei gesti attraverso un enorme sforzo antropologico. Ciò ha significato convocare gli artisti che lavorano sulla performance, sulle relazioni sociali e le circostanze quotidiane, sulle interazioni tra corpo e ambiente, sulle varie arti dello spettacolo (danza, teatro, poesia). Ma il privilegio dell'azione incarnata, nel suo aspetto effimero ed eventualmente improvvisato, andava portato alle estreme conseguenze. L'idea di Tommaso è stata semplice e radicale: il pubblico parteciperà alla giornata sull'isola senza apparecchi elettronici di comunicazione e riproduzione delle immagini. Sfilate, aperitivo, danze, performance, cena, tutto dev'essere vissuto senza mediazioni e interferenze tecnologiche, che non siano le luminarie o le voci e i suoni amplificati. Dell'evento non resterà traccia, se non nel sistema nervoso dei testimoni diretti.

Subito dopo l'approdo, sul piccolo molo dell'Isola Bella, le persone sono accompagnate a deporre in un padiglione apposito telefoni, tablet, portatili, macchine fotografiche. La situazione, con tanto di giovani agenti di sicurezza in divise bizzarre, richiama i controlli in aeroporto ma anche l'atmosfera, tra il distopico e il paradisiaco, di una setta luddista. In realtà, ben quattro artisti si occupano di curare una sorta di documentazione audio-video dell'evento, ma nessun film deve eccedere i cinque minuti, e ogni autore lo realizza secondo una modalità peculiare. Una settimana dopo, gli invitati riceveranno per mail i quattro brevi film, ossia le quattro disparate visioni dello stesso episodio e potranno confrontarle con i loro ricordi, per altro già in corso di stilizzazione e smorzamento. Stampa, TV e social, invece, sono stati forniti di foto e sequenze video nessuna delle quali corrisponde a quanto accade durante le sei ore che il pubblico passa sull'isola (dalle 17 alle 23). Il materiale per la comunicazione è stato realizzato il giorno prima dell'appuntamento, negli stessi luoghi e durante la stessa fase della giornata, utilizzando un gran numero di figuranti e le indicazioni coreografiche di un'artista svizzera. Dell'evento, insomma, nonostante la notevole copertura mediatica, non sarà disponibile alcuna versione fedele e ufficiale, salvo le testimonianze dirette di *chi vi ha assistito in carne e ossa*. Tutto ciò ha contribuito a creare tra gli *happy few* invitati un'enorme aspettativa, così come, a esperienza conclusa, il sentimento di aver partecipato a qualcosa di eccezionale e grandioso. La masochistica rinuncia allo smartphone per ben sei ore, ossia la momentanea perdita delle proprie facoltà fotografiche e onnicomunicative, ha eccitato a tal punto tutti quanti – pubblico, modelle, figuranti, artisti, che *Cerimonie* ha avuto non solo un successo incontestabile, ma ha contribuito immediatamente a creare e diffondere la propria leggenda.

Ad aumentare il fascino dell'evento, c'è poi il suo carattere decentrato e spaesante. Il pubblico si aspetta prima o poi l'evento culminante delle sfilata, ma i capi d'abbigliamento della Maccaferri circolano di continuo, indossati da modelli e modelle professioniste, ma anche da gente qualunque, da attori di teatro, da ballerine, da giovani ginnaste. Nel frattempo, tutti quei seri professionisti, uomini e donne, vengono progressivamente coinvolti da diversi artisti in una quantità di azioni strambe e inutili, come pettinare bambole, portare in giro su barelle e portantine giovani dai corpi nudi e ricoperti di vernice dorata, cucire assieme dei brandelli di stoffa fino a creare una fascia lunga alcuni chilometri.

Il Nardi e il Coca sono stati invitati e, nonostante siano usi ai salotti milanesi e alle fiere internazionali, guardano con una certa soggezione circolare per l'isola star dell'imprenditoria, attori di cinema, deputati del centro-sinistra, persino un calciatore dell'Inter. Hanno adocchiato Tommaso, mentre gironzola sulla terrazza del giardino barocco, circondato da una piccola corte di gente molto elegante che si spertica in elogi e si abbandona a gridolini e sorrisi beati. Tommaso sermoneggia con inaspettata disinvoltura: «Senza le nostre appendici elettroniche, ci scopriamo di colpo vulnerabili e antichi. Stiamo partecipando collettivamente a un'autentica prova iniziatica».

Finalmente il Coca riesce ad aprirsi un varco, e ad abbrancare Tommaso per una spalla, sottraendolo al cerchio degli ammiratori. «Zappa, caspita! Incredibile! Ma allora!» gli dice, facendo dei saltelli sul posto. Nardi si avvicina e cerca di sfoderare un sorriso risaputo, come di chi se l'aspettava. Ma entrambi lo osservano rintronati come pugili, la voce impastata dall'emozione, gli occhi lucidi; è come se lo vedessero per la prima volta, come se Tommaso Zappa gli avesse rivelato la sua natura divina dietro le spoglie del mendicante o del babbione. Nardi e il Coca ancora non si capacitano di quella metamorfosi, non capiscono come tutto ciò *sia accaduto a lui*, un tale colpaccio mediatico, un tale successo mondano, una tale riuscita organizzativa.

«Hai fatto venire Rirkrit Tiravanija?! Atelier Van Lieshout… e la Pivi!»

«Abbiamo visto Scamarcio! E… come si chiama… l'amministratore delegato di Luxottica!»

Certo, c'è il tocco di Bravermann, certo c'è il grano a palate dell'imprenditore emiliano, ma cosa c'entra Tommaso Zappa con tutto questo? Per altro, lo Zappa è stato perfido. Non ha incluso tra gli artisti né Nicola Racco né Simone Guarini. Guarini, d'accordo, visto il tema c'entrava davvero poco. Ma il Racco si poteva tirare dentro. Fosse stata un'altra occasione, un'occasione più ordinaria, più alla portata delle mostre curate solitamente da Zappa, Nardi e il Coca gli avrebbero fatto la ramanzina per quella esclusione. Adesso, però, lo guardano pentiti. Lo hanno frequentato per anni, senza capire di che pasta fosse veramente fatto. Nel giro di qualche ora, incorniciata da quello scenario insulare e lussuoso, la loro vecchia conoscenza ha acquisito un'autorevolezza inedita e raggiante. Neppure Nardi, che può avvalersi di una superiorità gerarchica, tenta più di ridimensionare il suo improvviso carisma per attenuare lo shock cognitivo. Cominciano ad ammirarlo anche loro, sconcertati ma arresi.

«Ma allora, ce lo presenti o no questo Bravermann?», chiede con finta naturalezza il Coca.

## 46.

## *Un congedo memorabile*

Ora stanno rivangando, e senza tante timidezze e cautele. Nina, dal canto suo, ha da controbattere alla ragionevolezza di Danova, ma non giustificandosi, bensì contrattaccando. Anche lei alla fine, come Rita, può accettare di non aver capito tutto di sé, delle sue scelte o non scelte, ma una cosa le è divenuta chiara col passare degli anni. La distanza tra lei e Danova non è una distanza di visioni del mondo, ma proprio di *mondi*: quello di Danova, nonostante tutte le apparenze, non è il suo.

«Sai, mi sembra naturale, Raffaele, che tu ancora oggi non abbia capito le mie scelte. Il vostro sistema, basato sul prestigio sociale e la ricchezza di pochi, assorbe con efficacia tutto quanto gli può essere utile. Una delle poche cose di cui, nonostante tutto, non sa che farsene è proprio l'arte performativa. Voi dovete difendere l'idea della rarità dell'opera, e piazzate, con la collaborazione di critici e istituzioni, i vostri prodotti al centro di un bel labirinto di codici culturali e di classe che la maggior parte della gente non conosce o non controlla sufficientemente bene. Ma la performance non fa parte di questa storia. Pensa a quello che facevamo con il tuo odiato Collective Conscious Theater sui binari zeppi di gente della stazione di Bowery alle undici di mattina. Eravamo una dozzina, giovani e vecchi, uomini e donne, brutti e belli, e ci strusciavamo tra di noi come gatti, ci davamo carezze sul volto, baci sulla testa, e parlavamo per dirci solo cose gentili e affettuose. Azioni semplici, abituali che lì, in quel posto e a quell'ora, si caricavano di una forza straordinaria. Quello scoppio improvviso d'intimità e tenerezza era più intollerabile di una rissa fra ubriachi con schizzi di sangue dal naso e labbra tumefatte. E non c'erano codici che funzionassero, che proteggessero né noi né le persone presenti; nessuno ci legittimava, ma nessuno neppure legittimava loro, le poneva in una posizione di superiorità o di controllo. Noi non sapevamo cosa sarebbe successo, e loro non sapevano quello che stava succedendo. Qualcuno poteva avere paura, non riuscendo a capire, e si spostava. Altri ancora – ce ne sono sempre – reagivano con aggressività, alzando la voce, cercando d'interromperci, di escluderci dalla loro mattinata. Però noi esistiamo, questo non possono negarlo, non hanno argomenti ideologici per farci scomparire, come invece hai tu, Raffaele, quando vuoi far scomparire la gran massa delle persone, quando l'annienti con il tuo giudizio di esperto. Ma a voi è questa presenza ingiustificata, questo contatto diretto che vi disturba. Un pezzo di realtà senza cornice, senza parapetti e contorni. Forse vi mette semplicemente in crisi, perché smantella il grande labirinto di codici sul quale campate».

Questo è il discorso che Nina ha fatto a Danova, o che avrebbe voluto fargli. Forse le è uscito di bocca più povero, più lapidario.

«Oh, Nina! Ancora questa favola, che l'arte dovrebbe essere per tutti, che magari l'arte è in grado di migliorare la vita della gente, che rende più profonde le esistenze di coloro che le si avvicinano... Quindi che cos'è? Un diritto? O forse è un servizio sociale, che bisogna garantire al maggior numero di persone come il *medical care*? Ma per questo c'è sempre stata Hollywood! Per i milioni di spettatori di ogni età, classe, livello di studio, provenienza. E oggi Netflix. C'è un'industria apposita. Tu parli cosi perché credi ancora al vecchio mito degli anni Settanta. Ci sareste voi, inizialmente liberi e creativi, e poi il sistema cattivo, che vi recupera e corrompe attraverso il mercato dell'arte e i polverosi musei. Ma le istituzioni artistiche, e coloro che queste istituzioni controllano o finanziano, sanno bene che l'arte è una cosa speciale, che non la si insegna come invece l'economia o il management d'impresa; sanno bene che non la si trasmette da padre a figlio come un patrimonio; capiscono che un artista è difficile da inventare, cioè è difficile inventare il suo stile, la sua idea, ma nello stesso tempo sanno bene che, una volta comparso questo stile, una volta emersa questa idea, è facile *farla fruttare fino in fondo*, e funziona quasi sempre. Funziona, certo, con qualche incidente di percorso, qualche fallimento, ma che dipende sempre dalla fragilità dell'artista, perché il materiale è quello che è, umano, e l'uomo o la donna si drogano, bevono, fanno disastri familiari, non capiscono quale davvero è il loro ruolo, o non riescono a starci nel ruolo, perché magari, appunto, si sono fatti abbindolare dalle mitologie eroiche sull'artista e la sua forza salvatrice. La piena libertà non esiste che nel sottobosco, là dove il mercato non è ancora entrato, ma semplicemente perché sa che non deve entrare, che non è compito suo, che non è il momento».

Non stiamo andando da nessuna parte, pensa Nina. Abbiamo cercato di aggirarlo, il passato, ma ora che vuotiamo il sacco ci rendiamo conto che nulla è cambiato. È come se ci fossimo scazzati ieri, ognuno impregnato delle sue certezze, ognuno fresco delle sue certezze. Ma io non sono così fresca, non sono nemmeno più convinta della mia ragione, anche se il torto di Danova lo vedo a chilometri di distanza.

«Sai una cosa, Raffaele? Lasciamo perdere. Anche se discutessimo fino alle sei di mattina, non ci troveremmo d'accordo. Tu non capisci, a quanto pare, il mio italiano, e io non condivido, pur capendolo, il tuo. Godiamoci piuttosto questo momento. Ubriachiamoci con allegria. Io già lo sono, un po' ubriaca».

Quando gli parla così, del tutto disarmata, e quando lo guarda in quel modo, da dolce presa per il culo, Danova non ce la fa. L'incassatore si sente meno solido. Quello, d'altra parte, è l'atteggiamento che devono assumere adesso, l'unico che può davvero funzionare. Saltare fuori dalla loro storia passata, ignorare le loro storie presenti. Inventarsi una piccola vacanza. Nina è sempre stata molto brava in questo.

Lo ha fatto parlare dei suoi viaggi in Italia, del figlio bilingue, della nuova moglie. Poi, come se si trattasse di una domanda usuale, perfettamente prevedibile, Nina gli chiede: «E come va il sesso con lei? Non l'hai stancata con le tue porcherie? No, davvero, m'interessa. Come si scopa tra gente sposata?»

«Cosa vuoi sapere esattamente? La frequenza mensile? Ti basta questo o devo farti i disegnini?» Danova cerca di non lasciarlo trasparire, ma è contento. Se la serata con Nina, ad un certo punto, ha avuto il gusto amaro di una situazione intricata e vana, ora svela una dolcissima via d'uscita.

«Ma sai, se c'era una cosa in cui funzionavamo parecchio bene era questa. O ricordo male? Non hai mai avuto nostalgia delle nostre improvvisate?»

Ora Danova l'avrebbe seguita docilmente, passo dopo passo. «E va bene, certo... Ci ho ripensato spesso. E te lo dico spudoratamente: dopo averti rivisto a Wedding, la notte stessa non smettevo di rievocare episodi della nostra storia, e un buon numero c'entravano con noi due a letto. Non riuscivo più ad addormentarmi».

«Ahi, ahi, ahi! Chissà come te lo sei fatto venir duro?!»

«Smettila!»

«Poverino il Raffaele solo solo nel lettuccio, senza una mano amica, una bocca amica».

Ora gli pizzica con la mano l'avambraccio. «Dimmi, allora, che cosa ti piace di più ricordare?»

«Anche in questo non sei cambiata per niente». Un sorriso ha ormai preso possesso dei lineamenti di Danova e, quale sia il tono che cerca di dare alla sua voce o il controllo che impone allo sguardo, rimane indisturbato e plateale.

«Ti piacevano le mie bevute? Quando ti bevevo fino all'ultima goccia? Anche la moglie lo manda giù?»

«No, purtroppo. Patricia in certe cose è morigerata. C'è una bella intesa, ma in effetti siamo un po' troppo accademici...»

Anche l'imperturbabile Danova ha un cazzo tra le gambe come qualsiasi uomo, pensa Nina, mentre lo porta su di un terreno che le è favorevole. E quando lui non ne può ormai più e la implora con gli occhi di prendere una decisione, lei si alza e lo accompagna alla cassa a pagare. Una volta fuori, ignora l'invito di Danova a dormire al suo hotel e lo trascina ancora una volta per mano, ma in modo più concitato, fermandosi di tanto in tanto per stampargli un bacio sulla bocca. Spesso inciampano o si urtano, senza capire se dipenda dall'alcol o dalla goffaggine di un impulso infantile. Nina se lo porta dietro per strade sempre più buie e deserte, finché gira all'improvviso dentro un cortiletto. Si scorge appena il luccicare di un'impalcatura, che riceve il tenue riverbero di un lampione. Nessuno sembra abitare lì dentro. Nina gli si piazza di fronte e lo spinge davanti a sé a piccoli passi, posandogli le mani sulle spalle, fino a quando la schiena di lui incontra una superficie dura. Lei lo bacia, carezzandolo intanto fra le gambe, fino a quando percepisce il gonfiore. Danova è calato in un mutismo totale. Ha paura che una sua qualsiasi frase o anche soltanto una parola isolata possa introdurre un elemento malefico, in grado d'interrompere o deviare lo svolgimento del sogno. Con grande cura, Nina gli libera il cazzo, facendolo emergere dall'apertura dei pantaloni. Accovacciata tra le sue gambe, lo sbaciucchia in punta, lo introduce tra le labbra, lo lavora un pochino con la lingua, e poi si alza in piedi. Poggiandosi su di lui e lambendogli con la lingua l'orecchio, comincia a masturbarlo lentamente. Lui con gli occhi già semichiusi balbetta: «Nina ti prego... Prendimelo in bocca... Prendimelo in bocca quando vengo...» Ma Nina dopo un po' si ferma e si stacca da Danova. Lui ha gli occhi completamente chiusi. S'immagina che lei si è chinata di nuovo. Nina lo guarda per qualche secondo. È una figura autonoma, indipendente, ormai del tutto separata da lei come un manichino piazzato contro un muro per allegorizzare l'ottusità e nello stesso tempo la femminilità del desiderio maschile: il cazzo proteso che si trascina dietro tutto il corpo, quasi inarcato in avanti, la bocca semiaperta con bollicine di saliva agli angoli, il collo reclinato come quello di una Madonna rinascimentale. È perfetto. Non va né fotografato né filmato. Lei l'ha osservato l'istante necessario per coglierne tutta la fragile fatalità animale. «Bene Raffaele, ora puoi finire da solo! Tanti saluti a casa». E corre via.

Ha complicato sufficientemente il percorso di ritorno, zizzagando per un quartiere che conosce molto bene. Danova, in ogni caso, non possiede il suo indirizzo. Chissà se ha tentato d'inseguirla o è rimasto sprofondato nel cortile buio, per concludere da solo il lavoretto? Probabilmente adesso sta tornandosene verso il suo hotel in taxi, maledicendo Nina e l'intera città.

## 47.

# *Il sesto mese fatale*

Se Tommaso ha cominciato ad ascendere al cielo di una notorietà indiscutibile, conquistandosi quell'anima fascinosa e ubiqua, che ogni citazione nelle pagine di un quotidiano nazionale fa spuntare dal corpo greve e circoscritto di un comune mortale, Sara sta impietosamente dirupando per le tenebrose gole del mobbing aziendale. E non è ironia della sorte, ma bastardaggine umana pura e semplice, pensa Tommaso.

Sara non dorme più, e si dibatte quotidianamente tra il terrore e la rabbia. Ha perduto cinque chili nell'ultimo mese. Sta organizzando il *corporate event* per la *Dalos*, l'ultimo dei quattro eventi che ha seguito da quando è stata assunta; il più familiare per lei, anche perché si svolge a Milano, territorio che le riserva poche sorprese. Ma Modiglia si è trasformato, nel frattempo, da Dottor Jekyll in Mister Hyde. E l'organizzazione della cena primaverile, con festone finale al NHow Hotel di via Tortona (*Terrace Party & Street Art Battle*), è diventata una *via crucis*. La follia di Modiglia ha un metodo: cambia le carte in tavola ogni due giorni: prima vuole il concerto con il rapper di grido, ma non capisce un cazzo e cita

Jovanotti, poi l'unplugged con Laura Pausini, però è meglio il gruppo di salsa portoricana, infine niente di niente, perché la proposta deve farla Sara. «Ma sei tu che devi convincermi! Tira fuori delle idee, stupiscimi! Non sono mica un suggeritore!»

L'anno prima, con la loro magnifica agenzia esterna, erano finiti in un cantinone buio dei Navigli, con un servizio di catering tutto alcol e niente cibo, il gruppetto musicale *Stalle a strisce* – che era un'imitazione folk-rock poco divertente di Elio e le Storie Tese –, e gran finale con Ivan Diamante, mago logorroico che affogava i suoi quattro o cinque trucchi in una marea di ciance. Il progetto di Sara li avrebbe sottratti alle atmosfere caserecce e da varietà televisivo, per immergerli in uno scenario più consono alla realtà di *Dalos*: terrazza incorniciata da telai di cemento grezzo e serpentoni d'acciaio del sistema d'areazione, poltrone di plastica color arancione fluorescente, muro di casse tipo sound-system giamaicano, bancone di bar a serpentina e competizione tra maestri della bomboletta spray sul grande muro di cemento. D'altra parte, se accondiscendesse alle astruse e bifolche proposte del capo, la pagherebbe esclusivamente lei. Quali che siano le indicazioni contraddittorie che Modiglia le riversa sul capo, l'obiettivo rimane uno soltanto: un evento di qualità organizzato alla perfezione. Altre possibilità non sono contemplate.

«Tom, si è messo a farmi le pulci su tutto. Mi strappa la pelle di dosso, vuole sabotarmi il rapporto con i fornitori. Mi dice: sul menù tira giù il 40%. Ma come fai? È un'agenzia di catering fidata, con cui lavoro da anni... Se gli chiedo sconti così, quelli cominciano a odiarmi». La chiama alle undici di sera, gridando: «Dove sei? Guarda che se non rispondi subito ti tolgo il telefono! Che cazzo hai combinato con la mail! Me la devi reimpaginare tutta!» Quando arrivano le telefonate di Modiglia, Sara comincia a girare per il soggiorno agitata, ma alla fine sale in camera, sapendo che finirà per rispondere. Tommaso allora le si mette alle calcagna, tirando giù santi: «Ma dio schifoso, Sara! Non vorrai mica parlargli. Ti prego non cadere nel suo gioco».

«Taci Tom, almeno tu non tartassarmi».

«Quello è pazzo! Sono le undici! Ti sta chiamando alle undici! Stacca il telefono e basta!»

«Quello è il mio capo! Sono io che ci lavoro assieme e sono io che me lo gestisco».

Tommaso diventa matto. Alla fine s'incazza talmente, che se ne esce di casa. Al ritorno Sara è già andata a letto, ma sa che non sta dormendo. È furiosa anche contro di lui.

Modiglia ormai, da un paio di settimane, ha preso possesso dei loro giorni e non c'è esorcismo o distrazione che valga. Sara, stoica, tiene alta la guardia, e si fa martellare alle corde. Tommaso, fuori dal ring, assume una doppia strategia: passa in rassegna con lei gli avvocati che conoscono, e le possibili ritorsioni legali da film americano, mentre in privato fantastica di aggressioni dirette, con passamontagna e mazza di legno, oppure azioni più sofisticate e di gruppo, con sequestro di persona e torture cambogiane. Di tanto in tanto, minaccia di agguantare il Samsung di Sara durante le telefonate-supplizio, e di mandare affanculo Modiglia una volta per tutte.

«Questo è il tuo modo di aiutarmi? Sei un campione! Mi devo sorbire le sfuriate di Modiglia, e pure le tue crisi di nervi? Grazie! L'unica cosa che sai fare è smadonnare alle mie spalle o parlarmi di mirabolanti azioni legali. Ma io non ti sto chiedendo niente. Un abbraccio, sai che significa? Basterebbe ampiamente. Uno sforzo di semplice comprensione, non un pacchetto di soluzioni immaginarie».

Il fatto era che cominciava a sparire della gente. Sara giungeva in ufficio, e non c'era più Giorgio. La settimana dopo era vuota la scrivania di Francesca.

«Ma scusate? Francesca che fine ha fatto? Non sta bene?»

«Eh, sai, Francesca non ce l'ha fatta» le rispondevano.

«Come non ce l'ha fatta?»

Erano soprattutto i quarantenni e le quarantenni che mancavano all'appello: i manager, la gente qualificata e ben pagata. Sembrava un'epidemia, ma che non colpiva la base giovanile. Questa era immune: ogni mattina sgambettante e in formazione compatta. Quasi tutte ragazze di venticinque anni, more, con frangetta, capelli lisci, gonna corta, andavano e venivano in un gran trottare di tacchi. La mannaia dei sei mesi si abbatteva sulla fascia intermedia. *Nel periodo di prova entrambe le parti possono recedere dal contratto.* Nessun mistero: Modiglia, sovrano e spietato, ti sbatteva fuori senza giusta causa. Prima succhiava le tue competenze, create in anni di esperienza, poi ti sputava a terra malconcio. E la sostanza buona se l'era assorbita la *Dalos*.

All'inizio dell'incubo, Tommaso ha cercato di rassicurare Sara, anche perché lo scontro incipiente tra lei e la dirigenza della *Dalos* lo ha sentito come un pericolo per sé, per la relazione che ha stabilito con Bravermann. Quest'ultimo, infatti, vuole continuare a realizzare delle cose per suo conto e ha proclamato pubblicamente che il binomio con Tommaso Zappa – definito nell'intervista al «Sole 24ore», «un critico e curatore, che ha una vera visione del futuro» –, quel binomio avrebbe ridefinito i confini dell'arte, della comunicazione e del lusso.

È partito in tromba su un nuovo progetto, ancora più grandioso e spericolato. «Zappa, non dormiamo sugli allori. Di *Cerimonie* continueranno a parlarne per un pezzo, ma noi dobbiamo già prepararci per il 2016. Non so se gliel'ho mai detto, ma io sono molto amico di Ricardo Bofill. L'ho conosciuto a Parigi negli anni Ottanta, proprio quando Terry Gilliam venne a girare alcune scene del film *Brazil* nel complesso architettonico di Noisy-le-Grand, alla periferia di Parigi. Bofill è un genio dell'architettura, e non a caso non ha fatto che scatenare polemiche, entusiasmi e piagnistei, nel corso della sua carriera. Comunque, l'ho convinto a metterci a disposizione la sua Fábrica, un gigantesco cementificio vicino a Barcellona, costituito da 30 silos, gallerie sotterranee, salemacchine, che lui ha riconvertito in un dedalo di giardini e in uno studio per la sua agenzia d'architettura. Festeggeremo in modo adeguato il centenario della teoria della relatività generale di Albert Einstein, pubblicata il 20 marzo 1916 sugli *Annalen der Physik*. È lì che comincia davvero il Novecento, mica con le pallottole di Gavrilo Princip a Sarajevo; quello era solo il cruento segnale di chiusura del vecchio secolo. E stavolta, Zappa, voglio Matthew Barney con noi. Cominci a lavorarci. Io sto cercando i finanziatori. Stavolta i Maccaferri non ci basteranno».

Con l'avvicinarsi della festa milanese di *Dalos* e l'accentuarsi delle aggressioni di Modiglia, Tommaso ha però capito l'antifona. Non c'è nulla da salvare per Sara e, per quanto lo riguarda, andassero tutti all'inferno, Bravermann e Bofill a braccetto.

«Ti prego, vattene tu, prima che ti sbattano fuori. Lasciali nella merda all'improvviso!»

«Ma lo sto già organizzando l'evento: ho preso i contatti con il catering, fermato le date dell'hotel e prenotato l'intervento dei graffitari».

«Fregatene Sara, è la tua salute che conta di più. Quel bastardo ti sta tirando scema».

Ma Sara è un'orgogliosa, e non vuole darla vinta al maschio alfa che di colpo si è scatenato contro di lei. Nonostante le faccia scenate anche in ufficio, davanti alle succubi segretarie, Sara non ha mai versato una lacrima. Piange a casa, ma mai davanti a lui o al telefono.

«Voglio vedere cosa avranno da ridire sull'evento... Me la sono cavata egregiamente con Givenchy a Parigi, figurati se non riesco a fargli una festa aziendale come dio comanda qui a Milano!»

E Sara ha avuto ragione. Il *Terrace Party & Street Art Battle* è stato un successo. Tutti hanno adorato l'hotel tra il fumettoso e il futurista, il cibo raffinato, i tipi del bar schizzati ed efficienti nella somministrazione di superalcolici, e la gente si è potuta sbronzare a dovere. I *writers* ci hanno dato dentro, esibendo un aspetto sufficientemente mefistofelico e metropolitano. I maschi della *Dalos*, poi, sono andati in visibilio, perché tra i concorrenti della battaglia con le bombolette c'era una ventenne carina, con abbondanza di piercing e tatuaggi, e una maglietta senza maniche, dai cui spacchi affioravano due seni tonici e nudi. Come da copione, Sara è stata interpellata nel bel mezzo della serata dal responsabile del catering: «C'è un malato di mente che ha appena lanciato un bicchiere contro un cameriere, o lo butti fuori tu o chiudo baracca». Tra i creativi, i quarantenni lampadati sono riusciti a portarsi qualche brunetta con frangia e capelli lisci nei salottini del piano di sotto, e gli immancabili geni del marketing hanno pisciato giù dal terrazzo. La felicità degli impiegati di *Dalos* si è insomma toccata con mano. Sara, per di più, è stata sbaciucchiata, abbracciata, torturata di appiccicosa affettuosità alcolica da colleghi e colleghe durante l'intera serata.

Dopo due settimane esatte è convocata dalla sua capa e dalla responsabile delle risorse umane. È la quinta a cui danno il benservito. La capa in realtà è un fantoccio, perché durante l'organizzazione di tutti gli eventi Modiglia aveva imposto che Sara si rapportasse direttamente con lui.

«Ma lui dov'è? Non c'è lui?» chiede subito Sara. No, il satana non si è neppure scomodato.

«Va bene, allora sentiamo le motivazioni».

«Vuoi la versione ufficiale o la verità?» le dice la responsabile del personale. «La versione ufficiale è che non hai raggiunti gli obbiettivi».

«Ma che strano! E come sono andati allora i quattro eventi che vi ho organizzato, incluso quello milanese di quindici giorni fa, a cui avete partecipato pure voi?»

«In realtà sono andati bene. È che ci siamo sbagliati, Sara. Per noi tu sei *overqualified*, non possiamo tenere una persona con il tuo livello di professionalità e il tuo salario per il nostro comparto eventi».

«Ah, quindi vi siete sbagliati... Ma io vivo del mio lavoro, e oggi grazie a voi non ce l'ho più. Voi avete *creato una disoccupata*! Complimenti».

Sara le fissa. Chissà perché si aspetta un'ulteriore spiegazione, qualcosa di più ragionevole, di più turpe forse, un motivo che sia all'altezza della mazzata che le stanno affibbiando. Non quella cantilena piatta e in fondo prevedibile. È a questo punto che le due tipe si mettono a piangere. Vorrebbe prenderle a pugni.

## Autunno 2015

## 1.

## *È pericoloso sporgersi (sui propri cinquant'anni)*

Tommaso si guarda allo specchio del bagno. Si guarda in modo più stizzito e rapido da quando ha compiuto i cinquant'anni. Ora ne ha cinquantuno, ma né il suo sguardo si è fatto più benevolo, né il suo volto si è meritato più benevolenza. Rimugina un discorso chiarificatore. Se avesse la pazienza di scandirlo per intero, avrebbe probabilmente la forma che segue. «Le cose non vanno mai come dovrebbero andare. Noi facciamo di tutto, ci adattiamo e lottiamo, rifiutiamo e ci pieghiamo, siamo ispidi e docili, recalcitranti e infinitamente arrendevoli, consideriamo i fatti con mente lucida, tra l'esaltazione e lo scoramento, e poi inventiamo sottili correzioni ottiche, ma di continuo, per deformare tutto quanto, per renderlo accettabile, e infine siamo quasi convinti di aver trovato un accordo dignitoso tra noi e il mondo. Ci sentiamo persino accolti, abbiamo luoghi certi e familiari, abbiamo percorsi senza sorprese, mansioni che ci fanno sentire importanti, magari indispensabili. La vita sembra quasi un affarone. E acquista una certa malleabilità nella voce, quando quello che accade viene narrato, divenendo più duttile e leggero. Ma bisogna impedire che i fatti si coprano di silenzio, si facciano definitivi, univoci.

Le cose non vanno mai come devono andare. Neppure i desideri, d'altra parte, desiderano quello che dovrebbero desiderare. Anche loro hanno fisionomie ambigue, andature zoppicanti. L'unica cosa che conserva un'inappellabile coerenza è il tempo. Lo si dimentica il tempo, fortunatamente. Nessuno passa la vita a fissare il cammino della lancetta sul quadrante, o lo sfarfallare delle cifre luminose su uno schermo digitale. Dimenandoci di continuo, lo offuschiamo; tentiamo trucchi, diversioni, smemoratezze, ma lui è fedele, non ci trascura. I cinquantuno anni, per esempio, ci sono tutti, misteriosamente accumulati da qualche parte, visibili e invisibili, nella piega che prendono i pensieri o nella piega che prende la pelle del viso. E non c'è stato sconto, errore, approssimazione.

A diciotto, vent'anni, era scandaloso il tempo che passavamo allo specchio. Ed erano momenti quelli, magari gli unici, di assoluta consapevolezza: il nostro volto si lasciava correttamente ammirare come un deposito di felicità possibili, di pienezze, di accoglienze che esso avrebbe trovato di fronte a sé. Noi credevamo di ammirare quel volto perché era il nostro, perché era lo stemma visibile, limpido, della nostra persona, profondissima e buia di attese, ma ci sbagliavamo. Non era del nostro volto che rimanevamo stregati, ma di quanto cominciava a radunarsi di fronte a quell'immagine riflessa; era la parte di mondo oltre lo sguardo, oltre lo specchio, che ci affascinava, perché era pronta a collidere con noi, con i nostri desideri e curiosità.

Ma io non so più cosa cercare nella mia immagine riflessa di mattina presto nello specchio del bagno. È solo un lavoro puntuale, clandestino, per neutralizzare dettagli spiacevoli: stempiature, borse sotto gli occhi, capelli grigi, il torace piatto, il ventre prominente. E cosa può attendermi oggi che io non sappia riconoscere e schivare?

Forse sono soltanto un po' depresso, come dice Sara. Se sono depresso allora è tutto a posto. Sono scemenze, pensieri che girano male, pesantezze del sentire, guasti che non dicono nulla, cioè che vanno magari curati, chissà con cosa però, a me non piacciono le pastiglie. Di tanto in tanto telefono a Guarini. Il suo malessere mi solleva, le sue angustie mi rigenerano: 'Come va Simone? Stai male? Dev'essere dura in questo momento'. Se Guarini ha una depressione, ne ha una all'altezza del suo talento, dura ormai da diversi anni, anche se lui nega tutto. Diciamo, nega l'aspetto psicologico. È solo una gran voglia di sparizione, dice. Non ha più alcuna spinta per continuare il lavoro, e anche se finisce una tela, non gl'interessa parlarne con nessuno, farla vedere, cercare di giustificare artisticamente quanto ha realizzato. Poi ci sono le beghe con la ex moglie, le malattie della madre, lo scontro con l'amministratore condominiale, i sospesi con il gallerista tedesco, i pettegolezzi messi in giro da Racco, una quantità di cose contro cui lui sembra urtare con sempre più dedizione. Come se non se ne volesse perdere una. E poi nel bel mezzo di tutto, dice: 'Vorrei andarmene dentro una foschia potente, in grado di disgregarmi da capo a piedi, come certe cappe cromatiche di Turner... Finire lì dentro, inghiottito con calma e determinazione, ombra tra le ombre'».

Questo vorrebbe dire Tommaso a sé stesso, se potesse invitarsi calmamente per un caffè, se esistesse un suo doppio nullafacente con una spiccata inclinazione per l'ascolto vigile, scientifico. Ma se questo secondo Tommaso c'è, appare stanco e, pur non avendo compiti, non è uno sfaccendato allegro. Non vuole saperne di tutti questi discorsi. È giusto che rimangano sommersi, che esistano come un borbottio remoto, quando uno si alza al mattino e quando s'infila sotto le coperte a notte fatta. Costituiscono la cornice indefinita, non promettente, di ogni giornata, per un cinquantunenne come lui, forse un po' depresso.

Quando Nardi telefona fuori da ogni umano orario lavorativo, lo fa perché morso dalla tarantola di un'idea speciale, grandiosa, sufficientemente confusa, che va buttata così, grezza e intortigliata, in grembo a Tommaso Zappa. Prima ci prova con il caporedattore di *Campoarte*, Bacchi, ma siccome questo è un maestro dell'ostruzionismo, del muro di gomma, della resistenza passiva, Nardi trasforma l'idea in un progetto adatto per Tommaso, anche se di progetto, con contorni e finalità più o meno chiare, non se ne può ancora parlare, ma di agitazione verbale sì. Tommaso, in anni di precariato, di contratti ipotetici e collaborazioni frantumate, a differenza di Bacchi, assunto da tempo con i sacri crismi, non si è potuto permettere neghittosità, ma anzi ha dovuto incalzare Nardi con idee magari malsane e bizzarre, ma copiose, continuative, che mostrassero lui, il collaboratore modello, in uno stato di mobilitazione permanente. Ora il Nardi gli sta presentando come propria, seppure con stile obnubilato, una vecchia idea che viene dallo stesso Zappa nel periodo precedente l'assunzione a tempo indeterminato, dal momento che, in seguito a quel fausto evento, il neoassunto ha progressivamente cessato di inventarsi piani di rilancio improbabili per la rivista, anche perché può così dedicarsi al suo *reale* lavoro redazionale, senza dover ogni volta affiancarlo con un lavoro *fantasma*, finalizzato a colpire Nardi come una potente luce stroboscopica colpisce gli ossessi frequentatori di una discoteca. Ma Nardi deve fare ciò che più di tutto i capi, per atavica inclinazione, sono portati a fare, ossia vendere al proprio sottoposto la di lui idea, come se invece fosse nata nella testa ribollente del loro superiore.

«Sto mettendo su un progetto *speciale*, Zappa, e tu devi essere dei nostri! È una cosa seria, e ti prego di non parlarne con nessuno. Assoluta discrezione. C'incontriamo a casa di Mancini venerdì sera. Bisogna superare questa crisi, Zappa! Il mercato è fermo, la rivista perde abbonamenti. Dobbiamo inventarci qualcosa, ma unendo le forze. Quindi saremo noi tre, e, tieniti forte, Bravermann! È ritornato in pista, ed è contento che tu ci sia. Ma soprattutto abbiamo un collezionista molto promettente che ci appoggia. Ti anticipo solo questo: è tempo di puntare sul FEMMINILE!»

## 2.

## *La ghiandola che manca*

Nina guarda il soffitto: quella non è la sua stanza, non è il suo soffitto; pende una lampada esotica, con un paralume striminzito, e poi ci sono i rumori, anche quelli sono insoliti, di bambini e madri che si gridano addosso, o la luce che piove dal lato sbagliato, quindi anche lei, che gioca con il bordo del lenzuolo, sarà in parte una sorpresa, una persona da scoprire. Tutto diventerà più chiaro dopo. L'inseguimento, invece, era nel sogno. Era lei a inseguire. Cercava qualcuno con insistenza in mezzo a una festa, in mezzo a una grande casa piena di gente riversa sui divani, seduta per terra in cerchio, radunata sulla soglia delle porte, che la guardava di sfuggita, come un'estranea. O forse se ne andava lei, scappava ma dissimulando la fuga, per non destare sospetto, per non far scattare qualche allarme mentale nelle persone.

«Abbiamo scoperto una forma d'amore». Non si ricorda neppure se quella frase Markus gliel'abbia detta o scritta. Le si è ficcata in testa ora che è del tutto sveglia, ma fa fatica a costruirci intorno un ragionamento. La frase pulsa in modo intermittente, come un'insegna al neon, e sembra annunciare qualcosa: una piccola rivelazione, lo sviluppo di una scenetta con personaggi e sfondo sommario, ma la mente è come svagata, non riesce a tirare i fili, lascia tutto allo stato di abbozzo.

Ora che si è alzata e vestita, non c'è sorpresa. Guarda il tavolo di cucina di Renato: la caffettiera in bella vista, il barattolo del caffè accanto, fette di pancarré nella confezione di plastica, ben due barattoli di marmellata dai colori diversi, una tazzina amputata del manico già pronta sulla tovaglietta di bambù srotolata. Ha fatto un vero sforzo, pensa Nina. Anche il lavello è sgombro. «Una colazione italiana!» legge sul post-it giallo appiccicato al coperchio della caffettiera. Lo slogan è accompagnato da una piccola bandiera italiana, nel cui centro è disegnato sommariamente un sedere peloso. Renato Zuccaro la sta ospitando a Milano. È felice di averla lì tutta per sé; le è sempre rimasto affezionato durante gli anni e ora sente persino di avere un ruolo importante nella sua vita. Lei gli ha chiesto ospitalità, perché ha deciso di tornare, ma *provvisoriamente*. Ha insistito con lui, con la propria famiglia, con altri: è venuta solo per farsi un po' di soldi, poi torna a Berlino. C'è ancora il suo nome sul contratto d'affitto dell'appartamento in Nostitzstraße. Lo ha subaffittato per qualche mese a una dottoranda italiana.

In fondo si trova bene in questa situazione di vaghezza temporale e decisionale. È a Milano, ma come una turista, ed è riuscita ad abbandonare Berlino, senza davvero tagliare i ponti. Renato è un ospite amabile, anche se ha risfoderato quel suo atteggiamento protettivo, che Nina sa già di non poter sopportare a lungo. Renato, fin dai tempi dell'Accademia e delle loro scorribande milanesi, era stato l'unico a capire che, dietro al ciclone Nina, dietro alla ninfo e alla selvaggia, si nascondeva la fisionomia di una persona che aveva fatto del proprio smarrimento un metodo. Lui non si lasciava abbagliare dalla sua vitalità, che pur condivideva. Standole accanto, aveva scoperto che in lei il senso del pericolo era come intorpidito. Ma il destino volle che proprio la notte in cui Nina avrebbe avuto bisogno di Renato, della sua protezione, lui se n'era andato per i fatti suoi, lasciandola in mano al gruppo di maschi bastardi. In realtà, sia l'uno che l'altra si erano comportati come sempre avevano fatto: ognuno per sé e alcol e sesso per tutti. Nonostante l'istinto di Renato non mentisse, Nina non avrebbe sopportato nessuna vigilanza da fratello maggiore. Per di più con Renato erano quasi coetanei. Tutto ciò non faceva confermare un principio: nessuno può proteggere nessuno, tanto meno è possibile proteggere sé da sé stessi.

Renato le ha lasciato la casa, perché spesso e volentieri, da quando è in coppia, va a stare dalla sua bella. «Sto felicemente con Laura, fino a prova contraria», dice.

«Perché» le ha chiesto Nina, «quella clausola scettica?»

«Vivere assieme a una donna per me è ancora un mistero. Il problema è che *voi* non parlate, non dite mai davvero quel che vi gira in testa, quello che non va. Sostenete spesso che i maschi sono grezzi e laconici nell'intimità. Ma voi siete peggio. Pretendete di comunicare telepaticamente. Io gliel'ho detto a Laura all'inizio della nostra relazione. Io sono stordito, è vero. Non mi rendo conto di quello che va o non va. Allora, per favore, se tu vuoi che io faccia una certa cosa per essere un buon compagno, ti prego dimmelo. Scrivimelo se vuoi, ma che sia comunicato ESPLICITAMENTE. Ma voi siete omertose peggio della mafia. Se l'uomo non lo capisce al volo, per sensibilità innata, è squalificato per sempre. In realtà, Nina, tu non sei mai stata così. Tu hai sempre detto tutto, forse è anche per questo che facevi paura agli uomini».

Renato è un amico, e un vecchio amico, di quelli che garantiscono che noi siamo esistiti ieri, e persino dieci anni fa, e che abbiamo avuto dei momenti di grande gioia ed esaltazione, non solo un presente cupo o vago. Questo è il tesoro dell'amicizia. Anche senza la corazza che danno i ruoli sociali, le professioni, la notorietà, anche senza queste armature rituali, l'amicizia, quasi clandestinamente, testimonia di un filo di felicità o anche di semplice allegria, che tiene assieme i giorni. Forse basta questo per essere una persona, e non un ammasso informe di ricordi. Nina è contenta di aver ritrovato Renato. D'altra parte, non ha mai avuto difficoltà nelle amicizie, specialmente in quelle maschili. Però c'è Markus e la sua frase: «Abbiamo scoperto una forma d'amore». C'è sempre questa cosa più grande, più viscerale, con la quale bisogna confrontarsi. L'amicizia non basta, è troppo facile, scarseggia di risvolti melodrammatici, di eventuali sciagure domestiche.

Nina l'ha visto prima di partire per l'Italia. Markus è salito a Berlino apposta per salutarla. Hanno passato due giorni assieme nell'appartamento di lei. Lo ha trovato bello, sereno e si è chiesta perché non vivessero insieme. Gli guardava la schiena nuda, quando lui se ne stava seduto sul bordo del letto, indeciso se alzarsi o ricadere nuovamente sul materasso accanto a lei. Le sembrava una gran cosa quella schiena solida, sul bordo del letto. Non costituiva il segno materiale, vivente, di qualcuno pronto a partire, a infilare la porta, a salutare frettoloso. Era Markus, ossia qualcuno che si voltava verso di lei, che sarebbe tornato in camera dopo aver vagato per l'appartamento. La sua schiena prometteva anche un volto, ancora sguardi e parole, una quantità di gesti che non avevano fretta di scomparire. Solo che Markus, come tutti, era alla ricerca dell'amore. Lui, certamente, lo cercava in posti e in situazioni inusuali. Si era avvicinato alla foresta, lontano dalla città e dalle merci, nel bel mezzo di un villaggio diroccato, ma lì, divenuto membro di una specie di famiglia, lo aveva trovato. Era un amore meditato, di confraternita, ricco di teoria. L'amore senza piedestallo non è niente, questo ha pensato Nina salutandolo. Anche presso i primitivisti, gli incivili, quelli che si spogliano di tutti i condizionamenti, bisogna erigere l'idolo. Lei non c'è mai riuscita.

Quella mattina, seduta nella cucina di Renato Zuccaro, Nina realizza che forse non è una questione di dottrina, di altari, di cerimonie. Forse a lei semplicemente manca qualcosa a monte. Le manca un organo interno, una qualche ghiandola o sostanza chimica, che se ben sollecitata liberi nel sangue l'effusione amorosa. È così che uno ne ha la prova, che ne prende coscienza e può nominarla. In lei, invece, niente di palpabile, di evidente, nulla che possa convincere sé o gli altri.

## 3.

## *Quando ci si mette il cuore*

C'è stato un momento in cui Tommaso si guardava in faccia con prontezza e fiducia, e non aveva discorsi complicati da indirizzarsi. Insomma, aveva felicemente perduto il privilegio di avere una vita interiore, una tormentata e capiente coscienza, in cui aspirazioni e ricordi, risentimenti e rimpianti, si dibattono confusamente. In quel periodo, che risaliva all'anno prima, aveva persino varcato la soglia dei cinquant'anni senza starci tanto a pensare. Aveva ben altro di cui occuparsi. Doveva mobilitare tutta la sua esperienza passata e il suo acume intellettuale per fare molte cose, molto nuove e molto pagate. La sua vita era sintonizzata sul vasto mondo, e si capiva, finalmente, che in esso un posto preciso gli spettava. Era una faccenda chiara a tutti, che non andava dimostrata con faticose gesticolazioni a ogni passo. Lui lavorava per Bravermann, anzi *con* Bravermann, il grande pubblicitario, e *con* Bofill, il grande architetto, al progetto Einstein-2016. «Zappa, lei deve allo stesso tempo ORGANIZZARE e CONCEPIRE». E, senza alcuna moderazione, Bravermann gli mandava non solo suggerimenti e ipotesi sui contorni che il grande evento avrebbe dovuto avere, ma anche bibliografie spaventose, specialistiche, con dentro equazioni di fisica matematica, perché Tommaso, al solito, era l'uomo dei *contenuti*, e quel benedetto evento barcellonese era come un capannone gigantesco e spoglio che andava *concettualmente riempito*. Bravermann, visionario, tirava le grandi linee, e Tommaso, coscienzioso, completava la mappa.

Nei giorni successivi al licenziamento di Sara, Tommaso aveva vagheggiato telefonate chiarificatrici con Bravermann, dove lo avrebbe trattato da Pilato, da complice di Satana, da merda inconsistente. In realtà, non se lo poteva permettere. Tutta la faccenda dell'Isola Bella gli aveva portato in tasca, oltre a una gradevolissima notorietà, seimila euro netti. Quando mai aveva visto quelle cifre, lui critico di serie B? E inoltre, con la moglie sbattuta fuori da *Dalos*, saltavano i confortevoli tremila mensili. Bisognava ingoiare il rospo. Glielo ribadì anche Sara. «Non ho bisogno di vendicatori, Tom. A questo punto, invece, cerca bene tu di non farti fregare. Bravermann è un campione a imbastire progetti faraonici, tanto lui ha il culo parato. Assicurati bene prima di lanciarti a lavorare sull'evento di Barcellona. È finito il tempo delle manate sulle spalle».

L'anno prima c'erano state anche le mail di Celona, ben due, di diverse righe, in cui il papa della giovane critica si prendeva la briga di spiegargli un progetto editoriale con molto tatto, non dando nulla per scontato, e tutto questo al fine d'invitare Tommaso a partecipare alla curatela del solito manuale d'arte contemporanea di ampia diffusione. Ora, un conto era scrivere un articolo in un libro collettivo – era già successo, grazie a Celona – un altro era avere uno spazio in copertina spalla a spalla con un critico di serie A. E, ciliegina sulla torta, Celona parlava di soldi, e in modo circostanziato. Era l'effetto «Isola Bella». Celona non aveva aperto bocca su *Cerimonie*, anche perché, ufficialmente, non era il tipo di evento che avrebbe né patrocinato né difeso. Ma Celona era uomo astuto e di mondo, capiva che dal lato Zappa qualcosa si stava muovendo. Anche se non era in grado di coglierne tutti gli esiti, gli sembrava che fosse il momento buono per una cooptazione. Lo aveva probabilmente sperimentato nella sua stessa carriera: se bisogna cooptare, per avere un più saldo governo delle cose, tanto vale farlo per tempo. Le cooptazioni tardive non solo sono spesso inutili, ma provocano sicura irritazione in colui che si vorrebbe imbarcare.

In Tommaso, la voce della consapevolezza parlava con lingua biforcuta. Da un lato, egli leggeva le mail di Celona con occhio disincantato, ironizzando sull'effetto «Isola Bella», dall'altro si convinceva che il critico avesse finalmente pensato: «Però, questo Zappa». Non era una faccenda di copertura mediatica – i servizi dei TG regionali, l'intervista uscita sul «Sole 24», il paginone di «Repubblica» sul rapporto arte e moda, ecc. Celona aveva semplicemente capito, e stavolta fino in fondo, il valore di Zappa. E Tommaso, ormai, s'immaginava di rivolgersi a lui, non chiamandolo più con quel cognome, che tanto negli anni lo aveva ossessionato come un monito della sua inadeguatezza. *Celona* diventava semplicemente *Paolo*, quasi un amico, una persona con cui il legame affettivo, di simpatia umana, precedeva qualsivoglia rapporto basato sull'opportunità professionale.

Tommaso aveva diviso la sua attività tra *Campoarte* e il progetto Einstein-2016, rinunciando senza troppo sconforto alla solita supplenza annuale nel liceo linguistico. Tutto andava liscio con Bravermann, che lo chiamava da Barcellona almeno una volta alla settimana. «Mai ripetersi! Arte e moda un cocktail già vecchio, Zappa. Stavolta andiamo più lontano! Ci rivolgiamo ad altri settori produttivi, il turismo innanzitutto, ma anche l'accademia che funziona ormai come un'azienda e ha sete di pubblicità. E l'arte costituisce il nostro collante tra scienza, architettura e paesaggio. Ma perché tutto questo funzioni, dobbiamo credere nella *bigness*, quello che facciamo dev'essere fuori scala, non solo in termini promozionali, ma di grandezza fisica e complessità concettuale».

Quando Tommaso sollevava dei dubbi o lasciava trasparire un briciolo d'ansia, l'altro lo travolgeva implacabile: «Zappa, non si lasci impressionare dalla leggenda! Stanford, Harvard, Berkeley... Si ricordi... È la cultura anglosassone! Il prestigio, la pompa, le apparenze, non è così che funziona. Non siamo mica in Italia, eternamente schiava del barocco e della controriforma. Quel che conta laggiù è la paga, quanto vali, mica la messa in scena simbolica, la cerimonia, il drappeggio! Non abbia paura. La strategia è semplice: quanto prende un membro del dipartimento di fisica teorica di Stanford per fare le sue conferenze divulgative? Ebbene, noi gli offriamo il 20% in più, ed è nostro!» Bravermann era pirotecnico sul fronte dei finanziamenti e aveva ragione: il progetto doveva essere avvolto nello scintillio particolare che le promesse di denaro, di tanto denaro, infondono al grigiore delle attività quotidiane.

Tommaso alla fine aveva capito. Il segreto del loro binomio era semplice: più lui pretendeva di zavorrare con ragionevolezza e pragmatismo i piani del pubblicitario, più il suo contributo si faceva stanco e tentennante; egli non doveva che esporsi all'entusiasmo di Bravermann, lasciarsi trasportare dalla fede incrollabile che trasmetteva il suo tono di voce, e agire di conseguenza. Rapido e a testa bassa. E tutto ciò sembrava funzionare.

Poi gli arrivò la telefonata non da Barcellona, ma da Milano. Era Giulia, la segretaria. «Faccio ancora fatica a crederci.

Ho parlato con la moglie al telefono due giorni fa. Ha avuto un infarto e grave». Tommaso non aveva capito subito. Era rimasto pensieroso tutto il pomeriggio. Poi l'aveva richiamata, non sapendo bene cosa dire. Chiedeva notizie su di lui, ma cercava anche di capire quali sarebbero state le conseguenze. «Tommaso, ascoltami bene. È proprio finita. Tira i remi in barca. Non si farà più nulla, né a Barcellona né altrove».

Era il 2014, e Tommaso si rese conto che l'infartuato aveva dieci anni tondi più di lui. Solo un evento vascolare maligno, a rischio di ammazzarlo, era in grado di fermare Bravermann. Ma così era stato, e le conseguenze furono aspre per entrambi. Zappa era sul punto di diventare un critico di serie A, e in modo trionfale, grazie a un balzo felino. Adesso c'era molta gente che poteva tirare un sospiro di sollievo: niente paura, Zappa è rimasto in serie B. Quanto a Bravermann, gli va pure peggio. Modiglia saltò sull'occasione; non ne poteva più di un socio avanguardista, che ormai spendeva le sue migliori energie in progetti esterni al lavoro dell'agenzia. Ora che le energie erano centellinate per ragioni di salute, Bravermann se ne sarebbe stato a casa tranquillo con tanti bei soldini, ma fuori da *Dalos* una volta per tutte. Lui, che si era molto giustificato con Tommaso, ma senza davvero muovere un dito per Sara, ora veniva preso a calci in culo.

Bravermann era stato mogio per alcuni mesi, poi telefonò a Tommaso per sfogarsi. Aveva ingaggiato una lotta contro la moglie, che aveva creduto di prendere finalmente il controllo sulla sua vita. «Ester è pazza, vuole organizzarmi delle crociere, vuole che smetta di lavorare!» Poi attaccò anche con la solfa *Dalos*. «Mi hanno fatto fuori Zappa, capisce?! I vigliacchi! Hanno aspettato che fossi a terra, per darmi il colpo di grazia. Modiglia e i suoi servi! Ma è stata la mia salvezza. Non ne potevo più. Mi ero scocciato. In ogni caso gliel'avevo detto: quello non c'ha sangue nelle vene, non c'ha cuore. A me è saltato il cuore, perché lo uso troppo, magari l'ho usato a torto e traverso, ma Modiglia c'ha dentro la sabbia. L'unica cosa che gli funziona è un calcolatore in testa. Ma non ha ancora capito che i calcolatori, di per sé, sono strumenti ottusi».

# 4.

## *In fondo, l'arte è un mestiere come un altro*

*Erotismo 2.0* era stato diffuso da Arte. Ulrike fu molto contenta, perché il documentario aveva riscosso interesse di pubblico, buone critiche, ed era circolato per piccole sale e festival. Nina fu vista e apprezzata; diverse persone del mondo artistico la contattarono, soprattutto per complimentarsi. Ricevette anche degli inviti, per mostrare il suo lavoro e intervenire in qualità di «conferenziere». Come previsto, per tutto il 2014, divenne l'artista da interpellare su una manciata precisa di temi: sesso e tecnologia, sessualità femminile, femminismo post-porno, performance e nuovi media, pornografia e arti plastiche. Le pagarono persino un paio di viaggi in Francia, per partecipare a degli incontri organizzati dalle Scuole di Belle Arti di Parigi e Lione. Non ci fu però alcun miracolo. Forse lei non era stata abbastanza astuta, abbastanza pronta, abbastanza qualcosa, per trasformare quell'occasione nel famoso rilancio di carriera, e soprattutto per ottenere contratti con gallerie o borse sostanziose. E, alla fine, a Berlino la vita si era fatta faticosa.

Thomas Grasser, l'amico scultore che spesso le dava lavoro, si era trasferito in Umbria, e lavorava ormai solo per committenze locali, disseminando ville di tedeschi e olandesi con sagome metalliche vagamente antropomorfe. Il negozio di dischi in vinile aveva finito per chiudere. E per campare, Nina era andata a lavorare per una cooperativa specializzata in pulizie per uffici. Nonostante avesse conosciuto persone incredibili – sembrava che nessuno, con una vita minimamente normale, potesse finire a strofinare scrivanie con lo sgrassatore –, era un lavoro sfiancante e in un solo anno si era già rovinata la schiena. Infine vi erano le tensioni con il collettivo di artiste. Le *Material Girls* all'inizio erano davvero una banda anarchica, piena di curiosità per il mondo, d'irriverenza, ma anche di giovanile autoderisione. Poi erano emerse le ideologhe, che avevano reso tutto un po' più cerebrale e noioso. Si organizzavano delle riunioni, in cui ognuna presentava agli altri il proprio lavoro, l'attitudine che assumeva nei confronti delle istituzioni e della stampa specializzata, e a volte si toccavano anche le questioni della vita privata, dei rapporti con i maschi o con la propria famiglia. Si discuteva molto, nonostante i temi fossero gli stessi e si finisse irrimediabilmente per ripetersi. Questa atmosfera, tra la sezione di partito e la comune autarchica, presentava per alcune di loro dei vantaggi. Il collettivo era una famiglia protettrice e, come sempre accade, sottilmente gerarchizzata, tale da costituire un punto di riferimento saldo, ma anche un po' tirannico. Alcune poi avevano avuto figli, e si erano lanciate in una riflessione sul ruolo della madre nella società, e sulle modalità di essere artiste in qualità di madri. Tutto interessante, tutto giusto, ma Nina si sentiva molto estranea a questa faccenda. Amava i bambini, ma non amava particolarmente le madri. E soprattutto non aveva il desiderio di diventarne una. Quindi l'affiatamento con le *Materials Girls* si era assottigliato negli ultimi tempi.

In Italia Nina non rischiava di trovarsi in simili frangenti. I collettivi di artisti, maschili, femminili o misti, non esistevano proprio. Come sosteneva Renato, in gruppo, per coppie, o da soli, i giovani artisti italiani avevano una sola priorità. Se ne infischiavano ampiamente degli stili di vita e delle posizioni ideologiche: tutto era provvisorio e intercambiabile, tranne il dio mercato, che era ubiquo ed eterno.

Il progetto di subaffittare il proprio appartamento e di stabilirsi a Milano per qualche tempo, approfittando dell'ospitalità degli amici, aveva cominciato a girarle nella testa alla fine del 2014. Si era trovata incastrata con il lavoro nell'agenzia di pulizie, e d'altra parte non aveva prodotto granché dopo *Nomenclature*. La visione del documentario aveva avuto un effetto strano e perverso su di lei. La cattura dell'azione performativa sullo schermo, la sua inserzione frammentaria tra immagini d'altro tipo, provocava una sorta di svuotamento del suo lavoro. Di esso restava un involucro, come se tutta l'energia che l'animava fosse sfuggita fuori da un pertugio. Quel che lo spettatore vedeva, alla fine, era il contorno riconoscibile di un significato. E così erano andate le cose: tutti avevano associato la sua performance e i suoi quadri a una *problematica* d'attualità. Era stata, però, colpa sua, una debolezza del progetto. La sua azione artistica si era lasciata inghiottire da uno stupido tema di società, il medesimo che circolava ovunque, amalgamando e uniformando sul suo cammino tutto ciò che incontrava di strano, di non abbastanza appropriato, d'insufficientemente illustrativo. Ma proprio nel momento in cui aveva cessato di pensare a sé stessa come un'artista, e se ne andava in giro a Berlino senza supplemento d'anima, persona normale confusa nella massa delle persone normali, qualcuno, a Milano, si era convinto della sua preziosa artisticità, e pretendeva di assegnarle un compito speciale.

Tutto era cominciato sulla pagina di Facebook. Un tale, che collaborava con una rivista d'arte italiana, l'aveva contattata, inviandole un messaggio privato. Diceva di conoscere il suo lavoro fin dai tempi del suo esordio milanese e stava preparando un dossier per *Campoarte* su artisti e artiste che lavoravano sulla sessualità. Ci risiamo, pensò Nina. Voleva includerla e proporle un'intervista. Aggiungeva, poi, che aveva di recente visto un documentario franco-tedesco, in cui lei, Nina Dumo, era citata, e venivano mostrate scene di una sua performance a Berlino. Nina, in realtà, si ricordava di questo tale. Tommaso Zappa era stato uno dei critici milanesi a parlare in modo encomiastico della mostra *Countdown*. Lo aveva incontrato anche in qualche altra occasione, all'epoca in cui lei era un'emergente artista milanese. In particolar modo si ricordava di una festa, che era degenerata in una rissa tra uomini e donne. Lui e i suoi amici, che si davano all'inizio noiose arie d'intellettuali, si erano rivelati alla fine un'allegra congrega di sdrumati. Ma di questo lui non aveva fatto cenno; si era presentato in modo molto professionale.

Dopo l'intervista realizzata via Skype, che si era rivelata breve come tutte le interviste – si passava più tempo a pianificarle che a rispondere alle tre o quattro solite domande –, Zappa era tornato all'attacco. Stavolta si mostrava più affabile e scanzonato. Pretendeva, inoltre, di conoscere nel dettaglio la sua produzione recente, s'interessava al suo percorso passato, ai suoi temi privilegiati, alle sue letture teoriche. Nina rispose riluttante all'inizio. Forse ci stava provando, come un certo numero di uomini che, di tanto in tanto, si manifestavano nella chat privata di Facebook o la contattavano via mail. Alcuni erano subito riconoscibili ed espliciti, altri più subdoli e stancanti. Erano magari capitati sul suo sito per caso, avevano visto delle sue foto in azione, si erano fatti qualche sega, e la contattavano ammantandosi di genuino interesse per la sua arte, ma quel tipo d'interesse intellettuale dei maschi, urgente e frenetico come una pisciata da fare al più presto. Con Zappa, in realtà, andò diversamente, anche se pure lui si sforzava di fare il simpatico. Ma questa era una caratteristica degli uomini più vecchi. I trentenni non facevano, in genere, alcuno sforzo. Con la differenza d'età, invece, gli uomini si sentivano costretti, con le donne più giovani, a essere brillanti, sfoggiando complicità non giustificate, battute maldestre, disinvolture tirate per i capelli. Comunque saltò fuori qualcosa di concreto. Zappa l'aveva messa in contatto con Mancini, un gallerista di Milano. Questo era di tutt'altra pasta. Nel giro di un paio di logorroiche telefonate, le prospettò un rilancio della sua carriera, un accordo commerciale piuttosto generoso, l'interessamento di un collezionista esordiente ma zeppo di quattrini, e un invito nella sua villa in Toscana, per discutere con calma una strategia promozionale adatta all'ambiente italiano. Mancini voleva far seguire al dossier di Zappa per *Campoarte* una mostra collettiva, in cui lei, Dumo, avrebbe avuto un ruolo importante, in attesa di valutare persino l'eventualità di una personale in tempi abbastanza brevi. Il tema della sessualità era in tutto ciò fondamentale, perché – sentenziava Mancini – «oggi c'è il regresso, tutto è diventato virtuale, i rapporti umani degenerano, si fa persino meno l'amore ed è importante che voi donne artiste facciate emergere la vostra visione delle cose». Essendo un gallerista uomo a esigerlo, e un critico curatore uomo a metterci i concetti, c'era da aspettarsi pure che la cosa funzionasse. A Nina sembrava sospetto quell'interessamento per la sua arte, né credeva alle genuine preoccupazioni di quei signori per il punto di vista femminile, ma era una situazione che le poteva fare comodo. D'altra parte, non avrebbe più avuto attorno le ideologhe a cui rendere conto e il suo stesso super-io creativo sembrava entrato da tempo in una fase di bonomia e sonnolenza. Stavolta avrebbe considerato l'arte un lavoro come un altro, di certo meno pesante della pulizia negli uffici durante le ore serali. Tutto ciò rafforzava la sua decisione di un soggiorno milanese per riassestare un po' le finanze. Mancini non era certo uno dalle idee nuove e brillanti, ma si capiva che sapeva fare il suo mestiere, ossia vendere. Quanto a Zappa, era il classico intellettuale pieno di scrupoli inutili e di curiosità bizzarre, ma ci avrebbe messo almeno un po' d'intelligenza. Magari Nina, in questo nuovo ruolo di mestierante cinica e distaccata, avrebbe addirittura finito per divertirsi.

# 5.

## *A cena con la cupola*

La cupola si riunì con la solennità e la riservatezza di tutte le cupole. Il Coca aveva invitato a casa sua. Tommaso era stato «preparato» prima dal Nardi, in modo sintetico e confuso, poi dal Coca, in modo prolisso e intricato. Avrebbe rivisto Bravermann e incontrato anche il collezionista fino ad allora innominato. Quest'ultimo disertò all'ultimo minuto, ma almeno Tommaso poté conoscerne il nome. Si trattava nientedimeno che di Gigi Boffo, il noto e superpagato conduttore televisivo, che di anno in anno passava dalle TV di Stato a quelle private, e viceversa. Un conduttore progressista, che trattava spesso l'attualità più scottante, riconducendola a una rasserenata tiepidezza, grazie alla sua attitudine morbida e moderata. Ebbene, il Boffo si stava separando dalla moglie. «Vi prego di mantenere queste informazioni assolutamente segrete», disse loscamente il Coca. «È completamente partito per una dottoranda che sta facendo una ricerca su postmodernismo e femminismo in arte. Ma è una cosa seria. Ha mandato a scatafascio il matrimonio. E ora vuole diventare un grande collezionista. Dice che lui non ne capiva un cazzo di arte contemporanea, ma che è stata la sua Sandra ad aprirgli un mondo. Per impressionarla, vorrebbe collezionare solo artiste donne, possibilmente giovani. Non si fida però dei consigli della sua amata, perché ha la sensazione che lo orienti su amichette sue, di cui fra cinque anni nessuno si ricorderà più. Insomma, vuole garantirsi anche l'investimento. Io gli ho detto che in effetti era il momento giusto, le artiste donne vanno forte adesso, ma bisogna sceglierle con cautela».

La cupola aveva elaborato un piano mefistofelico come tutte le cupole: far scoppiare un caso, lanciare un fenomeno, imporre una tendenza, ma con pianificazione scientifica, in modo tale che i soldi investiti sarebbero tornati moltiplicati. Il capitale di partenza era soprattutto quello di Boffo, ma tutti ci avrebbero guadagnato: Mancini, con le sue percentuali sul venduto; *Campoarte*, che riacquistava credito ponendosi all'avanguardia dei dibattiti e delle tendenze; Bravermann, che ritornava in pista, brillante stratega della comunicazione come ai tempi d'oro. Quanto a Tommaso, sarebbe stato premiato con quella che un tempo, nel lontano Novecento, veniva chiamata *promozione*. Bacchi, il caporedattore, se ne andava, e Nardi gli aveva garantito che sarebbe stato lui a subentrargli. «Ma Zappa, devi davvero aiutarci in questo progetto. Molto dipende da te. Ti conosco da anni, so che hai un fiuto sicuro. Trovaci l'artista adatta. Una in gamba, e che abbia voglia di stare al gioco».

In realtà, a parte Boffo, erano tutti un po' con l'acqua alla gola. Bravermann lottava quotidianamente contro la sua Ester, che per preservargli la salute voleva trascinarlo con sé sulla Motonave Grand Princess Francorosso, che solcava il Nilo da Luxor al Cairo. Nardi assisteva ogni anno al calare degli abbonamenti: allo smalto avanguardista, che aveva caratterizzato la rivista alla sua nascita, stava subentrando una pericolosa coltre di accademismo. Tra tutti, però, era forse il Coca quello messo peggio. Da alcuni anni aveva puntato tutto su Nicola Racco, e sembrava la scelta giusta.

«È il nuovo Cattelan» dicevano. Può darsi, ma senza la sua insolenza buffonesca, pensava Tommaso. Racco non scarseggiava né di ambizione né di una certa spericolatezza, ma si prendeva estremamente sul serio, e tutto quello che faceva aveva un fondo scolastico. Rimaneva in lui qualcosa del figlio del panettiere e della sarta che a scuola deve applicarsi più degli altri, con una gravità maggiore, perché non gli sono concesse evasioni e indulgenze. Comunque aveva avuto davvero il vento in poppa, era divenuto l'artista più quotato della galleria del Coca e si apprestava a realizzare nel marzo del 2015 una personale milanese molto attesa. Il Coca gongolava e si lanciava in farraginose spiegazioni delle opere, che finivano spesso in azzardate quanto sommarie analisi geopolitiche. Lo stesso Racco si presentava come una sorta di esperto della propaganda mediatica del terrorismo islamico. La personale si sarebbe intitolata *Why?* e includeva una serie di sculture in resina e di serigrafie basate sulla celebre foto attribuita a Robert Capa del miliziano repubblicano colpito a morte durante la guerra civile spagnola. Al posto del miliziano morente, con il braccio teso e il fucile ancora stretto in mano, erano esibiti inturbantati terroristi, con il classico kalashnikov e la cintura di esplosivo. Questi si accasciavano sulla collina, sormontati da una grande scritta «Why?» che occupava l'intero orizzonte. Racco aveva elaborato un vecchio poster pacifista degli anni Ottanta. Quanto alle statue in resina, anch'esse rappresentavano guerrieri jihadisti in tre o quattro pose tipiche. Di colore arancione acceso, non erano più alte di un metro e avevano i tratti grossolani di un soldatino di plastica ingrandito.

Ma le cose non andarono come avrebbero dovuto andare. Parigi, la capitale europea del turismo di massa, si ritrovò trasformata, una settimana dopo i festeggiamenti del capodanno

2015, in una vetrina del terrorismo di massa. Due tizi vestiti e gesticolanti come perfetti terroristi entrarono nella redazione di *Charlie Hebdo*, un celebre giornale satirico, e come perfetti terroristi ammazzarono a colpi di kalashnikov undici persone, i principali redattori, ma anche gente che non c'entrava nulla, come il portinaio dell'edificio. Giurarono a una giornalista che loro non uccidevano donne, ma lasciarono dietro di sé il cadavere di una psicoanalista cinquantenne. Nella fuga spararono contro poliziotti in bicicletta e in auto, e ne finirono uno, rimasto a terra ferito, colpendolo a bruciapelo. L'indomani, nella stessa città, un altro terrorista impeccabile si mise al lavoro: freddò una giovane stagista della polizia municipale, e il giorno seguente s'infilò in un negozio di prodotti kasher, per ammazzare quattro clienti ebrei e sermonare su Israele e la Palestina di fronte agli ostaggi sopravvissuti.

I grandi simboli stavolta erano riuniti: gli emissari del Terrorismo Islamico Internazionale, oscurantista e sanguinario, contro i difensori della Libertà di Espressione e di Stampa della vecchia Europa, democratica e illuminista. Sembrava tutto chiaro, come ci fosse finalmente una sola e grande guerra, quella di «civiltà», da anni profetizzata da certi opinionisti nordamericani ed europei. Poco importava che il terrorismo islamico, sotto varie sigle, ammazzasse soprattutto musulmani dal Mali al Sudan, dall'Afghanistan alla Siria, dal Pakistan alle Filippine. Stavolta assieme ai simboli, ai concetti ampi e con le maiuscole, c'erano anche volti noti, fisionomie molto concrete, quelle dei disegnatori o delle loro vignette. C'era il nome di una testata, che conoscevano anche coloro che non l'avevano mai letta. Per Tommaso, ad esempio, c'era Wolinski. Non sapeva che faccia avesse, ma gli era familiare come lo erano gli album di *Linus* che avevano ospitato i suoi disegni dal tratto svolazzante e scanzonato. L'Europa era stata teatro di altri attentati terroristici, alcuni ben più sanguinari, come quello che colpì la Spagna nel 2004 rivendicato da Al Qaida. In quell'occasione, una serie di bombe esplose sui treni fece quasi duecento morti, ma gli ammazzamenti del gennaio 2015 suscitarono maggiore emozione nel mondo. Forse perché i fantomatici terroristi islamici erano stati per la prima volta visti in azione: qualcuno li aveva ripresi mentre sparavano in strada, tutti vestiti di nero, i passamontagna calati sul volto, vociferando su Maometto e Allah. Inoltre si era dispiegata attraverso i media una compiuta narrazione, che includeva la cronaca dei due diversi massacri, la caccia ai fuggiaschi, la presa di ostaggi, e un finale liberatorio, con l'intervento delle forze speciali, e l'ammazzamento dei cattivi.

Dopo il mese di gennaio, Nicola Racco sparì dalla stampa specializzata. Si lamentava con Tommaso: «Mi trattano come un appestato! Tutti! Collezionisti e critici per primi». Alla sua personale di marzo vennero solo gli amici più stretti, e qualche giovane pittore che credeva ancora di dover leccare il culo a un artista in voga. Non vendette un solo pezzo. Nessuno ne parlò, fatta eccezione per qualche trafiletto informativo. Per la prima volta, persino Nardi e il Coca, che andavano sempre d'amore e d'accordo, litigarono. Il Coca voleva, spinto anche da Racco, che almeno Tommaso scrivesse sulla mostra. «Guarda, fai quello che vuoi – gli diceva Mancini –, se ti va di stroncare, stroncalo, ma scrivi ti prego un pezzo. Facciamo in modo che almeno su *Campoarte* se ne parli! Qui è scattata la congiura del silenzio. Manco avesse presentato delle opere apologetiche dell'ISIS». La faccenda non era, però, così semplice. In primo luogo da vari anni, da quando insomma la carriera di Racco era pienamente decollata, per un tacito accordo Tommaso non aveva più scritto su di lui. Era un modo per far dimenticare il periodo in cui *Campoarte* aveva sostenuto con insistenza «il fucilatore di frigoriferi» e lui stesso scriveva come *ghost writer* per l'amico artista. Racco era poi passato sotto l'ala protettrice dei critici di serie A. Il lancio aveva ormai funzionato, ed era importante mostrare quanto la sua opera riscuotesse universale consenso. Un ripescaggio di Tommaso, perché parlasse di *Why?* proprio ora che Racco cadeva in disgrazia, sarebbe stato sputtanante, ancora prima che per lui, in qualità di critico, per la stessa testata. E, infatti, era stato Nardi a intervenire direttamente con il Coca. «Mi dispiace Mancini, lasciate passare il periodo. La gente finirà per dimenticarsene. Nicola ripartirà su altre strade. Ma adesso non possiamo inventarci niente. I suoi jihadisti arancioni non provocano alcun interesse. Non scandalizzano, né divertono. Suscitano al massimo irritazione». Tommaso aggiungeva: «Tutto il lavoro di Racco si è trasformato di colpo in una battuta di cattivo gusto. Fino a ieri, c'era ancora gente che ne rideva, e la si poteva raccontare a tavola, ora fa subito calare il gelo».

Alla fine della cena, Tommaso fu lungamente lodato. Era l'unico a essere arrivato con le idee chiare. Perché l'operazione funzionasse bisognava trovare un nome non ancora troppo in vista, con delle opere moderatamente quotate, per poi accompagnarlo fino a fare il botto. Ma cosa c'era di meglio di un'artista abbastanza giovane, che il botto l'aveva già fatto al suo esordio, ed era poi finita in una specie di limbo? E che inoltre lavorava proprio sulle tematiche che la cupola aveva identificato come quelle più promettenti? Parlò con precisione di Nina Dumo, evocando il documentario di Arte e la sua attività berlinese. Mostrò foto e sequenze video di performance archiviate sul sito di lei, senza ovviamente dire che gli erano servite per private sessioni masturbatorie. Nardi e il Coca si ricordavano della Dumo. Alla fine tutti furono convinti. Il progetto stava prendendo forma. Bravermann la chiamava la strategia dell'imbuto: «Partiamo larghi, su di un grande tema d'attualità e coinvolgendo un certo numero di gente, ma è l'opera di una sola artista alla fine che dovrà emergere in modo inequivocabile».

# 6.

## *Nina presso i Boscimani*

È strano per Nina essere seduta tra i milanesi, in un posto che in realtà ha l'aria di un baretto di Kreuzberg. Seggiole di metallo, tavolini poveri e spaiati, edera ricadente lungo i muri. È probabilmente il cortile di una vecchia officina, trasformata in un negozio di borse di fattura artigianale e in un locale spartano, con graffiti e tavolo da calcetto, dove servono birra, spritz, e coca-cola. I milanesi hanno l'aria più contenta dei berlinesi. Sono più esuberanti. I gruppi di amiche, in particolare, sembrano fare a gara per convincere le persone intorno di quanto si stiano divertendo. Si sganasciano dal ridere e scalpitano con le zeppe sulla ghiaia. Chissà se succede sempre così – si dice Nina –, chi è solo e serio, e guarda gli altri ridere, ha sempre l'impressione di un'esagerazione, di un artificio.

Da quando è tornata a Milano, due settimane prima, è ancora sotto il fascino di un esotismo imperfetto. In mente, aveva una città di fine secolo abbastanza brutta e punitiva, con zone abbandonate, cantieri comatosi, avanzi delle tensioni sociali degli anni Settanta, ma dominata da una gran voglia di rinnovamento a buon mercato e di festosità stucchevole. Ora trova una metropoli rivoltata come un calzino, in cui i cantieri si sono moltiplicati e promettono meraviglie: sintesi audaci di palazzoni residenziali e giardini telesorvegliati, tangenziali raddoppiate e piste ciclabili, fontane avveniristiche e centri commerciali, e ovunque, come a srotolare il filo rosso della socialità attuale, enoteche, lounge-bar, librerie-caffè, pizzerie di lusso, ristoranti specializzati in salmone norvegese o zuppe uzbeche. Ma a Nina appare curioso anche il semplice modo di camminare delle persone per strada, di aggrupparsi all'esterno dei caffè o di chiacchierare, coi cani al guinzaglio, nelle strisce di prato tra i viali. E poi rimane instupidita, quando si sposta sul tram o in metro, per l'eleganza dei milanesi, che sembrano tutti sufficientemente ricchi, a guardargli le scarpe o i soprabiti. Gli unici che sgarrano sono gli immigrati, ma fino a un certo punto: più sono giovani, e milanesizzati fin dalla culla, più azzeccano gli abbinamenti, le marche, i modelli trendy, anche se hanno gli occhi a mandorla o la pelle scura. Qui, tra l'asilo e la maturità, devono aver tutti subito uno stesso corso di abbigliamento, in spregio alle differenze di salari. Quanto ai ventenni, maschi e femmine, fanno persino un po' paura tanto si assomigliano, a partire dalla montatura degli occhiali e dal taglio di capelli. Ma riescono ad avvicinarsi ai loro modelli bidimensionali – gioventù Armani o Diesel –, che campeggiano sulle facciate cieche dei caseggiati.

«Sei contenta o no di essere tornata?», le hanno chiesto in tanti. Le sembra una trappola, l'Italia, gli italiani, l'italiano: finiranno per inghiottirla. Quella sarà l'unica aria che le sarà dato respirare, e il paese, compresso, disomogeneo, allungato da Nord a Sud, diventerà come un cortile di prigione. Tutto avverrà in modo indolore, ci sprofonderà dentro fino ai capelli, ma non risucchiata da sabbie mobili; sarà come inoltrarsi con agio in una glassa traslucida e accogliente. E in testa e tutt'intorno non ci sarà più che la cantilena dell'italiano, il ronzio rassicurante della madrelingua; non conoscerà più l'attrito del tedesco, che costantemente insidiava da fuori la scorrevolezza e la perentorietà del suo pensiero. Senza il vento di Berlino contro, senza l'orizzonte tedesco, spianato e ampio, perderà quel doppio polmone che tanto l'aveva aiutata a vivere, così a mezzo, con l'identità raffazzonata, sempre sul chi vive, di passaggio, straniera anche nel proprio quartiere.

«Ciao Nina... Tommaso! Eccoci qui, finalmente dal vivo».

Nina lo guarda, ma lo riconosce appena. Non è una fisionomista, quindi accade sempre così, la gente si ricorda di lei, l'apostrofa anche per strada, e lei sorniona cerca di prendere tempo, di raccogliere indizi. Ma oggi l'incontro è previsto. Lei ha guardato le foto di lui su Facebook, ha cercato senza grande sforzo di fabbricarsi un ricordo di com'era, di farlo spuntare dal suo passato milanese. Quello che ha di fronte non è un brutto cinquantenne. Le piace soprattutto l'aria scarruffata di volatile: i ciuffi irti di capelli grigi e un naso dritto e sottile. Poi lo trova abbastanza simpatico. Alla fine è il suo tono che l'ha sedotta, nelle cose che le ha scritto, ma anche nelle telefonate: a tratti è tremendamente serio e infervorato, ma poi si autocensura con una risata improvvisa, che ridimensiona tutto, rimpicciolisce ogni argomento e pretesa. Non fa quindi parte dei cinquantenni pontificanti, ma nemmeno dei risentiti che passano il tempo a seppellire tutto ciò che ha ancora i tratti della buona salute.

Lui vorrebbe evocare tutte le occasioni in cui si sono incontrati, lei non ne ha granché voglia.

«Non sono per niente una nostalgica», gli dice per bloccarlo. «In quegli anni poi, ti confesso, ero raramente sobria».

«Ma ti ricorderai almeno di una nottata passata a casa di una stilista sudcoreana. Io avevo organizzato da lei una serie di proiezioni video, e anche tu, non so da chi, eri stata invitata».

«È vero. Stava dalle parti di piazzale Dateo. Finì con la battaglia dei budini».

«Brava! Tu avevi scelto un cortometraggio macabro con Lydia Lunch».

«Un film che scandalizzò la padrona di casa e le sue amiche modelle. Poi non so cosa successe, ma la situazione degenerò. Ricordo soprattutto uno che credo fosse tuo amico... Cercava di chiudermi agli angoli infilandomi manate di budino in bocca. Ma si beccò abbondanti gomitate nelle costole».

«Dado!»

«Non ricordo come si chiamasse».

«Davide, detto Dado. O anche supermarpion! Non mi stupisce».

Tommaso ha voglia di prenderla alla lontana, Nina invece è impaziente. Si è resa disponibile all'esperimento, ma trova che lui e la sua banda di furboni stiano esagerando. Al telefono, le ha parlato del «soggiorno in Toscana». «Come soggiorno? Io avevo capito che si trattasse di un fine settimana». Tommaso le ha detto che doveva considerarla una vacanza. Approfittavano del ponte dei morti.

«Ma cosa faremo nella villa di Mancini? E chi ci sarà?»

«Pensalo come un lungo *brain-storming* intorno al tuo lavoro. Sarai tu la protagonista».

«La vacanza mi va bene. Mi potrò finalmente dedicare a cose importanti: depilazione, smalto sulle unghie e tinta di capelli. È quel che avete in mente voi che non mi è chiaro. Volete che produca qualcosa a schiocco di dita?»

«No, no, Nina. L'idea è quella di far emergere una narrazione intorno al tuo lavoro, ovviamente qualcosa che ti corrisponda».

«Chi vi assicura che m'interessi avere una NARRAZIONE?»

«Ma una narrazione esiste sempre, è legata a quello che fai. E in genere, non sei tu che la decidi, sono gli altri a raccontarti e ad affibbiarti un ruolo secondo ciò che capiscono o travisano del tuo lavoro. Qui si tratta di anticipare le letture che verranno fatte. Ed è anche per questo che sono coinvolto io. Ma stavolta artista e critico non si trovano su fronti opposti. Io non vengo ad appiccicare a forza un'etichetta sulla tua arte. Qualcosa di meglio di un'etichetta, lo possiamo elaborare assieme. Io mi metto a disposizione».

«Fammi capire... Saremmo io e te soli, alla fine?»

«Non conosco esattamente i programmi di Mancini, però sì, e spero che non ti dispiaccia. Non devi prenderla come una punizione». Tommaso sorride. «Per me non è un'esperienza nuova. Io ho già fatto il *ghost writer* per alcuni artisti. Questo vuol dire che ci gestiamo il tempo e i modi di questo dialogo come ci pare».

«E pensate davvero che possa funzionare? Che tireremo fuori qualcosa di valido con questa smania di pianificazione da ufficio marketing?»

«Nina, questo non lo so! Però ti ricordo che a Nardi e Mancini ti ho segnalato io, e ti ho segnalato innanzitutto perché m'interessa il tuo lavoro. In mezzo al nulla di oggi, tu fai qualcosa! Non so ancora bene cosa, ma è questo che mi piacerebbe capire con te. Per quanto riguarda il marketing, gli artisti oggi sono obbligati a occuparsene comunque. Anzi, vi spendono un'enorme quantità di tempo, e a volte con strategie del tutto improbabili. Stavolta, se non altro, avrai la fortuna che altri ci penseranno al tuo posto, e gente davvero del mestiere».

«Allora ti dico una cosa, Tommaso Zappa, e penso che tu questo lo possa capire, a differenza dei tuoi amichetti Nardi e Mancini. Io ci sono, ma considerami un'etnologa che faccia un'esperienza di osservazione partecipante presso i Boscimani, e i Boscimani siete voi. Non prenderla sul personale. È un voi allargato a quello che la nostra società ha deciso di fare dell'arte».

## 7.

## *Tutti hanno qualcosa da dire (tranne Tommaso e Nina)*

La villa del Coca si trova a Monsagrati, un paesino in provincia di Lucca. Hanno fatto una macchinata da Milano: lui al volante, la moglie Elisabetta accanto, e dietro Tommaso e Nina. Tutto è stato programmato. Tappa a Monsagrati, visita della casa e insediamento degli ospiti, ripartenza per Lucca, dove l'intera cupola si ritrova in trattoria, per conoscere personalmente e festeggiare Nina Dumo. E tramare per il suo successo, grazie alle sinergie di tutti. C'è anche Bravermann con moglie al seguito, in postura di arcigna sorvegliante alimentare.

Tommaso è sulle spine, e lo è dal viaggio in macchina in compagnia di un Mancini prorompente, che ha stordito tutti quanti di parole a eccezione della moglie, che pare assorbire la sua logorrea in uno stato di contentezza perenne. La sua Elisabetta esprime approvazione e stupore infantile per qualsiasi cosa il marito dica o faccia, e Mancini, durante il tragitto, ha detto e fatto una quantità spropositata di cose, anche se una mano almeno rimaneva fissa sul volante. Tommaso ha iniziato a guardare tutto con gli occhi di Nina. E più Tommaso la conosce, più gli sembra improbabile che lei si lasci coinvolgere nella macchinazione della cupola. Ha percepito in Nina come un'abulia, che gli altri hanno già preso per atteggiamento accondiscendente. Ma teme che, prima o poi, avvenga un risveglio violento. Vorrebbe tenersela con sé il più possibile, perché Nina lo affascina a tutti i livelli: per la sua giovinezza, per certe ombre nello sguardo, per la sua aria di menade provvisoriamente a riposo, per quello che riesce a fare con il suo corpo. Vuole che ancora duri quell'incantamento che l'ha resa per il momento docile, per questo lui ne spia mammescamente le reazioni. Cerca di anticiparne gli scontenti e i disinganni, per curarli o rintuzzarli sul nascere grazie al suo interesse autentico, puro, non corrotto da avidità e secondi fini. Lui solo può fare schermo all'idiozia di Mancini, alla meschinità del Nardi, alla megalomania di Bravermann, alla turpitudine di Boffo, lui che incarna l'amore e l'intelligenza per l'arte. Il suo allupamento fatale per Nina, quello, passa sotto silenzio, nelle zone ombrose e indistinte della coscienza.

Il pranzo è sembrato interminabile. In modo particolare tra i dolci e l'ammazzacaffè, la cupola ha lasciato libero corso alla propria creatività imprenditoriale. Tommaso, in quanto semplice esecutore, è stato raramente interpellato, e gli altri tre maschi si sono spartiti comodamente il tempo di parola. Bravermann aveva l'aria di un glorioso leone ormai malandato, con la criniera smorta, perennemente inquieto ma lento nei movimenti, con la moglie dietro come un'ombra a vigilare. Eppure di tanto in tanto se ne usciva con il suo tono lapidario e profetico. Mancini gestiva alla meglio il suo flusso di coscienza e Nardi faceva quello che metteva i puntini sulle «i» possibilmente a sproposito. Nina ascoltava silenziosa, ma con un'espressione tra il distratto e il divertito.

«Bisogna soprattutto sensibilizzare la gente! In Italia siamo ancora indietro. Guardate gli Stati Uniti. Cosa ha fatto il MOMA nel 2010? Con una mostra sola, in tre mesi, hanno trasformato la Abramović in una star mediatica e hanno fatto impazzire i newyorkesi per la performance, che nell'ultimo decennio era stata relegata tra le bizzarrie più impopolari dell'arte contemporanea. Hanno fatto diventare *mainstream* una tipa che se ne sta ferma e muta tutta la giornata, aspettando di guardare nelle palle degli occhi qualcuno del pubblico, seduto di fronte a lei».

«Proprio a New York, dove la gente ha il terrore dell'immobilità, del non fare niente, di perdere il proprio tempo prezioso».

«Immagino che per te sia stata importante la Abramović».

«Oddio, oggi, sta tornando di moda anche da noi... Con tutte queste tipe, scusa sai, che si mettono nude e fanno disegni con il loro sangue mestruale».

«Sia chiaro Nina, per me è una grandissima, è imprescindibile, ma non amo il suo lato Maria Callas».

«Comunque è una lezione di cui tenere conto. Adesso sta scrivendo la sua autobiografia con un giornalista, che ha già fatto uscire due libri, uno con Jerry Lewis e l'altro con John McEnroe. Mica scema, ma è anche merito del suo gallerista... Quello ha capito come guadagnare con qualcosa d'immateriale ed effimero».

«Tommaso ci ha girato la documentazione della tua attività berlinese, incluso *Nomenclature* che è piaciuto a tutti, e abbiamo visto le sequenze del documentario tedesco».

«Be', è un lavoro abbastanza duro... Mi riferisco soprattutto alla performance».

«Il povero manichino completamente strapazzato!»

«Anche noi crediamo, comunque, che il punto di partenza debba essere la sessualità».

«È sempre un tema catalizzatore, ma è una faccenda diversa quando ne parlano le donne».

«I maschi, in ogni caso, hanno molto poco da dire in proposito».

«Sarebbe interessante riprendere in Italia anche certi lavori che hai fatto a New York. Ricordiamoci che ha esposto giovanissima per Danova. Ma con lui, dopo, non hai fatto più niente, vero!?»

«Io lo so perché, Nardi... Me ne ha già accennato al telefono. Non ha funzionato proprio per via della performance. Per Danova era un limite non solo economico, ma anche di carriera».

«Lo capisco bene, ma oggi le cose si possono addirittura ribaltare».

«La gente ha di nuovo bisogno dell'artista carismatico, del personaggione strano. Si sono stancati dei tipi come Jeff Koons, che se ne vanno in giro infighettati come uomini d'affari».

«Dobbiamo sdoganare la performance: la più anti-sistema delle forme artistiche».

«Io penso che discutere con Tommaso ti aiuterà moltissimo. La cosa difficile, all'inizio, sarà quella d'individuare una storia coerente, che tenga insieme certe cose del tuo passato con i nuovi progetti per il futuro».

«Si era detto però...»

«Sì Bravermann, scusa... Sentiamo la tua idea».

«Io vi raccomando semplicemente questo. Non siate snob, non siate conformisti, non rimanete invischiati nei soliti circuiti dell'arte contemporanea. In anni recenti, si è lavorato molto con la moda. Non dico con i soldi della moda, delle varie fondazioni, no, dico, come Tommaso sa bene, proprio sulle pedane stesse della moda, nel suo spazio mediatico, fin dentro le boutique. Adesso, secondo me, bisogna lavorare *sulla beneficenza*. Bisogna lavorare con le istituzioni, ma non più solo culturali. Quelle nazionali e internazionali che difendono i diritti umani. C'è un immenso territorio ancora vergine. Per ora se lo sono presi i pubblicitari e qualche musicista pop. Io credo, cara Dumo, che qualcuno come lei, di talento, audace, e con l'attenzione che ha nei confronti di certe questioni d'attualità, possa fare qualcosa di strepitoso. Penso, ad esempio, al femminicidio, che in Italia è *il* tema scottante del momento. E qui attireremmo non solo l'attenzione dei privati, ma anche dello Stato, comuni e regioni inclusi. E senza pregiudizi politici: su un tema del genere possiamo trovare interlocutori anche a destra, ve lo assicuro. Vorrebbe dire giocare su più tavoli: galleria ma anche spazi pubblici, Milano ma anche città d'arte come Venezia o Firenze. E se collegassimo un evento, un'esposizione, a un'iniziativa di beneficenza, avremmo una copertura mediatica a livello nazionale, con passaggi televisivi assicurati».

«È anche una questione di responsabilità dell'artista, della donna in quanto artista».

«Non ti spaventare, Nina. Bravermann non intende con questo proporre un lavoro annacquato, anzi. Dico bene?!»

«Lui dice femminicidio, ma può riguardare più in generale la violenza sulle donne».

«Rendiamoci conto che in Italia ogni quarto d'ora una donna è assassinata!»

«E molto spesso con un martello! Ci avete fatto caso? Io non riesco a capire».

«Ogni quarto d'ora? Ma sei sicuro?»

«Secondo me ti confondi con le violenze. Ci sarà un abuso ogni quarto d'ora, non un omicidio».

«Comunque è vero, sono sempre ammazzamenti *trash*, e se non è un martello, gli vanno addosso con l'auto...»

«Anche la carabina torna spesso. Mi chiedo chi sono tutti 'sti tipi che hanno in casa una carabina».

«A questo proposito, Nina, penso a un video che ha presentato alcuni anni fa alle Murate di Firenze. Lei seduta in tailleur, che tiene una conferenza... Di teoria economica, se non sbaglio. Con un uomo accanto che le posa di tanto in tanto le mani sul seno, in testa, che le carezza i polpacci... Insomma, lei ha mai... È qualcosa legato alla sua esperienza personale, intendo gli abusi?»

«Scusa Nardi, ma lascia perdere! Se ne avrà voglia ne parlerà con Tommaso».

«No, certo. Ma bisogna tenerlo presente. Soprattutto oggi. Se una donna artista è stata vittima di qualcosa, è importante che questo aspetto venga fuori, e non solo nelle opere, ma sia detto apertamente».

«Comunque io per adesso non metterei perimetri netti. Andiamo per tappe. La prima cosa da pensare è la mostra collettiva. Vediamo se si riesce a presentare *Nomenclature*. Come dicevo all'inizio, l'azione è forse un po' troppo violenta, ma l'idea del manichino di salvataggio è ottima, va tenuta sicuramente».

«E vi prego tiratemi fuori qualcosa di scritto. Vedrai Nina, con l'aiuto di Tommaso sarà facile. Oggi la gente è spaesata, bisogna saperla guidare. Scusate, questa è la mia fissa pedagogica».

Tommaso è livido. Avrebbe voglia di vomitare. Nina non è scappata, non ha fatto scenate. Forse si è sbagliato sul suo conto. Mentre Mancini paga, è già fuori sul marciapiede a chiacchierare amabilmente con le due mogli.

# 8.

## *Il volo delle oche*

È molto bello all'inizio, molto suggestivo, perché si avverte da lontano, annunciato da qualche vociare isolato: il volo delle oche. Lo si indovina anche senza vederle, si sono messe in movimento e, staccate da terra, a poco a poco si dispongono in ranghi sempre più fitti nel cielo, invadendolo tutto. Nina sente dapprima i loro versi laceranti, di gola, versi che devono essere messaggi precisi, incitamenti, comunicazioni per garantire la coesione del gruppo, assicurarne l'orientamento e la determinazione. Quei versi sembrano celebrare qualcosa, un evento celeste, una massa animale in grado d'innalzarsi al di sopra dell'operare umano, trasvolando oltre i tetti delle case, i campanili, le cime dei pioppi. A un tratto le vede distintamente, girando la testa e puntando lo sguardo verso l'alto. Emergono da una coltre d'alberi, non lontano dalle rive di qualche fiume, le prime oche in volo, maestose, il dorso grigiastro, il collo allungato, la testa a cuneo, e le grandi ali spiegate. Sono eleganti, efficaci, come perfetti macchinari aerei, ma i loro gesti fluiscono enigmatici, crescono di potenza, cominciano ad avere un impatto anche su ciò che accade a terra, anche sullo sguardo di Nina. Poi tutta quella visione promettente comincia a trasformarsi in qualcosa di minaccioso, perché si manifesta solo adesso il resto dello stormo, e il cielo si fa nero di uccelli in volo, come se da terra si fossero librate tutte le oche esistenti e la loro realtà animale, irrefrenabile nei battiti d'ala e nelle grida, dominasse incontrastata. Inoltre, le oche passano ora a pochi metri dalla testa di Nina, il volo si è schiacciato, fatto radente, e da tutti i lati risuonano quelle lacerazioni gutturali. Non c'è possibilità alcuna di frenare il loro moto, di ammansirlo, di piegarlo a ragionevoli considerazioni. Gli animali sono ormai lanciati, selvaggi, assolutamente padroni della situazione. Nina di fronte a loro si sente piccola e vulnerabile, quasi un'intrusa, situata a terra in uno spazio marginale rispetto agli eventi che si scatenano in cielo. Nina si è svegliata di colpo con l'impressione di aver preso un pugno nel cuore. Non è la prima volta. Quell'incubo di sapore vagamente ecologico l'ha già fatto.

Va bene, pensa Nina. La stranezza dei sogni resta alla fine la cosa più innocua. Anche l'incubo ricorrente. Bisogna pur ricordarsi di avere paura e che troppe cose non si capiscono. C'è almeno un sovrappiù di senso nei sogni. Una materia plastica, ambigua, su cui la mente può ancora lavorare. Il difficile è la fase diurna, perché qui sembra tutto deciso. Cose ed eventi non hanno ombra, e le parole li raggiungono una volta per tutte. Da un po' di tempo le accade. Non è la sensazione che l'ha accompagnata durante certi periodi della sua giovinezza, quando si scopriva in trappola, porte chiuse alle spalle, inferriate alle finestre, una serie di piccoli corridoi in cui continuare a circolare, ma che non hanno sbocco. Stavolta no, le porte sono aperte, le finestre spalancate, si può entrare e uscire, se solo si avesse un movente però, qualcosa di simile a una spinta, un flusso d'energia, un pizzico d'entusiasmo. Da parecchi mesi Nina ha smesso di lavorare in atelier, di disegnare, di fotografare, di scrivere, d'immaginare, d'inventare. E di fronte a lei sembra ora accumularsi, strato dopo strato, ottusamente, la realtà. Ma di questa realtà non sa più che farsene. Ha vissuto trasformando sempre tutto. La sua mente, il suo sistema nervoso, la sua pelle, l'intera sua persona hanno funzionato come un apparecchio di trasformazione. Non era importante capire cosa realmente entrasse – di roba ne entrava a tonnellate ogni giorno –, l'essenziale è che ci fosse un margine di manovra, che qualcosa potesse essere intaccato, elaborato, sfregiato, travestito e, al limite, persino purificato. La sua potenza di trasformazione era tanto più evidente quanto più investiva il suo corpo, dalle emozioni ancora inarticolate alle parole e ai gesti precisi. Lei stessa era parte del mondo, lei stessa era un pezzo di realtà, e quindi era già un notevole successo sottoporsi a questo continuo rimescolamento. Gli altri definivano questa cosa «arte», e a Nina andava bene. L'importante era capirsi, e trovare uno spazio comune per verificare che una modificazione era stata operata. Il pubblico serviva soprattutto a questo, a constatare che un pezzo di mondo si era ribellato contro la fatalità, contro la propria forma storica e sociale, e aveva delineato, per un attimo almeno, posture, cammini, scorci che bucavano il muro del presente, indicavano un possibile altrove.

Ora Nina, però, non ne ha più voglia. Quel riflesso, che l'ha posseduta per anni, si è come estenuato. Non vuole più interferire, fare di sé il laboratorio, la materia di studio e l'esperimento. Non solo, ma tutto quanto riguarda il mondo dell'arte ha finito per perdere attrattiva, cessando di essere una risorsa. Non c'è niente di drammatico in fondo, anzi comincia a percepire questo nuovo stato con un grande sollievo, come si fosse liberata da una tossicomania o da un'umiliante dipendenza affettiva. Il problema è il grande vuoto, l'enorme spazio non riempito che ora si staglia di fronte a lei. E non vi sono progetti di altra natura che si candidano a riempirlo: non c'è un ambiente lavorativo, ribollente di promesse e minacce, con cui debba misurarsi; non c'è una storia di coppia, a fungere da punto di riferimento; non ci sono figli neppure fantasticati. C'è una quantità di rapporti umani che, a seconda del modo in cui li si guarda, esibiscono una trama fitta, ricca di energie circolanti, o un semplice e momentaneo addensamento, pronto a dissolversi alla prima scossa.

Comunque adesso è a Monsagrati, in una villa con giardino, che condivide con il critico d'arte Tommaso Zappa. «Vi lasciamo lavorare in pace. Sono sicuro che vi troverete bene. In questo periodo i boschi sono magnifici. Un vero incendio di colori!» Li hanno lasciati in pace, questo è vero: il proprietario del posto, Mancini, e i suoi sodali sono ritornati a Milano. Ora dovrà vedersela solo con lui, allenatore di non si sa bene quale disciplina, partner di un ballo non ben definito. Eppure è un tipo che le piace. È Tommaso in fondo che l'ha trascinata in quell'impresa, in mezzo ai furboni dell'arte. Fin dall'inizio, poi, ha avuto la sensazione che lui non sia granché furbo. Fa finta di parlare lo stesso linguaggio degli altri, ma, con ostinazione, in parte senza rendersene conto, cambia i significati delle parole, modifica tutte le etichette nella sua testa, persegue storie diverse, esclusivamente sue, intempestive, sfasate, preziose. Ha un suo modo maldestro di essere eretico, di travisare le regole del gioco per garantirsi diserzioni o scioperi bianchi. Forse non sarà un complice ideale, ma di certo non è un nemico.

Nina si è seduta in cucina. Vuole che le immagini notturne e i pensieri del risveglio si diradino. C'è una bella luce autunnale, un'atmosfera di calma e sospensione, interrotta di tanto in tanto da una motosega incattivita su qualche resistenza boschiva. La mano tocca una tazza di ceramica posata su di un tavolo ovale. Farebbe bene ad attenersi alle *cose come stanno*.

Così sarebbe più facile. Una colazione appena organizzata: il caffè versato, una scatola di biscotti già aperta, del pane da tagliare, una cesta piena di frutta. L'arredo della cucina è rustico, con mestoli di rame e terrine allineate sul muro. Nessuno, per il momento, con cui dover imbastire una conversazione. Una serie di piccole finestre da cui si vede un leccio imponente. È forse una nuova astuzia della vecchia vocazione. Una fase più sofisticata, ulteriore. Familiarizzarsi con il vuoto interno. Accettare il mondo per quello che è, guardandolo il più possibile da vicino, senza filtri, senza la maniacale volontà di ricomporlo diversamente, di appropriarsene. È stata davvero una pretesa insopportabile la sua, un'arroganza senza giustificazioni: perché voler introdurre a forza, testardamente, il *qualcosa di nuovo*, il *punto di vista inedito*? E l'avevano fatto tutti, anche coloro che cercavano l'assoluta impersonalità, anche quelli che si limitavano a dipingere delle semplici confezioni di zuppa, già pensate nei minimi dettagli dall'agenzia pubblicitaria della Campbell Soup Company.

Ora Nina può bersi un caffè, tirarsi sopra le caviglie i calzettoni di lana colorati, notare una ragnatela sull'angolo del soffitto costellata di moscerini rinsecchiti o intravedere olivi dirupanti sulla collina di fronte, senza che tutto ciò, anche in modo noncurante, per divagazioni sentimentali o concettuali, depositi in lei un qualche germe creativo. Eppure è stata invitata in quella villa toscana proprio perché gli altri la considerano ancora un'artista. Se loro vogliono davvero crederci, se loro sono convinti, ebbene qualcosa alla fine tirerà fuori. Ma senza tormenti, stavolta. Una timbrata di cartellino. Non ci sarebbe stata più differenza: cassiera e commessa di un negozio di dischi, cameriera, animatrice di atelier per bambini, donna delle pulizie, performer per la galleria Paradoxa. Basta che paghino. Avrebbe sperimentato quella sua nuova condizione di artista *programmata e accompagnata*.

In fondo, non è così diverso da quanto era accaduto con la galleria di Danova a New York. Certo, con lui tutto era stato più elegante e rigoroso. Al posto della sgangheratezza italiana c'erano i codici sociali statunitensi, più sofisticati e rigidi, e l'intelligenza sembrava alla fine trionfare sull'opportunismo. Ma l'obiettivo era lo stesso: produrre valore a partire da una persona che aveva conquistato lo statuto di artista, produrre valore grazie a un serio lavoro di *programmazione e accompagnamento*. Nessuno può sfuggire a questo. A ventotto anni Nina non l'aveva accettato e se n'era andata da New York. Pensava che ci fossero molte altre strade. Quasi dieci anni dopo, si è ritrovata al punto di partenza. Non è più la giovanissima artista europea sbarcata negli Stati Uniti, ma ha trentasei anni, ed è stata accolta nell'ambiente dell'arte italiana per una sorta di fortunato ripescaggio. C'è di nuovo gente che la paga, che la spinge, che desidera metterla al centro della scena. Solo che ora l'opportunismo trionfa sull'intelligenza. E lei ha un desiderio strano di farsi portare. Sente di non aver nulla da opporre alla banda di maschi intraprendenti. Soprattutto non ha idee straordinarie da salvaguardare dalla corruzione. Può soltanto giudicarli, loro, i soliti uomini, come il mercato, lui, il solito mercato. Ma le manca, oggi, quella resistenza costituita non da un giudizio politico o morale, ma da un'invenzione anche piccola, da una risorsa grezza, strana, imprevista, non ancora captata e lavorata. Avanza disarmata, e nel ruolo del perfetto impostore. Che la fermino, che le dicano: «Ma cosa ci fai qui? Cosa sei venuta a fare in mezzo a noi? Tu non hai titoli, non hai talenti, non hai né arte né parte». Da sempre – si dice Nina – frasi simili risuonano nella nostra testa di donne, per un'irrazionale paura di assumere ruoli che, in realtà, non ci spetterebbero. È un'angoscia che percepiamo ben più universalmente degli uomini, perché, a differenza di essi, noi *non siamo nate esperte*. Ma in questo caso Nina è consapevole di bluffare, che la portino pure, la spingano avanti. Avrebbe usato la strategia della docilità. È una forma forse più efficace di rappresaglia: il perno della loro agitazione pubblicitaria e affaristica è molle, e su di esso, sulla sua inconsistenza, tutto rischia di afflosciarsi. Forse avrebbe dovuto rovesciare l'ordine abituale dei valori. Condurre al fallimento tutte quelle energie maschili di pianificazione, razionalità affaristica, controllo manageriale, potrebbe essere considerata la sua ultima opera, senza dubbio una delle più riuscite.

## 9.

## *Le affinità elettive non sono per forza erotiche*

«Certe notti mi svegliavo e non riuscivo più ad addormentarmi, questo perché di colpo mi sentivo eccitatissima, e pronta a fare tutto. Sentivo che fuori, nel silenzio notturno, le resistenze degli uomini erano state vinte, sentivo che gli sforzi delle persone, di tutti gli abitanti della città per rimanere attaccati alla loro vita, tutti quegli sforzi stavano esaurendosi. Era forse a causa del sonno, o della stanchezza che precede il sonno, anche se, a volte, avevo la chiara impressione che nemmeno il sonno calmasse la gente, perché anche quando si dorme si vogliono mantenere a posto le cose, ferme, come schiacciate sotto di sé. Vengono sognate di nuovo le scene della vita diurna, ma le si peggiora, diventano più feroci, incongrue, infinitamente lente e imbrogliate, ed è impossibile staccarsene, nessuno che molli la presa, neppure nel buio dell'incoscienza, a bagno nelle fantasmagorie del sogno. Eccoli, aggrappati ancora e sempre alla vita, a quella sperimentata e che si conosce a memoria, la si vuole inerte, strangolata sotto il proprio peso, sotto il gonfiore del corpo rancoroso, notturno, affinché lei non scappi, non prenda nuove forme, non trascini altrove, in zone sconosciute.

Io invece volevo andarmene, perché sentivo, a causa di uno strano richiamo – come un ronzio dei lampioni, un brancicare di bestioline nei cespugli –, che tutto stava cominciando, che il mondo aveva deciso di prendere finalmente avvio, stanco dei suoi abbozzi, dei suoi spasmi, delle sue cadute, il mondo annunciava sé stesso, la sua assoluta incompiutezza, chiedeva uno slancio, e c'ero io a rispondere a quell'appello, mi ci mettevo subito. Tutto era di nuovo possibile, le cose più belle, più allegre, più pazze. La casa, con le sue scorte di cibo, di abiti, di apparecchi elettronici, non bastava più, né la città intera con dentro tutte le persone amate e conosciute; ogni possesso, ogni vantaggio sociale, ogni legame affettivo, fosse pure il più solido e autentico, apparivano inerti e insufficienti, come cianfrusaglie sepolte nella polvere. Mi sentivo attesa altrove, allora tiravo fuori il borsone da sotto l'armadio, ci buttavo dei collant e un paio di mutande, un maglione, qualche libro ed ero pronta, perché dovevo partire, era giunto il momento di fare un grande viaggio, e con il grande viaggio avrei sperimentato quello che mi era necessario sperimentare per crescere artisticamente, ecco, si trattava della mia crescita artistica, ma anche umana, si giocava tutto in quel momento, la felicità della vita intera. Sentivo anche che doveva toccare a me, che quella crescita artistica e umana la potevo realizzare io perché non ero un uomo. Il mondo nella sua incompiutezza, le vie abbandonate, le vetture immobili lungo i marciapiedi, i giardinetti bui, i palazzi di vetro dagli ingressi deserti e abbaglianti, le erbette nelle crepe dell'asfalto che nessun piede schiacciava, tutto questo piano immenso e privo di ostacoli, vuoto e disponibile in ogni direzione, aspettava un corpo e una mente femminili, era evidente. Gli uomini si erano esauriti, ci avevano provato, alcuni con freddezza maniacale, con la pulizia e il rigore delle cifre, altri con la bava alla bocca, a colpi di pugni e calci, tutta la giornata ci avevano dato dentro, molti impartendo ordini, chi con le scavatrici, le trivelle, spaccando e rimescolando la terra, chi sganciando missili o sparando a bruciapelo, più di così non potevano fare, ma ora dormivano rannicchiati sulla loro vita, perfettamente rigidi e intrecciati a essa. Dovevo lasciarli dietro di me, gli uomini, era una passeggiata che potevo farmi solo io, con una borsa leggera, fino all'altro capo del mondo. Da qualche parte c'erano delle amiche sicuramente, e mi aspettavano, anche loro con gli zaini o le valige accanto».

«Parla a ruota libera, dimmi quello che vuoi, quello che ti salta in mente. E permettimi di registrarti. Poi vediamo assieme cosa farne», le ha chiesto Tommaso. Ora l'ascolta in una sorta di rapimento, e pensa che sia la donna speciale, quella destinata a essere la sua amica, ovvero la sua amante, perché non può la loro amicizia che nutrirsi delle energie erotiche, di lei soprattutto, perché Nina è una pila, una bomba a esplosione perenne, e tutto quanto lui crede di fare con la propria mente, con la precisione e l'affilatezza del pensiero, Nina lo fa con i piedi e le mani, lo fa camminando e parlando, gettandosi nel mondo che la circonda e rompendo ogni equilibrio. Lei non crede a nessuna parola che non si possa mettere alla prova, sperimentare sul momento, stringere tra le mani o pestare sotto i piedi. Come una persona così possa sopravvivere, azzerando ogni schermo protettivo tra sé e il mondo, è un mistero. Ma anche lei deve avere il suo anestetico, qualcosa in grado di arginare il dolore, una cosa efficace ed elementare come la droga, come l'alcol, come il sesso compulsivo.

Nei pochi giorni di convivenza con Nina, dalla partenza a Milano all'arrivo nella casa del Coca in Toscana, Tommaso ha accumulato di lei, in modo più o meno inconsapevole, una quantità di dettagli fisici: la sporgenza dei capezzoli, che sempre affiorano senza protezione da golfini aderenti e leggeri, e di mattina da una maglia di cotone gialla; le labbra piene, che suggeriscono, semichiuse, qualcosa d'infinitamente voluttuoso; gli sguardi a volte sognanti, come appena offuscati, e non sempre e solo ironici, guizzanti, saturi di vita, sguardi che rivelano *anche* una possibile arrendevolezza dello spirito, una zona interiore di passività; il culo pieno e sodo, che forza i jeans aderenti, e la mattina, durante l'episodio della colazione, appare quasi vulnerabile allo sguardo, ricoperto dalla stoffa più rilasciata della maglia gialla, che funge anche da gonna, arrivandole sopra il ginocchio; i polsi e le caviglie sottili; il collo alto, che esibisce una gola morbida, da strangolare con dolcezza; la massa disordinata e aspra dei capelli, che circondano il suo volto come un gorgo scuro e risucchiante. Ma di questo occhieggiare interiore, non si manifesta all'esterno, nella figura e nei comportamenti di Tommaso, traccia alcuna, o almeno così pare a lui, mentre tenta di salvaguardare di fronte a Nina una certa allegra spensieratezza. Eppure nulla, durante i primi giorni, gli è parso leggero e facile. Egli si aggira per la villa di Monsagrati trafitto dalla rivelazione delle loro affinità elettive, ma anche corrucciato dall'avidità erotica che gli grava addosso come una malattia fatale. Ma fa buon viso a cattivo gioco, e alterna delicato silenzio, ascolto zelante, con dissertazioni rapide, ma infiorate di citazioni e concetti sofisticati.

Per la prima volta dopo anni, Tommaso si è accorto di essere sposato, e ha capito che il matrimonio è una sorta di veleno a diffusione lenta, un veleno che addormenta il desiderio. Ma questo aspetto è risaputo, e anche se Tommaso e Sara non ne parlano per forza esplicitamente, ognuno veglia perché un eccessivo intorpidimento non finisca per cancellare la loro vita erotica. Da un po' di tempo, però, le cose non vanno più così. Sara non ha quasi battuto ciglio quando Tommaso le ha parlato del progetto del soggiorno a Monsagrati. Non che lei sia una gelosona, ma in altri tempi una battuta sarcastica sul suo villeggiare in compagnia di una giovane artista l'avrebbe almeno fatta. Dopo il licenziamento da *Dalos*, e il ritorno nella sua vecchia agenzia milanese, qualcosa è accaduto a Sara. E non si tratta di un contraccolpo depressivo. Lei si è ributtata nel lavoro con la stessa foga di sempre, ma in casa è più inquieta, mutevole, distante. Per la prima volta dopo anni di convivenza, Tommaso si è chiesto se entrambi si amino ancora, eppure non è in grado di formularla questa domanda, di indirizzarla anche a lei. Si è reso conto, infatti, che il matrimonio non è un legame che finisca *naturalmente*. Se il matrimonio finisce è per via di un evento avverso, di qualcosa che si rompe con dolore e rabbia, o sprofonda nella freddezza nauseante, insomma un matrimonio finisce per fallimento. Non c'è altro modo, e non è perché si sono sposati in comune a Milano, e non di fronte a un prete in chiesa, non è perché non hanno fatto giuramenti assurdi, che se ne possono uscire dal matrimonio, e dalla relazione che hanno ora con Camilla, così, con una stretta di mano, una carezza frettolosa. Ma Tommaso non ci vede chiaro. Non vede chiaro in Sara, ma nemmeno dentro di sé.

## 10.

## *L'amorevole pupazzo strapazzato*

Non hanno combinato granché, in quanto Tommaso è disarmato di fronte a lei, ha rinunciato subito a esercitare qualsiasi pressione – sembra pago di guardarla esistere – e lei ha lasciato scivolare le ore. È di colpo divenuta bravissima in questo: fa lunghe camminate per i sentieri del paese, quelli collinari e boschivi dove s'insozza per bene gli stivaletti, e non progetta nulla. Le basta sentire gli odori del bosco, di tutto quanto lentamente si disfa e marcisce: la poltiglia di foglie, i tronchi fradici, gli animaletti che scavano e triturano. Nei boschi, si sente al sicuro da tutte quelle relazioni sospese che la tormentano, da quelle immagini di sé che bisogna inverare, sempre in modo sfasato, zoppicante. Poi se ne torna in casa, e qui Tommaso l'attende concentrato, carico di discorsi che vorrebbe srotolarle davanti, ma anche lui è bravo. Sa tacere, sa spingerle di fronte il registratorino, perché lei racconti la sua vita, o parli a vanvera. Lui è davvero curioso, la incalza con le domande, si agita sulla sedia come davanti a chissà quale spettacolo. Tutto ciò dovrebbe avere uno scopo, perché entrambi si sono impegnati a far lievitare il talento di lei, a dargli una nuova forma, che sia fedele alla sua storia passata e nel contempo opportuna per il nuovo stampo, e quindi Nina deve sfoderare materiale utile e pertinente, spremere di sé il siero prezioso per la cupola, il pubblico futuro, la comunità tutta, e Tommaso faccia il chimico, lasci decantare, suggerisca miscele, proponga dosaggi. E infatti di questo hanno dovuto discutere via Skype con Bravermann e Mancini. Bravermann vuole che Nina sia presente non solo in galleria, alla mostra collettiva sul desiderio femminile, ma anche durante il grande evento con gli sponsor politici, dedicato alla violenza sulle donne. Contro il parere di Nardi e Mancini, varrebbe la pena, secondo lui, di presentare la sua performance con il manichino, però bisogna andarci con mano leggera, perché ci sarà un pubblico vario, magari famiglie con bambini. Quindi il dosaggio. E di questo deve riflettere con Tommaso. «È giusto che ci sia anche lei, Nina, perché non si può incentrare tutto sulla visione della donna-vittima, però in un contesto del genere dobbiamo misurare con cura gli effetti e non strafare».

È l'unica cosa di cui ha davvero ragionato con Tommaso, anche perché il tempo stringe: la cupola ha ottenuto, grazie alle buone relazioni con la nuova giunta di sinistra, d'intervenire nel museo del Novecento, in piazza Duomo, in concomitanza con il 25 novembre, la giornata internazionale contro la violenza sulle donne. Ci sarà anche la Regione, con l'assessore donna alla famiglia e alle pari opportunità, della Lega ovviamente, perché si tratterà di un evento bipartisan. Nardi e Bravermann sono riusciti a proporre alla direttrice del museo qualcosa di diverso rispetto alla solita performance delle «Scarpe rosse», che un'artista messicana ha già realizzato in Italia in simili occasioni. «Certo, è stato importante il lavoro di Elina Chauvet contro il femminicidio. Il progetto *Zapatos Rojos*... Ma è vero che sta diventando una sorta di rituale civico. Ogni donna porta in piazza le sue scarpe rosse. Tutto molto simbolico, di facile comprensione. Però oggi possiamo fare di più, possiamo fare meglio. Grazie al rito civico avviciniamo la gente alla VERA arte», così il Nardi. Ora però discutevano se avere la prestigiosa sala Fontana, con il grande neon e le vetrate che danno sulla piazza, oppure lo spazio a piano terra per le mostre temporanee.

Nina ha colto un suggerimento di Tommaso: perché non fare del «bondage» con il manichino da salvataggio? Ne hanno parlato un po' assieme, e poi l'idea si è precisata: con le famose corde e l'imbragatura da scalata, Nina avrebbe piantato due chiodi con moschettoni, uno nel soffitto e l'altro nel muro, e poi avrebbe sollevato la sua vittima inanimata, lasciandola penzolare a testa in giù. Non sarebbe stata una replica di *Nomenclature*; niente voce fuori campo a scandire gli epiteti del discorso pornografico destinati alla donna. Nina ha scelto un nuovo titolo: *Giochi da bambina*. Si è procurata un manichino completo di braccia e gambe articolate, in plastica vinile, alto un metro e sessanta, e dotato di magnifici bermuda arancioni. Lei sarà vestita da collegiale, treccine e abito a quadri con colletto di pizzo, calze bianche al ginocchio, scarpette da ginnastica con strass e lacci in raso. Dapprima lo accudirà amorevole, vestendolo e truccandolo. Gli applicherà una parrucca, per poi pettinarlo, ricoprirlo di fiocchi e mollette, e tagliargli infine i capelli. La fase finale sarà violenta: dal baule di attrezzi che Nina si terrà accanto, farà uscire l'armamentario dell'alpinista sadica, per appendere il bambolotto gambe all'aria. E una volta terminata l'operazione, si concederà cinque minuti di sfogo atletico: calci soprattutto, di quelli che ha appreso durante i corsi di kick boxing nella palestra di Kreuzberg. Perché mai non si può mostrare che le bambine, i loro bambolotti, non li cullano e sbaciucchiano soltanto, ma nel chiuso delle loro camerette anche li strangolano, disarticolano, trascinano annodati o calpestano?

«Tutto, però, dev'essere giocato sulla sorpresa e la rapidità, Nina. Il finale con il manichino in formato punching ball non deve durare troppo». Lo dice Tommaso, anche se non è molto convinto. Ma capisce le preoccupazioni di Bravermann e degli altri: non bisogna spaventare il pubblico. Bello vedere una donna che si sa difendere, che saprebbe appendere un uomo per i piedi, ma c'è il pubblico con le famiglie, due assessori del Comune e della Regione, le rappresentanti delle associazioni, e qualche presenza della curia non è neppure da escludere.

Nina non ha nulla contro i riti civici, in particolare quelli che riguardano la condizione delle donne, ma le è sempre sembrato, contro l'opinione di diversi artisti e critici, che la performance non sia da considerare come un rito pubblico e condiviso, e che in ogni caso non è quello il suo obiettivo. Ne ha discusso con Tommaso, ritrovando a sorpresa un po' della sua vecchia veemenza.

«Per me la performance è un intralcio del rito, non una sua sostituzione. Non credo che ci siano forme d'azione e comportamento più autentiche di altre, che bisognerebbe liberare o restaurare. Io stessa ci ho messo del tempo a capirlo. Le esperienze limite che cerco di realizzare ci permettono per un istante di essere *tra* due codici, come in sospensione, e quindi di vederli entrambi dall'esterno. Appena cominci ad affibbiare un valore ideologico a una di queste esperienze limite, la stai già codificando, ossia cadi da un rito in un altro rito».

«Ecco, brava! Tirami fuori questi discorsi quando ovviamente non registriamo. Quello che dici è molto importante. Vale la pena di scriverlo».

Nina trova che Tommaso ha un bel sorriso, ed è un sorriso bello anche perché appare di rado, e di colpo illumina un volto solitamente concentrato, con i tratti tesi, lo sguardo persino un po' vitreo. A Nina, in fondo, Tommaso fa tenerezza. È il classico intellettuale che passa la vita a leggere, a studiare, a sforzarsi di capire come vanno *per davvero* le cose, e questo atteggiamento lo impegna ormai totalmente, perché, senza che lui se ne sia reso conto, è diventato un potente automatismo del carattere, e quindi ogni cosa deve essere filtrata, analizzata, rigirata nella sua testa, e non solo i prediletti temi di studio, ma *ogni evento della sua vita*. Il trascorrere dei giorni deve impegnarlo in un enorme sforzo di controllo, a tal punto che è quasi un miracolo che lui riesca a salire le scale, a pisciare, a respirare, senza che tutto finisca per incepparsi a causa di quell'eccessivo bisogno di lucidità. Come molte altre persone simili che Nina ha conosciuto, tutte intelligenti e colte, con un'ampia consapevolezza del mondo in cui vivono, Tommaso è convinto, anche senza specifico compiacimento, anche senza arroganza, di *distinguersi* dalla grande massa di persone che quella consapevolezza non sembra avere. Tommaso e quelli come lui credono che, di per sé, l'armamentario culturale, un bel bagaglio di nozioni e una massa sempre agitata di pensieri in testa, li rendano *persone degne di un mondo migliore*, insomma *loro* almeno, questi tipi pensanti e vigili, dovrebbero automaticamente meritarsi un mondo meno violento, meno rapace, meno idiota.

Il problema della maggior parte dei Tommasi in circolazione, pur con tutte le loro buone intenzioni, è che non sono stati ancora *messi alla prova*, pensa Nina. E finché la violenza della storia e della società, nelle sue innumerevoli forme, non li ha colpiti, scossi da cima a fondo, e lasciati terrorizzati in un angolo, non è possibile sapere che tipo di persone sono, se le loro idee rimangono appiccicate ai loro atti, o svaporano nell'aria all'improvviso. Questo ovviamente non vale solo per loro, ma per tutti quanti, anche per gli individui più rozzi e incolti, quelli che magari si fanno abbindolare dal politico di turno, in grado di aizzare le loro frustrazioni sociali e di convogliarle su qualche obiettivo fasullo. Nessuno è in grado di conoscere, per davvero, come reagirà al rischio di aggressione fisica, di repressione poliziesca, di linciaggio mediatico. La realtà delle persone non coincide con la bella idea di sé che coltivano nel proprio io: sfugge da ogni parte, è sommersa, imprevedibile. Nessuno sa in anticipo come si comporterà di fronte a una situazione davvero difficile e minacciosa, se sarà in grado di tendere la mano ad altri, o correrà più forte, calpestandoli sotto di sé.

Vi è però qualcosa che lo accomuna a lei: Tommaso in fondo è uno sfasato in cerca di vie di fuga. E la ricerca di vie di fuga è una reazione sana, perché se non altro addita la realtà come un compromesso cattivo e provvisorio. Il lavorio di tutti, enorme e sfiancante, è quello di farsela andar bene, di starci dentro, riuscendo a emettere regolarmente sorrisi di soddisfazione a uso degli altri sottoposti al medesimo sforzo. E questo perché tutti la prendono per buona, ci credono, sia che la vogliano vedere in marzapane e canditi, oppure buia e tempestosa, l'importante è che abbia una fisionomia solida e compatta. Tommaso almeno è una sorta di archeologo, e la sua capacità di scavare sotto la superficie è probabilmente una delle cose che lo rende ammirevole agli occhi di Nina. È importante la sua inquietudine, che lo porta a cercare nel passato, nelle opere d'arte, nei libri, nelle biografie di artisti morti da decenni o da centinaia di anni, qualcosa che manca al presente. Non sarà sufficiente, forse, a cambiare il mondo, ma qualcuno deve continuare a rivoltare i sassi, a scomporre il decoro inerte del paesaggio, a salvare dall'oblio o dalla furia saccente delle nuove generazioni quanto rimane a lato, ai margini, nelle pieghe poco visibili della stessa contemporaneità. Come le accade quando si sveglia febbrile nel pieno della notte, Nina, a differenza dei catastrofisti, non considera *che ormai non c'è (più) niente da fare*. Al contrario, a ben vedere, a vedere con un certo coraggio, le possibilità d'iniziativa sono innumerevoli. Tommaso fa parte di quelli che preparano la strada e, anche se lui vi rimane dentro, alle trappole, alle costrizioni, alle enormi fatiche per adattarsi a tutto, il suo lavoro servirà ad altri, sarà strumento per chi avrà più forza e determinazione. È importante che ci siano anche i Tommasi, ed è ingiusto togliere loro tutte le illusioni.

## 11.

# *Gli assillanti fantasmi di Tommaso*

Con Sara c'è qualcosa che non va: la voce al telefono non è la solita, l'*inflessione* della voce è diversa, una stranezza si annida nel tono, piatto, quasi meccanico, ma Tommaso ignora, fa orecchio da mercante, se ne sta come assordato al centro delle sue fantasie. Fa lo scemo con Camilla, quello gli riesce sempre bene, anche perché adora la voce di sua figlia al telefono, da quando lei ha cominciato a familiarizzarsi con quel tipo di nuova comunicazione. La voce di Camilla è diversa da Camilla, la voce di Camilla isolata dal corpo di Camilla gli rivela sempre qualcosa di nuovo, di ulteriore. C'è una Camilla *vocale* che sembra quasi avere un altro carattere, in gran parte indecifrabile, ma diverso da quello risaputo della Camilla *corporea*, che invece appare uguale a sé stessa, così prevedibile. Ma è Nina, in quei giorni a Monsagrati, che occupa Tommaso: quella in carne e ossa, certo, ma soprattutto quella ectoplasmatica.

Ha trasformato quei quattro giorni scarsi da passare in bucolico isolamento con Nina Dumo in un'ordalia definitiva: o lui riuscirà a scoparla oppure sarà condannato alla monogamia eterna, e a cinquantuno anni può tirare una riga nera, cimiteriale, su ogni velleità di piccola o grande avventura extraconiugale. Non è solo questione di libido ingorgata, di cazzo che tira spaventosamente, è una faccenda più complessa, ne va di mezzo l'intera armatura narcisistica, la stima di sé, l'impalcatura virile, l'inebriante fremito della vanità. È una faccenda culminante, una prova del destino, un agguato esistenziale: deve uscirne vincente a qualsiasi costo, altrimenti è giunto a un sicuro capolinea. Sia ben chiaro, Tommaso è stato, dal matrimonio in poi, un tendenziale monogamo. In altri termini, è stato *agevolmente fedele*. Non ha dovuto vincere né strenui assalti da parte di donne, che manifestassero attrazioni improvvise per le sue fattezze corporee o il suo luccicante statuto sociale – le sue doti intellettuali hanno suscitato al massimo caste ammirazioni e affettuose simpatie –, ma neppure è tormentato, come Dado, da una foia impetuosa né possiede la sua faccia bronzea in grado di predisporre facili successi erotici. Quindi ha vissuto abbastanza tranquillo fino al compleanno dei cinquanta, ma poi è entrato in un imbuto umorale di tetraggine che perdura ancora: qualcosa d'impalpabile, qualcosa di assolutamente sganciato dalla realtà, lo infilza da parte a parte. Gli hanno sparato addosso, a cannonate, il sentimento della vecchiezza e della fine. Si è pure detto che accade a tutti, che non a caso si parla della crisi della cinquantina, che circolano trattati sull'argomento, e la cosa è talmente risaputa da non essere neppure più pronunciabile, salvo in pietose barzellette. Un banale rovello da uomo di mezza età. Una nevrastenia da capoufficio che luma goloso nelle scollature delle segretarie neoassunte. Va bene, concede Tommaso, ma voglio uscirne con un passaggio all'atto. Voglio andare fino in fondo all'imbuto, e venirne fuori lordo, come un vecchio porco, seduto nudo sul letto, che accarezza il culo di una giovane donna distesa. Il culo magnifico di Nina mi andrebbe benissimo. È perfetto, è un culo di trentasei anni appena compiuti, un culo di otto anni più giovane di quello di Sara. Mi basta e avanza. E per di più non sarebbe mica una scopatina tanto per fare. C'è una forsennata, incontestabile, affinità elettiva tra me e lei.

Per Tommaso, i segnali del fato ci sono tutti: lui è milanese, e Nina è milanese; è la prima volta che passano del tempo assieme e senza nessuno intorno; lui è critico d'arte (maturo), lei è artista (ancora giovane); lui lavora per lei (scrive bene), e lei può servirsi di lui (dare forma alle proprie intuizioni); lui le pone domande e la registra, lei può dire: «finalmente un uomo che mi ascolta»; lui è un tipo sensibile, introspettivo, lei avrebbe apprezzato: «un uomo che finalmente capisce»; lui non è invadente né forza il corteggiamento, lei potrebbe persino prendere l'iniziativa; lui è sposato, ma lei è stata una rinomata libertina – vincoli propri o altrui non devono certo impressionarla –; lui, se ne avesse la possibilità, le garantirebbe un trattamento di grande altruismo libidico, ossia si lancerebbe in ampi e variopinti preliminari, per condurla a un orgasmo possente; lei è una tipa notoriamente disinibita e – anche se ciò comporta, per lui, un fattore ansiogeno – dovrebbe essere in grado di cogliere l'attimo di abbandono carnale senza bizantine ritrosie. Eppure no. Nonostante il favore apparente delle circostanze, zero risultati. Parlano molto. Uno sciolto e frizzante bla bla bla. Lei è stata fin da subito gentile e amichevole, anche ironica, talvolta perfida, ma non succede niente, bonaccia, orizzonte terso. D'altra parte, il difetto sta forse nel manico: lui, alla fine, si caga sotto. Ignora i segnali espliciti, pasticcia come un principiante con le posture, è spontaneo come un condannato a morte e spensierato come un pilota che tenti un atterraggio di fortuna. Non avanza quando deve, si ritira quando bisogna tenere la posizione. Oppure si ammorba semplicemente la testa con metafore belliche, che non hanno alcuna conseguenza sui suoi atti.

È il mercoledì, terzo giorno di convivenza con Nina, che Tommaso comincia ad accusare il colpo. La giornata prima si era conclusa con un nulla di fatto. Nina era sparita dopo colazione, per fare una lunga passeggiata nel bosco. Dopo pranzo, appesantito dal cibo, lui era assolutamente impreparato a manovre d'arrembaggio. Spinse quindi al massimo sul pedale intellettuale: le parlò del suo saggio sugli iconoclasti del Novecento, biforcò sulla performance in cui Joseph Beuys, la testa pelata cosparsa di miele e polvere d'oro, spiegava a una lepre morta tenuta in braccio il significato dell'arte per l'umanità, per poi tornare a Sophie Calle, quando incontra degli abitanti di Istanbul che non hanno mai visto il mare, e filma la loro prima volta davanti a una spiaggia. Poi ascoltò Nina raccontare della gran pisciata che le magnifiche dieci fecero sulla lussuosa tavola imbandita alla galleria Danova di New York. «Nel 2006 avevi lavorato sulle donne che pisciano in piedi! Anche qui sei stata un'anticipatrice. In anni recenti è diventato un leit-motiv di diverse artiste sia europee che americane».

La cena era stata allegra, ma a un certo punto Nina se n'era andata a letto, lasciandolo solo a sciropparsi un film recente di vampiri, infarcito di effetti speciali e cattedrali gotiche in fiamme. All'una di notte, Tommaso ancora sveglio sostava meditabondo in mezzo al corridoio che univa le due camere, ma, nonostante la caterva di argomentazioni a cui sottoponeva il suo sistema nervoso, i suoi piedi non lo portarono fino al letto di Nina. La notte fu particolarmente crudele. Dopo una sega tutta imperniata su una fantasia di Nine urinanti da ogni visuale possibile, si addormentò esausto, per ritrovarsi in sogno nuovamente tra le gambe di lei, a succhiarla meticolosamente.

La mattinata di mercoledì è scivolata via senza episodi eclatanti. Lui ascolta Nina che divaga, in quanto già non ha più voglia di parlare di lavoro, mostre, piani per il futuro. Comincia a odiarla, perché non sa più come avvicinarsi, e nello stesso tempo si sente completamente vulnerabile di fronte a lei. Dopo pranzo, però, è accaduto qualcosa di strano. Sono seduti al tavolo uno accanto all'altra, le tazze di caffè in mano e guardano uno schizzo a biro di Nina: uno schema per la performance o un ritratto scherzoso di Tommaso. Di colpo, senza capire bene né il motivo né il meccanismo dell'azione, si rende conto che Nina gli ha accarezzato un orecchio. Ma forse non si tratta neppure di una carezza. Forse è stato un urto particolarmente soffice, un gesto maldestro, magari di natura irriflessa, come quando, martellati sul ginocchio, buttiamo la gamba in avanti. Tommaso non ha capito cosa precisamente sia accaduto, ma lei, alzandosi, *gli ha toccato l'orecchio*. Ha sentito un indugio dolce della mano, uno sfregamento vellutato del proprio padiglione auricolare, ma è preso alla sprovvista e non sa come reagire.

Il pomeriggio Nina sparisce di nuovo. «In città, mi ero scordata di possedere l'olfatto! Il bosco è una vera macchina di odori. E poi amo lo scalpiccio che si fa camminando sulle foglie». Lui le starebbe incollato anche in quelle occasioni, ma lei è stata chiara fin dal primo giorno: «Ho bisogno di tempo per me, di farmi i miei giri da sola». Tommaso ha cercato di lavorare un po' al computer, ma poi senza neppure rendersene conto si ritrova nella stanza di Nina. Si siede sul letto, e cerca sotto il cuscino la maglia gialla da notte, senza trovarla. Poi si mette a esaminare i libri che ha sul comodino: un romanzo di Richard Brautigan in inglese, le poesie di Amelia Rosselli, il saggio di una psicanalista tunisina. Apre l'armadio, e controlla i vestiti che vi sono appesi: un paio di jeans, una lunga camicia a scacchi e un vestitino aderente nero. I ripiani sono quasi vuoti: ci sono magliette di cotone, un golf, e calze di lana appallottolate. Si ferma davanti alla finestra sognante, incapace di andarsene. Poi arretra di scatto. Sarebbe da coglione farsi sorprendere da Nina, se passasse per il giardino proprio in quel momento. Mentre sta per uscire, inciampa nel manico del trolley che è infilato sotto il letto. Lo trascina fuori soprappensiero e lo apre. È talmente scosso, che deve sedersi di nuovo sul letto. Ha il cuore in gola e scoppia di felicità. Le mani hanno incominciato a tremargli leggermente. Si china e afferra una borsa di tela, da cui sporgono mutandine e – lo ha già indovinato – mutandine *sporche*. Dio c'è, e lo ama. O qualcosa d'infinitamente potente e generoso, qualcosa che ha incastrato gli eventi, i gesti di lei e i gesti di lui, per farlo arrivare lì, nella stanza, e inciampare in una valigia che sporge da sotto il letto, una valigia che custodisce, dentro una stupida borsa di tela, due sacre, esplosive, mutandine, ognuna delle quali è stata indossata almeno per una giornata intera, ossia due pezzi di stoffa, di cotone pieno uno, di seta traforata l'altro, che erano stati a contatto con il pube di Nina, con le sue secrezioni, con le sue gocce di pipì, che avevano sfregato contro l'ano di Nina, insomma il Graal puro e semplice. Tommaso non è un feticista, e non si è mai specializzato nella caccia di biancheria intima, ma quello che sta vivendo è un evento assolutamente miracoloso e singolare. Si tira giù calzoni e mutande, poggiando gli stinchi contro il letto. La mano destra è stretta sul sesso e la mano sinistra gli schiaccia entrambe le mutandine sulla faccia. Gli occhi sono chiusi, affinché il cervello possa concentrarsi sugli odori. È come un terremoto orgasmico, pieno di scintille sotto le palpebre. Un astronauta caduto in un buco nero deve sentirsi in quel modo, un attimo prima di venir prosciugato nel nulla assoluto. È venuto sulla coperta, ma non importa. Neppure se Nina lo sorprendesse lì, con i pantaloni arrotolati alle caviglie, le mutandine ancora chiuse nel pugno, imbambolato a spremere le ultime gocce di sperma, gliene importerebbe nulla. È un momento di stupida e perfetta felicità carnale.

# 12.

# *Un problema di dosaggio*

A Monsagrati, Nina si è resa conto che non c'è nessun vuoto da riempire, nessun meccanismo mentale da rimpiazzare. *Ha semplicemente riacquistato la vita*. Le passeggiate per i sentieri collinari sono valse come una prova definitiva: l'odore delle felci, della terra umida, del muschio sui tronchi, tutto questo non esige alcun intervento dello spirito. L'aroma vegetale viene inalato, e può scomparire subito dopo, cessare di esistere, senza che sia scandaloso. I minuti possono essere sprecati. È nella loro natura. Non portano nessuna informazione da decifrare o tradurre. Per tutta la sua giovinezza, non aveva mai davvero conosciuto vacanza. L'artista che era convinta di essere non meritava tregua, quiete, abbandono. A lei non era concessa la semplice esistenza, la vita e basta. Certo, non aveva mai considerato la performance alla stregua di un prodotto separato; lei non creava oggetti artistici, prolungava semplicemente la sua vita, la *intensificava*. Oggi si chiede perché mai si è imposta questo lavoro da schiava. Non è sufficiente vivere come fanno gli altri? È troppo scontato? O la sua vita richiede di essere redenta a causa di un immemorabile peccato originale? Ogni nuovo giorno, ogni nuovo respiro sembra esigere una qualche forma di salvazione artistica, affinché non si consumi così, a vanvera, per puro caso. Tommaso l'ha aiutata a riconoscere l'eredità religiosa, ascetica e sacrificale, che ancora agisce nell'attività di tanti artisti importanti del secolo scorso. Ma ora lei non ha più missioni speciali, non ha né superpoteri né responsabilità straordinarie. Si è liberata non dai nemici e dal mondo persecutorio, ma da sé stessa.

«Mancini vuole comprare tutta la serie di fotografie e disegni di *Nomenclature*. La sua intenzione è di rivenderli poi a Boffo, il conduttore televisivo, quando avrai fatto il botto con la mostra collettiva e soprattutto con la tua apparizione al Museo del Novecento. Vedi tu, io ti sconsiglierei di cedergli tutta la serie. Ovviamente è come se non ti avessi detto nulla». Tommaso ha voluto prepararla in previsione dell'accordo con il gallerista. Ma per Nina è la situazione ideale: si terrà qualche scatto, e il resto se lo incameri Mancini. Vuole vendere la pelle dell'orso prima di ammazzarlo? Vuole speculare sulla futura fama di Nina? Si accomodi. Lei ha bisogno di soldi e subito. Ma Tommaso è un disertore. Questo suo tentativo di metterla in guardia ne è la conferma. In Toscana, hanno passato l'ultima notte in bianco a sbronzarsi di porto e vino accoccolati sul divano del soggiorno. Lui è persino riuscito a farle, alla fine, delle profferte sessuali, ma in modo poco convincente: sembrava avesse un dovere da espletare. Lei gli ha concesso solo di accarezzarle i piedi, e lui si metteva in ginocchio a sbaciucchiarli, facendo l'idiota. In ogni caso, Tommaso ha tirato fuori un suo lato demenziale e cazzone, che l'ha molto divertita. Durante il tragitto in treno che li ha riportati a Milano, lei gli ha fatto promettere che per l'evento del 25 novembre non l'avrebbero data in pasto ai giornalisti. «Ti prego, fai che Nardi e Bravermann mi tengano fuori dalle interviste. Ho capito che avremo addosso l'attenzione dei media nazionali, ma non m'interessa comparire quaranta secondi alla tele per spiegare che cos'è la mia performance e che messaggio voglio inviare alle donne». Tommaso si è impegnato a convincere gli altri su questo punto, ma il problema si porrà comunque dopo. «Se la mostra da Paradoxa e la performance al Museo del Novecento riscuotono successo, non sarà facile spiegare a Mancini che tu continui a fare voto di silenzio stampa e invisibilità televisiva». «Del dopo, ne parleremo dopo» ha tagliato corto Nina.

A pochi giorni dalla data fatidica sembra che, in tutta Italia, comuni e regioni facciano a gara per chi celebra in modo più roboante la giornata contro la violenza sulle donne. Da giunte di sinistra e di destra è un pullulare di iniziative. Nessuno vuole rimanerne fuori. La mobilitazione prevede video pedagogici, incontri nelle scuole, letture davanti ai centri commerciali, installazioni di piazza, monologhi televisivi di attrici famose, manifesti con la grafica tetra di certi film d'orrore. È una fiera di volti femminili chiazzati di ematomi, di passeggiate fino alle caserme dei Carabinieri, di uomini con le mani sporche di sangue che piangono accovacciati per terra. Lo racconta Tommaso a Nina. «È il sesto senso di Bravermann. Ha indovinato che questo è l'anno giusto». Milano e Regione, infatti, vogliono distinguersi, essere all'avanguardia anche in ambito di propaganda democratica: la città «mondiale» dell'Expo, e la Lombardia, locomotiva d'Italia, non si accontentano delle solite proposte, e si sono lasciate allettare facilmente dalla cupola. «Riuniremo il popolo e le élite, la piazza e il museo, l'atto civico e l'eccitazione mondana, la sensibilità sociale e quella artistica», così sono riusciti a vendere il loro progetto alle istituzioni. Nessuno, tranne un fazioso quotidiano di estrema sinistra, ha fatto notare che il curatore della mostra al Museo del Novecento, «L'Arte contro la violenza sulle donne», è un uomo, ossia il Nardi. Sono stati abili anche in questo, mettendo in avanti le figure femminili: direttrice del museo, artiste presenti, le assessori donne del Comune e della Regione. Poi è scoppiata la polemica, che ha catalizzato ulteriormente l'attenzione sull'evento, lasciando in ombra gli ideatori. L'assessore regionale di destra (Famiglia e Pari Opportunità) se n'era infatti uscita, in un'intervista pubblica, con una malaugurata frase: «Perché è un momento di sensibilizzazione che riguarda tutti. Possiamo sorridere di nuovo alla vita e tornare a casa per una riscoperta della coppia, della famiglia, dei figli». Ciò aveva subito provocato gli attacchi di una fronda di femministe, che ricordavano come salvaguardia della coppia e denuncia del coniuge violento non si abbinino tanto facilmente. Un talk-show di prima serata è riuscito infine a orchestrare perfettamente uno scontro di posizioni: c'è una difesa della donna, che non mette in pericolo l'istituzione della famiglia, e ce n'è un'altra, che getta il sospetto sul focolare. Tutto ciò va ben al di là delle più rosee aspettative di Nardi, Mancini e Bravermann. Nina non ha voluto di proposito seguire né la campagna milanese né quella nazionale. È Tommaso che la mette al corrente, e s'informa sulla sua condizione fisica e soprattutto psicologica.

«Come ti senti? Nardi ha detto che dopo la trasmissione che c'è stata, dobbiamo prevedere il doppio di pubblico».

«Il pubblico non mi fa paura» ha risposto Nina lapidaria.

Il 25 Tommaso c'è, ma gira schivo in mezzo alla folla, sfuggendo alle persone che lo avvicinano. Ha l'aria imbambolata, di qualcuno che è stato appena tirato giù dal letto. Ne ha parlato due giorni prima con Nina: è a pezzi da ormai una settimana. Ha scoperto che Sara, la moglie, ha una storia con un collega di lavoro. «Sara dice che lei vuole restare con me, sembra davvero mortificata. Dopo la vicenda con la *Dalos*, si è sentita persa. Era convinta che io stesso avessi un'amante. Va be', non ti voglio ammorbare con le mie menate. Ma è davvero un periodo di merda. E soprattutto non mi frega più niente di nulla, Nina. Non ti potrò essere di grande aiuto, sai... Con Nardi, Mancini e company dovrai vedertela da sola, ma so che te la caverai egregiamente». Nina ha accusato il colpo. Non che avesse bisogno del sostegno di Tommaso, ma lui era diventato il suo complice, quello che, come lei, *non ci credeva*, quello che stava al gioco, ma con riserva, ironia, beffardo scetticismo. Ora invece abbandona la scena. Con l'alibi dell'incidente familiare, della batosta emotiva. Nina si rende conto solo adesso, di quanto la sua presenza sia stata importante. All'inizio diffidava: gliel'avevano piazzato addosso come *coach* creativo, quello che doveva stimolarla e nello stesso tempo guidarla, in altre parole era lì per *fare lo sbirro*. Ma Tommaso aveva dimostrato durante il soggiorno a Monsagrati, che una Nina scazzata, che se ne girava in calzettoni per la casa, e di tanto in tanto spariva per i suoi giri solitari, gli andava perfettamente a genio. Anzi, se la mangiava con gli occhi, fin da quando se la trovava seduta in cucina, con i capelli scarmigliati, a trafficare con le fette di pane e marmellata. Nina fin dal primo giorno non aveva fatto nessuno sforzo, e quell'indolenza era stata per lui contagiosa. L'aveva liberato dal suo atteggiamento un po' ziesco e un po' magistrale. Il cinquantenne e la trentenne avevano trovato un terreno comune: rinunciavano ai difficili preparativi per i quali erano stati riuniti e si godevano come scolaretti in vacanza lo scorrere dei giorni.

Dopo vari tentennamenti e voltafaccia, il museo aveva concesso la sala Fontana all'ultimo piano dell'Arengario per la performance di Nina. «Di' la verità, neanche a New York hai mai avuto luogo più scenografico dove esibirti!», le aveva detto Mancini gasatissimo. L'azione si svolge, in realtà, in uno spazio compresso, nella parte della sala che accoglie un soffitto realizzato in origine da Fontana per un hotel dell'Isola d'Elba. Ovviamente i due moschettoni non potevano essere piantati nell'opera del maestro, ma hanno trovato la loro sede sotto una delle due scale aggettanti che portano al piano superiore. Il corpo della scala, un parallelepipedo nero che si sviluppa in diagonale verso l'alto, crea nella parte più bassa uno spazio riparato. Qui avviene l'azione di Nina col manichino e il baule.

La gente, tanta, in attesa che qualcosa accada, gironzola con gli occhi attratti dai finestroni che si affacciano su una piazza Duomo investita da un sole perentorio. Alessia Morace le ha fatto segno. Si è già piazzata nel punto giusto con il cavalletto e la telecamera. Era stato Nardi ad avvisarla: la Morace aveva ottenuto di filmare la performance, in quanto lavora per un progetto di archivio artistico, promosso dalla Fondazione Cariplo. Chissà cosa pensa l'amica, specialista in *critical thought* e pensiero queer, di tutta quella messa in scena istituzionale? In ogni caso, ha un'aria partecipe e concentrata. L'ultima volta che si erano viste durante una mostra collettiva a Berlino, era Alessia sulla ribalta. In quella stessa occasione Nina aveva incontrato Danova. Ci manca solo che spunti pure lui all'ultimo momento. Un'impiegata del museo è venuta a sussurrarle con fare circospetto: «Possiamo cominciare quando vuole. Il gruppo di contestatori è stato allontanato». Allude alla delegazione dei Papà Separati.

Erano una dozzina, quasi tutti con l'aria trasandata e le facce stravolte. Dopo aver schiamazzato e distribuito volantini all'entrata del Museo, avevano fatto irruzione con uno striscione: «Padri sul lastrico: contro la violenza dei tribunali». A guidarli, brandendo un megafono, era un tipo basso e tracagnotto, con un giaccone elegante e la testa rasata. «Quello è Nicola Racco», ha spiegato Mancini a Nina. «È ancora un mio artista, ma adesso mi odia. E odia soprattutto Nardi e Tommaso. È lui che ha organizzato questa pagliacciata. Non ha neppure figli e dei padri senza tetto non gliene frega niente. Vuole solo romperci i coglioni. Ma è un fesso, perché così ci fa ancora più pubblicità».

Tutto è pronto. Non le resta che cambiarsi. Le hanno messo a disposizione una stanzetta. Ma prima c'è ancora una cosa da fare. «Non avresti una striscetta per me? Così, come carburante per la perfo». Questo l'sms che Nina ha inviato a Mancini di mattina, prima che si trovassero al museo con tutti gli altri. Non aveva mai pippato con lui, ma sapeva di andare sul sicuro. Mancini gliel'aveva offerta almeno in un'occasione, da quando si frequentavano. Dopo aver sistemato il manichino e il baule sotto la scala, è sparita in uno dei bagni. Lui l'ha accompagnata fino alla porta e poi, con rassicurante naturalezza, le ha infilato in mano un quadratino di stagnola. «Hai tutto? Una banconota?» È da una vita che non tiro, ha pensato Nina. Nella cabina, si è inginocchiata davanti alla stagnola aperta e posata sul coperchio del water come in uno strano rito.

Quando Nina si è messa a scalciare, il manichino ha rischiato di travolgere nel suo volo Alessia e la telecamera. La documentarista si era avvicinata ignara, per riprendere nel dettaglio l'operazione di annodamento e sospensione del grande bambolotto, che fino a quel momento era stato amorevolmente manipolato. Nessuno si aspettava uno sviluppo violento dell'azione. Il pubblico è preoccupato e fissa la scena silenzioso. Nina lo malmena per bene, sferrando calci frontali, ma anche calci rotanti molto cinematografici. Ora potrebbe fermarsi. Comincia ad avere il fiato corto. Ma è davvero sufficiente? È tutta una questione di dosaggio, le avevano raccomandato. Come la vede il pubblico? Sono riusciti a ricondurla dentro coordinate familiari? Tipo l'Uma Thurman di *Kill Bill*, soltanto più bassa e mora? Posso andare un poco più avanti, pensa Nina. Si è infilata un casco da hockey estratto dal baule e si mette a incornare il manichino come un toro, prendendo la rincorsa e colpendolo al petto. Il rumore degli urti è impressionante. Sembra che ad ogni cozzo, qualcosa nella testa di Nina o nel corpo del manichino si rompa. Questo non era previsto, ma è impossibile fermarsi, anche perché ora viene il bello. Slega la corda del moschettone basso, facendo precipitare il manichino a terra. Molti tirano un sospiro di sollievo: è finita, si dicono. Va verso il baule. Ne estrae un fallo nero con cinghia. Raggiunge il manichino, lo scioglie dall'imbragatura, e gl'infila il fallo ben stretto alla vita. Il pubblico non capisce ancora bene, o sta cercando di non capire, ma si sente in trappola. È troppo tardi per andarsene adesso. La mente di tutti è in ritardo, ma non quella di Nina. Lei sta viaggiando altrove, in un flusso d'immagini che la investe e la scuote in tutto il corpo. Il fallo lo bagna con la saliva, se lo tiene in bocca, ci sputa sopra, poi si alza, si toglie le mutandine, e con estrema cautela si mette a cavalcioni sul manichino. Volete o non volete vederlo questo spettacolo? Lo trovate bello o brutto? Le piacerebbe aprire gli occhi, e incontrare lo sguardo complice di Tommaso. Ma non c'è tempo neppure per la complicità. Tommaso, in realtà, si è accasciato al suolo sul lato opposto della sala. Vede Nina agitarsi, ma attraverso una foresta di spalle e gambe. Dal suo punto di vista tutto è solidale: le immense vetrate in fondo, il profilo di Nina che armeggia sul manichino, la gente pietrificata che le sta attorno. Non è più in grado di decifrare quello che sta avvenendo, né di comprendere le intenzioni di tutte quelle persone riunite. Intanto lei ha spinto il fallo dentro di sé. Si muove cercando un vero piacere, che le sfugge però di continuo. Allora insiste, comincia a dimenarsi, perché è la rabbia alla fine che la invade. Afferra la testa inerte di fronte a sé e la sbatte sempre più forte, e la testa obbedisce, perché è disarticolata, è un manichino ben fatto, costoso, docile. Mentre insegue con tutto il corpo un piacere impossibile, Nina grida. È una questione di dosaggio, certo, ma ora bisogna andare fino in fondo, non si può staccare, non c'è più regia. La rabbia è immensa, fa schermo contro ogni cosa: la vergogna, il godimento, la stanchezza. «Scopami! Scopami!». Non sente più il suo corpo, non abbastanza. Adesso deve sfilarsi il coso e finire da sola, con le proprie forze, con le proprie mani, ma c'è gente che grida nella sala, tutto un trambusto. Un signore le è venuto vicino, chinandosi sopra di lei, e dice qualcosa con tono autoritario, o soltanto disperato. Comunque lei deve finire, perché il corpo le sta scoppiando. È sicuramente quello che ha creato allarme, il suo corpo gonfio che scoppia.

# Epilogo

Caro Tommaso,

stanotte ti ho sognato. È buffo, non ci sentiamo da quasi un anno, e tutto a un tratto vieni a visitarmi nel sonno. Eravamo in casa dei miei genitori a Milano. Ti avevo invitato a cena, ma tu facevi lo scemo. Ti eri lanciato subito in un corteggiamento insistente, ma era una messa in scena, come se stessi ripetendo il copione di un'opera teatrale. Era impossibile, però, farti smettere. Ma io volevo parlarti di una cosa molto importante, molto seria. Tu ridevi, giocherellando con i soprammobili della sala da pranzo. Alla fine, ti ho preso per mano e ti ho portato in camera da letto, di fronte a un grande armadio a specchio. «Non vedi come siamo cambiati?» ripetevo. Ero convinta di dirti una cosa molto triste, ma in realtà dentro di me ero calma, perfettamente in pace. E volevo che tu lo capissi. Volevo che tu capissi che non era drammatico: anche se i nostri lineamenti erano inattesi, come leggeri, appena tratteggiati. Non poteva essere che così, andava accettato.

Te lo do in pasto, nudo e crudo. In ogni caso, mentre preparavo il caffè, mi è venuta voglia di scriverti. D'un tratto ti ho rivisto a Monsagrati, quando ti aggiravi per la villa con il tuo registratorino e il quaderno degli appunti. Mi sembra così irreale tutto quello che abbiamo vissuto in quel periodo, fino naturalmente alla performance dell'Arengario. È grazie al putiferio scoppiato dopo, che mi sono davvero svegliata. Sarà stato un semplice riflesso di sopravvivenza, ma quando mi sono saltati addosso tutti, ho finalmente capito perché ero tornata in Italia. Dovevo liberarmi di una tirannia, che non veniva semplicemente dall'ambiente dell'arte, così come lo ritrovavo dopo anni di vita all'estero. Era una tirannia che mi ero costruita da sola. Dovevo tornare al punto di partenza, nella città in cui ero nata e che avevo lasciato a ventiquattro anni, per liberarmi dello stregamento.

Tu sei l'unico, me ne rendo conto ora, con cui sono riuscita ad avere un rapporto decente, non falsato. Durante quei miei primi mesi a Milano, sei stato come un accompagnatore, ma in una condizione in cui eravamo entrambi fuggiaschi, entrambi imbarcati in qualcosa che non ci corrispondeva. Ti sono anche grata, per quello che hai fatto dopo il 25 novembre. E so che stavi da schifo in quel periodo. Sappi che qualche mese fa è ricomparso Mancini, mi ha scritto che vorrebbe «riprendere i contatti». Che si fotta. Mi hanno dato contro tutti e due, lui e Nardi, sputtanandomi con la direzione del museo, coi giornalisti, con la giunta, senza rendersi neppure conto che, rinnegando me, rinnegavano tutto il loro progetto espositivo, le loro competenze, ecc. Quanto a Bravermann, ha fatto semplicemente il morto. Non una dichiarazione, ma neppure una riga o una telefonata a me. Tu sei stato l'unico, che non ha avuto paura di difendermi, almeno tra gli uomini. Davvero mi è piaciuto il tuo pezzo uscito su *Segno*, «L'arte come cronaca nera». Era azzeccatissimo. Ora, tu non hai seguito tutte le vicende. Ma c'erano quelli della Sette, che mi volevano in una loro trasmissione in prima serata, con una psichiatra, l'assessore donna della Lombardia (la leghista fuori di testa) e SGARBI! La loro idea ovviamente era quella di linciarmi in diretta, come fanno con i loro mascalzoni fotogenici, tipo Corona, e poi ottenere da me eterna gratitudine, per via dell'enorme pubblicità che mi avrebbero così garantito. E pagavano molto bene. Ho perso la grande occasione di diventare l'influencer post-porno dell'anno!

Mi sono anche chiesta come ha reagito Nardi, dopo che ha scoperto che l'articolo su di me lo hai scritto per la concorrenza, aggirando il veto che aveva messo per *Campoarte*. Spero che tu non abbia dovuto subire rappresaglie naziste. Mi devi anche scusare, perché non ti ho più risposto. Ma ho tagliato i contatti con tutti per un bel po' di tempo. È stato più forte di me. Una questione di igiene mentale. Un gruppo LGTB mi aveva messo in contatto con una regista londinese, che voleva assolutamente affibbiarmi una parte in un suo film, dove avrei dovuto interpretare una specie di pornoterrorista! Anche a lei ho detto di no. Non ci crederai, ma ho rimpianto il mio periodo nell'agenzia di pulizie. Sembra strano a dirsi, ma durante le ore di lavoro non avevo nessuno che mi rompeva i coglioni. E giravo per gli uffici deserti, con la mente che se ne viaggiava libera. Lì dentro, poche ore prima che ci mettessi piede io, c'era gente impegnata a costruire il mondo. A me bastava aspirare la polvere dal pavimento, strofinare lavandini e maniglie. Non mi si chiedeva altro, e lo facevo senza cedere che una minima parte del mio cervello. Non dovevo scrivere, parlare o comunicare con qualcuno a nome loro. Che privilegio.

Di tutte le puntate precedenti avrà senso parlarne a voce davanti a una bottiglia di vino. Incluse quelle erotico-sentimentali, che avendo come protagonisti i tuoi colleghi targati «maschio-italiano-in-crisi» sono caratterizzate da un registro spesso farsesco. D'altra parte ti considero ormai come un *vec-*

*chio amico*. Io credo che a Mosagrati ci siamo fatti del bene. È stato facile forse perché non ci conoscevamo, o meglio, conoscevamo solo certi aspetti di noi stessi, quelli pubblici, tu il critico, io l'artista, ma non ci è bastato. In quel momento né tu né io eravamo in grado di rimanere incollati a quelle identità. Volevano metterci al lavoro, e noi abbiamo fatto altro: ci siamo parlati liberamente, disordinatamente. E soprattutto abbiamo cazzeggiato.

Una cosa devo comunque raccontartela. Questa estate ho lasciato Milano. Grazie a una vecchia amica dell'Accademia, da settembre lavoro al Mitchell College di Bologna. È un'università privata americana per sole donne a indirizzo artistico. Pare sia molto celebre negli Stati Uniti. La sede principale è nel Massachusetts ed è stata fondata all'inizio del secolo scorso da un'ereditiera straricca. La cosa sorprendente è che hanno una fondazione e un museo. Si occupano esclusivamente di artiste donne, dal primo Novecento sino a oggi. Insomma, mi hanno assunto come insegnante, perché hanno apprezzato il mio percorso artistico.

In tutto questo, la cosa più bella è stata l'esperienza dell'insegnamento, per me completamente nuova. Questo semestre sto facendo loro un corso sui rapporti tra la performance in Europa e i movimenti femministi degli anni Sessanta e Settanta. Ti rendi conto? Io trasformata in professorone. Dovresti concedermi ogni tanto delle lezioni di recupero, sento chiaramente che mi mancano le basi. Ma, come sai, bluffare non mi spaventa. Ancora meglio dei corsi, è il tutoraggio. All'inizio dell'anno accademico, mi affidano alcune allieve, che vengono a seguire i corsi all'Università di Bologna, e io posso spupazzarmele per mostre e musei in tutto il paese. Ho già iniziato quest'anno con due tipe strambe, ma molto simpatiche. Ci diamo appuntamento al caffè Zanarini, dove loro s'ingozzano di paste. Di una, tale Maxine, di origine asiatica, mi è stato espressamente detto che non voleva la si apostrofasse né con il pronome maschile né con quello femminile! Gli americani, nonostante tutto, sono sempre più avanti.

Per ora, le cose stanno andando bene. Nei college americani, i prof sono valutati dagli allievi. Ebbene, le mie, sia quelle che seguo come tutor sia le studentesse del corso semestrale, mi adorano. Io stessa pensavo che insegnare fosse un lavoro orribile, e che, soprattutto, fosse l'ultimo tipo di lavoro che una come me avrebbe potuto fare. Invece mi piace, e mi ha *addolcita*. Mi sono anche resa conto che le mie esperienze senza capo né coda rivelano una strana utilità pedagogica, fondendosi nel paesaggio che studiamo. Grazie a esse, certe nozioni astratte, o certe figure mitiche e distanti, acquistano concretezza e umanità.

Ma tu come stai? Come vanno ora le cose con tua moglie? Scrivimi se ne hai voglia. Non che io sia una buona consigliera, soprattutto in questioni matrimoniali. Ma so ascoltare. E la «cupola»? Esiste ancora? Non t'immagino più – ma magari sbaglio – al suo servizio, che pianifichi nuove carriere per artisti docili dalle ambizioni sfrenate e dalle idee poco chiare. Quando ho incontrato Nardi, Mancini, il pubblicitario depresso, mi sono chiesta che diavolo c'entrassi tu con tutti loro. Se ci aggiungiamo il collezionista neofita e occulto, era una bella banda di sciroccati. Pensavano davvero di avere ormai il controllo su tutto. Non si capiva chi seguisse chi, ma tu sembravi caduto lì in mezzo per caso. Insomma, spero che avrai trovato di meglio da fare.

Un bacio. Scrivimi e vienimi a trovare quando puoi.

NINA

Nina Dumo!!!!!

leggerti mi ha messo una grandissima allegria. Dovrei chiedere al mio medico di prescrivermi ufficialmente questa cura: una mail di Nina Dumo una o due volte al mese; tonifica lo spirito, dissolve i crucci, aizza i bassi istinti! Il sogno mi sembra ribadire – drammaticamente per me – che la nostra amicizia sarà platonica o non sarà ☺. Trovarci assieme in una camera da letto, per meditare a due davanti a uno specchio?! Vorrà dire per lo meno saggezza raggiunta, attitudine alla meditazione filosofica, maturità comprovata. Tutto questo almeno per il sognatore. Il destino del sognato resta sospeso, indecidibile.

Sei l'essere imprevedibile per eccellenza: ti ritrovo a Bologna a insegnare in un'università statunitense femminile, dopo aver suscitato i peggiori anatemi del benpensante mondo culturale italiano e, nello stesso tempo, fenomeni di adorazione negli ambienti *underground* e militanti. Ma lo sai che circolano ancora video amatoriali della tua perfo nella Sala Fontana realizzati da persone del pubblico, come un tempo circolavano registrazioni pirata dei concerti di Lou Reed o Patty Smith? In compenso, mi sono informato sulla documentazione «ufficiale», di cui si doveva occupare la tua amica Alessia Morace. Pare incredibile, ma ha interrotto le riprese prima della fine. Sei riuscita a sconvolgere anche lei.

Il Mitchell College! Ti rendi conto della coincidenza? C'è una grande pittrice della scuola newyorkese degli anni Cinquanta, una del calibro di Kline, de Kooning e Pollock, che sia chiama Joan Mitchell. Ovviamente, in quanto donna, spesso e volentieri viene dimenticata nelle rassegne dedicate all'espressionismo astratto. Negli anni Sessanta si è stabilita in Francia, dove ha vissuto per il resto della sua vita in un piccolo villaggio sulla Senna, in cui già Monet veniva a dipingere. Io la amo moltissimo. Ma forse già la conosci. Oggi cominciano a dedicarle mostre personali e studi importanti.

Sono contento per quello che mi scrivi. E tremendamente invidioso. Conosco poche persone randagie come te, a cui le cose finiscono sempre per venire incontro al momento giusto. A volte ti vengono incontro, solo perché tu possa rifilare loro un bella pedata, e fare un balzo di lato nella vita. Altre volte, come con la tua università americana femminista – ma avete anche dei colleghi maschi, oppure gli uomini sono radiati del tutto? – «cadono a puntino». Insomma, tu non cerchi, ma trovi, invece io mi agito e mulino le braccia, e sono sempre al punto di prima. Com'è possibile? Invecchio, e capisco sempre meno. Mi sembra di essere a corto di idee su tutto, proprio io che di idee non mancavo mai, per dire come il mondo avrebbe dovuto girare o quale piega avrebbe dovuto prendere la mia vita. Altre volte ho l'impressione, invece, di essere un sacco sfondato di opinioni; non fanno in tempo a fuoriuscire che altre ne entrano, spinte da qualche potente flusso del giorno.

Ma basta! Torniamo a te. La scoperta dell'insegnamento, la scoperta di *amare* l'insegnamento, mi sembra una cosa importantissima. Inoltre, l'ambiente universitario americano ti è sicuramente più consono; per quello che ho capito, c'è molto meno ossequio per le gerarchie; i rapporti sono più chiari e diretti sia tra colleghi che con gli studenti. Ho conosciuto persone che si spaventavano per questa prossimità. Gli mancava tutta la segnaletica puramente esteriore del potere e del prestigio, che piace tanto in Italia. Poi, è vero, la possibilità di trasmettere agli altri un grammo buono di tutta quella esperienza che ci siamo fatti per incornate ed errori è rasserenante. Hai come l'impressione che non tutto andrà perduto, che quella porzione d'intelligenza che la vita ha permesso si formasse cautamente in te non sarà buttata via, non sparirà con il tuo cadavere in una bara.

Per quanto mi riguarda, le supplenze annuali continuano, perché quelle non scarseggiano mai. Sono più sicure dei contratti a tempo indeterminato. E continua il mio lavoro per *Campoarte* con il povero Nardi che, controvoglia, mi ha persino promosso a caporedattore, anche perché non ha trovato nessuno di meglio per sostituire quello precedente. In realtà, se l'è legata al dito per l'articolo che ho scritto su *Giochi da bambina*, ma per ora non può farmela pagare. Inoltre ho finalmente imparato il mestiere: come il mio predecessore lavoro dosando con accuratezza neghittosità e pedanteria, faccio muro alle novità, ossia allo sfascio. E ho quasi del tutto abbandonato gli articoli e le critiche. Ho chiuso pure con il Coca. L'ultima volta è tornato alla carica con Nicola Racco. Hai presente il tipo che arringava il pubblico davanti al Museo del Novecento con un gruppo di «padri separati»? Ebbene, ha letto un libro sul riscaldamento climatico, e ha deciso che d'ora in poi la sua arte deve occuparsi di questo. Ha convinto (facilmente) il Coca, che è una via promettente anche dal punto di vista commerciale, e quindi si sono fatti vivi con me, perché avevano bisogno del solito «fiancheggiamento critico». Non so, credono che basti una pacca sulla spalla, perché conflitti e incompatibilità svaniscano, e si riparta assieme per un nuovo giro di giostra.

Parliamo, però, di cose serie: ho finito il mio saggio sull'iconoclastia moderna! Una risoluzione del gennaio scorso. E ce l'ho fatta! Ci ho messo poco più di sei mesi. Ora mi manca solo l'introduzione. Ne può venire fuori un volumetto. Qualche (piccolo) editore interessato c'è già, e anche un gruppetto di giovani ricercatori che lavorano tra Milano e Parigi. Vedremo, magari non gliene fregherà niente a nessuno, ma io ormai *dovevo* scriverlo. Credo che sia stata una reazione a ciò di cui ti parlavo sopra: la stanchezza per la risacca delle opinioni. Almeno su di un punto ho cercato di fare chiarezza. È davvero strano quello che è successo nel secondo Novecento: non esiste società che, come la nostra, si è tenuta assieme grazie all'abuso e alla circolazione delle immagini, nonostante tutte le spinte centrifughe, le ossessioni competitive e individualiste che la minacciano. E nello stesso tempo, non esiste tradizione artistica, come quella novecentesca, che abbia espresso un disprezzo, un sospetto, addirittura un odio così esplicito nei confronti di queste stesse immagini. È un paradosso affascinante. Mi guardo bene dall'averlo sciolto, ma almeno ne ho tracciato i contorni.

Che dirti, invece, della mia vita sentimentale? Le cose si sono rimesse apparentemente a posto. Per ora io e Sara non ci siamo lasciati, per ora si vive ancora assieme, con Camilla ignara di tutto. Negli ultimi due o tre anni, io per primo ho cercato di fuggire dal mio matrimonio. In realtà, ho fantasticato soprattutto evasioni temporanee. Notti di sesso fedifrago, senza strascichi incruenti. Di tanto in tanto ho anche vagheggiato incontri sconvolgenti: una Nina che saltasse dentro casa una notte, e mi dicesse butta tutto in una valigia e parti con me. Ma in concreto, io non ho combinato niente, mentre Sara, con la sua nota efficacia e generosità, invece di limitarsi a fantasticare, la fuga l'ha realizzata per davvero. Già, anche perché l'affidabile Sara, la roccia, la tipa di buon senso, la grande organizzatrice, ebbene proprio lei ha avuto un limpido impulso dinamitardo. Non posso dirti molto di più rispetto a quanto già ti raccontai. L'ho scoperto per caso, ma non ho voluto saperne nulla, e lei, giustamente, non mi ha raccontato nulla. Ci siamo risparmiati quei bei melò autolesionistici, che piacciono ancora tanto tra i venti e i trent'anni. Le ho lasciato tempo di riflettere – che altro potevo fare? –, e lei sembra aver messo una croce sul suo amante.

Ma io perché avevo tanto fantasticato? Non era una questione di limiti e costrizioni, quanto piuttosto un seppellimento in un'estraneità dolce, irreale. I rapporti con Sara erano divenuti talmente ovvi e facili da scarseggiare di ruvidezza, consistenza, peso. Dopo l'elettroshock, tutto ha assunto un aspetto ben differente. Ogni nuovo giorno è fragile ed esige un accordo che va inventato. Non è più chiaro dove cominci e finisca la realtà dell'altro, di colui che abbiamo creduto di carezzare per anni come il contorno fisso di un oggetto domestico. Ora so per certo che c'è una Sara che mi è sfuggita, e che ancora mi sfugge. La prossimità quotidiana non fa che accentuare l'enigma. Ma in fondo con Camilla è la stessa cosa. Ha quasi dieci anni: ogni nuova frase che formula la strappa a quella bambina, che io pensavo di conoscere, di aver decifrato. Lascia intravedere non semplicemente un'intelligenza più penetrante, ma anche una personalità più ramificata, dai risvolti intimi imprevisti e ambigui.

Mi sento precipitato in una strana infanzia. La gente che mi circonda – gente della mia età – parla della vita e del mondo in modo sempre più perentorio e impaziente, come si trattasse di una vecchia faccenda risaputa. A me sembra di dover riscoprire tutto, ma non più dentro una foschia di aspettative e paure. Ogni evento viene tremendamente e anche allegramente in primo piano, nitido e tagliente. Vivo a cortissimo raggio. Se ci sono dei *minuti buoni*, li prendo. Ho abbandonato ogni tipo di preveggenza, di calcolo, di credenza nelle leggi uniformi della natura e del vivere sociale.

Con Sara sembra che ci vogliamo di nuovo bene, sembra addirittura che, dietro a tutto, dietro al pandemonio che c'è stato, il nostro amore fosse profondo, e ne sia uscito – come scriverebbero in un mensile di psicologia – *rafforzato*. Ma in realtà non ne so niente. È un vero rompicapo la coppia, quando dura a lungo. Ogni giorno si fronteggiano gli anni e le ore. Il tempo lungo, e l'istante. È un equilibrio impossibile, a guardarlo da vicino: tutto può essere stritolato dal cumulo degli errori, delle ferite, dei torti, oppure tutto può saltare in aria all'improvviso. C'è una carica nuova, imprevista, qualcosa o qualcuno che è entrato in scena, e nessuna antica dimestichezza potrà arginare la sua forza dissolutiva. Eppure siamo vivi Nina, completamente alla cieca, dentro questa massa di minuti. È l'unico modo che mi è rimasto ormai, l'ustione leggera e continua di tutto quello che accade.

Ecco, su queste meditazioni ti lascio. Anzi, ti do appuntamento. Fai attenzione che a Bologna ci vengo davvero a trovarti. E potrai sempre avvalerti del mio desiderio, anche solo come un motore recondito, in sordina. Ma farà sempre parte della nostra amicizia. Ora, poi, dopo tutto quello che è successo nelle rispettive vite, possiamo davvero farla invecchiare, darle futuro. Tienimi da parte, tienimi da conto.

Ti abbraccio

Tommaso

# *Ringraziamenti*

Grazie a Michi, Lauren e Maria Vittoria. A Francesco Forlani, Giulio Ciavoliello, Gianluca Codeghini e Mattia Paganelli. Grazie ad Alessandra Cava e Anne Kawala. A Mylène Sarant. Grazie a Gabriele Stera, Andrea Raos, Vito d'Onghia, Massimo Parizzi. Grazie a Helena Janaczek e a Luca Ricci. Grazie a Vincenzo Ostuni.

# *Indice*

Finito di stampare nel mese di aprile 2021
per conto di Adriano Salani Editore s.u.r.l.
da Elcograf S.p.A., stabilimento di Cles (TN)
Printed in Italy.